普通高等教育会计信息化系列教材

企业经营决策模拟实训

——以财务决策为中心

（第2版）

丛书主编　欧阳电平

主　　编　王雪彬

副主编　李　勇　李　超　李　颖

清华大学出版社

北　京

内 容 简 介

本书在介绍以财务决策为中心的企业经营决策基本原理及其运用的基础上，通过对企业经营决策中战略管理、营销管理、生产管理、财务管理等基本理论知识的阐述和企业业务分析，突出以财务决策为中心的企业经营理念。书中还对当今高校企业经营决策模拟实训的方法与相关流程进行了介绍，并分别以"网中网"财务决策、"网中网"EVC企业价值创造、"创业之星"企业经营模拟为实训平台展开演练。

本书采用现实企业案例展示了以财务决策为中心的企业经营决策的过程，实践性强，通俗易懂，适合作为普通高校学生"企业经营决策"相关课程的教材或相关学科竞赛用书，也可以作为企业普通财会人员的读物。

图书在版编目(CIP)数据

企业经营决策模拟实训：以财务决策为中心 / 王雪彬主编.

2 版. --北京：清华大学出版社, 2025. 6.

(普通高等教育会计信息化系列教材 / 欧阳电平主编).

ISBN 978-7-302-69590-5

Ⅰ. F272.31

中国国家版本馆 CIP 数据核字第 2025S3D705 号

责任编辑：刘金喜
封面设计：范惠英
版式设计：思创景点
责任校对：成凤进
责任印制：沈　露

出版发行：清华大学出版社

网　　　址：https://www.tup.com.cn，https://www.wqxuetang.com

地　　　址：北京清华大学学研大厦 A 座　　　　　　邮　　编：100084

社 总 机：010-83470000　　　　　　　　　　　邮　　购：010-62786544

投稿与读者服务：010-62776969，c-service@tup.tsinghua.edu.cn

质 量 反 馈：010-62772015，zhiliang@tup.tsinghua.edu.cn

印 装 者：三河市人民印务有限公司

经　　销：全国新华书店

开　　本：185mm×260mm　　　印　　张：16.25　　　字　　数：365 千字

版　　次：2020 年 6 月第 1 版　　2025 年 7 月第 2 版　　印　　次：2025 年 7 月第 1 次印刷

定　　价：68.00 元

产品编号：107135-01

丛 书 序

经济全球化和大数据、云计算、移动互联、人工智能等新一轮信息技术的飞速发展，加速了我国企业信息化进程，会计环境也随之发生了重大变革。依托于信息技术创新的财务管理模式(如财务共享服务)，以及管理会计信息化的深入推进，不仅提高了会计工作效率，更加提升了会计管理、控制和决策的能力。我国财政部发布的《关于全面推进管理会计体系建设的指导意见》(财会 2014〔27〕号)文件中也明确指出"加快会计职能从重核算到重管理决策的拓展"，我国会计信息化事业进入一个新的发展阶段。

信息化事业的发展对财会人员或经管类专业学生的知识结构和能力提出了更高的要求，他们如果不掌握一定的信息技术知识，不具备较熟练的计算机应用能力和必要的分析、解决问题的能力，以及自我学习的能力，将很难适应未来专业工作的需要。如何培养适应时代发展的财会专业人才及企业信息化人才？作为一名在中国会计信息化领域从事教学和研究工作近 30 年的老教师，我一直在思考这个问题。会计信息化需要的是具有多学科交叉的复合型知识结构的人才。我国高校要培养这样的人才，首先要解决专业教育理念的转变、培养目标的正确定位、会计信息化师资等问题；在此基础上要制定适应信息化发展的人才培养方案，以及编写适应时代发展的合适的教材。为此，我们经过充分的调研和精心准备，推出了这套会计信息化系列丛书。

本丛书具有以下特点。

(1) 学历教育、职业教育、岗位对接一体化。本丛书的读者对象主要为我国普通高校财会专业及经管类专业的本科生、大专生，以及在职的财会人员。对于学历教育，要求将基本概念、基本原理和知识架构论述清楚；对于职业教育，要求将业务流程和数据之间的传递关系阐述清楚；对于岗位对接，则要求将岗位职责和岗位操作流程表达清楚。本丛书的编写自始至终都贯穿这个原则，使理论学习与实践有机地结合起来，使课程教学与岗位学习有机地结合起来。

(2) 本丛书不仅注重信息化实践操作能力的培养，也注重构建相关学科信息化的完整理论体系。基于长期从事信息化教学的经验，我们认识到：任何应用软件仅仅是从事专业工作的工具，只有对业务工作熟悉了才能使用好工具。因此，本丛书重点是对业务流程、业务场景阐述清楚，要有基础理论铺垫，不仅要使读者知其然，还要使读者知其所以然。为便于教学，本丛书都配有软件的操作实训(如金蝶 K/3 系统的操作)，但又防止写成软件的操作手册，这样才能让读者做到触类旁通。

(3) 创新性。本丛书内容丰富，由浅入深，能满足各个层次的会计信息化教学和读者群的要求。其中，《会计综合实训——从手工到电算化》在教学手段信息化方面进行了改革创新，依托互联网，充分利用"云存储""二维码"等信息技术，由"纸质教材+配套账册+数字化资源库"构建课程的一体化教学资源，可以通过手机等多种终端形式应用；《企业经营决策模拟实训——以财务决策为中心》《管理会计信息化》是目前市面上少有的教材，我们的编写思路和结构是创新性的。本丛书基本覆盖了目前高校财会专业及经管类专业开设的会计信息化相关的课程教学，同时又充分考虑了企业开展会计信息化培训的不同需求，按照从易到难的原则设计每本书的知识体系。每本书除了讲授相关课程的信息化理论和实务外，还提供了相应的案例、丰富的习题、上机实训题等，以便于教学使用。

(4) 充分利用团队的力量，力保丛书的质量。本丛书由欧阳电平负责策划、担任丛书主编和主审，确定每本书的大纲、编写的思路和原则，并进行修改。其他作者大部分是来自湖北省会计学会会计信息化专业委员会的高校教师和在会计信息化领域有着丰富实践经验的专家，以及在湖北高校多年从事会计信息化教学的教师，他们都具有多年信息化方面的教学和实践经验。另外，湖北省会计学会会计信息化专业委员会除有高校委员外，还有浪潮集团湖北分公司等企业委员，他们丰富的实战经验和案例等资源为本丛书提供了大量素材。我们利用会计信息化专业委员会这个平台组织丛书编写团队，充分调研和讨论大纲，相互交叉审阅书稿，力保丛书质量。

在本丛书的编写过程中，我们参考和吸收了国内外很多专家学者的相关研究成果并引用了大量的实例，在此一并表示感谢。尽管我们对本丛书进行了多次的调研和讨论，力求做到推陈出新，希望能够做到尽可能完美，但仍然难免存在疏漏和不当之处，恳请读者多提宝贵意见。

欧阳电平

2025 年 1 月于珞珈山

前　言

　　信息技术的发展正在引领人类社会步入新的工业革命阶段，随着世界政治的风云变幻，科技、经济与社会发展的高度协同，各领域的相互交织，企业经营环境越来越复杂。随着"一带一路"的进一步推进和企业的转型升级，我国经济建设迫切需要能在企业国际化进程中保持敏锐政治头脑和民族文化精神，在复杂的国际环境中能眼光长远地做好企业经营决策工作，消减突变、不确定性在企业经营中的影响，解决企业前所未有的复杂性问题的人才。

　　"企业经营模拟实训"课程是一门培养和检验学生企业经营管理知识综合应用能力的模拟演练课程。学生在学习了营销管理、财务管理、运营管理、人力资源管理、战略管理、统计学、运筹学等多门课程，并初步掌握了管理学的基本理论和方法的基础上，一定渴望在实践中大显身手。然而，贸然地闯入真实的企业经营中，可能会面临经营失败所带来的难以承担的财务风险。本课程真实地反映了"决策是如何影响结果的"，能让学生在失败或成功中总结经验，探索成功的道路，减少损失。

　　本书共分为七章，第一章介绍了企业的概念、分类、经营目的、组织结构及其演进；讲解了企业经营决策与财务决策的含义、原则、基本方法、流程及其相互关系；阐述了影响企业经营决策的基本因素及其重要意义；对当今企业的创办过程从注册到建立做了介绍。第二章介绍了企业经营决策中战略管理、营销管理、生产管理、财务管理等基本理论知识；阐述了企业战略管理、营销管理、生产管理等与财务战略、财务决策的关系；从理论的视角阐述了以财务决策为中心的企业经营决策的意义。第三章介绍了当今现实社会环境下，以财务决策为中心的企业经营决策案例。第四章介绍了企业经营决策模拟实训的概念、方法、特点及流程。第五章以"网中网"财务决策平台为例介绍企业经营决策模拟实训。第六章以"网中网"EVC企业价值创造平台为例介绍企业经营决策模拟实训。第七章以"创业之星"企业经营决策模拟为例介绍企业经营决策模拟实训。

　　本书的主要特点如下。

　　(1) 内容结构新颖。本书跳出"软件操作说明书"的常规综合实训教材编写模式，站在企业战略的角度，从企业战略管理、营销管理、生产管理、财务管理等方面系统地介绍了以财务决策为中心的企业经营决策原理与方法，并将理论灵活运用于多种案例。

　　(2) "授人以渔"的指导思想。企业经营决策没有固定的模式与方法，本书不是某一款企业经营模拟软件的操作使用手册，而是侧重让学生在全面掌握企业经营决策的基本理论知识和方法的基础上，了解真实的企业经营决策过程，将理论运用于实际，学会在全局中把握局部、在过程中把控阶段的整体思维方式，具备动态分析问题的能力，能够触类旁通地应用任何一款企业经营模拟软件，适应不同环境下的企业经营运作。

(3) 理论联系实际。本书在全面介绍企业经营决策原理与方法的基础上，将理论运用于实际企业，以案例的形式介绍当今企业的决策思路，也将理论应用于不同企业经营模拟软件的实训，阐明理论的灵活应用。

(4) 适应不同产品的企业经营模拟实训的相关教学和自学。本书不以某一企业经营模拟软件为主，而是在全面阐述以财务决策为中心的企业经营决策原理与方法的基础上提升学生的能力，使他们能够灵活应用任何一款企业经营模拟软件。

本书 PPT 课件、教学大纲和授课教案等教学资源可通过扫描下方二维码下载。

教学资源

本书由丛书主编欧阳电平教授策划，确定编写思路和原则，组织讨论总体框架及详细大纲，最后对全书统一审核、修改、定稿。王雪彬担任本书主编，负责修改审阅统稿。本书第一、二、四章由黄旭编写；第三章由李颖编写；第五章由李勇编写；第六章由李超编写；第七章由王雪彬编写。

在本书第一版出版后，我们遭遇了令人痛心的变故，第一版的主编黄旭副教授永远地离开了我们。教材编写期间，黄旭副教授凭借深厚的专业功底与严谨的态度，全身心投入工作，她负责的章节每一处内容都精雕细琢，为教材质量筑牢根基。如今，她虽已远去，但留下的成果熠熠生辉，融入教材的每一页。我们满怀敬意与感激，铭记她的心血，愿她安息。

本书是由欧阳电平教授担任丛书主编的会计信息化系列丛书之一，在此对丛书其他编者对本书编写所提供的宝贵意见表示感谢。"网中网"软件公司对本书的编写给予了大力支持，在此表示感谢。另外，本书的编写还参考和吸收了国内很多学者的研究成果，在此一并致谢。

由于编者水平有限，书中难免有疏漏之处，恳请各位专家和广大读者批评指正。

服务邮箱：476371891@qq.com。

编　者

2025 年 1 月于武汉

目　　录

第一章

企业经营决策概述

【学习目标】

1. 了解什么是企业，包括企业的概念、组织结构及其演进；

2. 了解什么是企业经营决策和财务决策，以及其原则、流程与方法；

3. 了解企业经营决策与财务决策的关系，知晓决策留有余地的重要性；

4. 了解影响企业经营决策的基本因素，树立正确的企业经营观；

5. 掌握创办企业的基本流程。

第一节 企业基础概论

一、企业的概念

企业是依法设立，以盈利为目的，运用其拥有和控制的一定经济资源或生产要素，向市场提供商品或服务，实行自主经营、自负盈亏、独立核算的法人或社会经济组织。企业作为国民经济的基本单位，是近现代社会重要的"细胞"和组成部分，是经济活动中最积极、活跃的因素之一。企业是人类社会生产力发展到一定水平时产生的，是商品经济的产物。

企业具有以下特性：①经济性。企业是经济组织，在社会中从事商品生产和服务的经济活动，以谋求利润为基本目的。企业作为经济的"细胞"是市场中的经营主体，以其生产的产品或提供的服务，通过交换满足社会需要并从中获得利润。不盈利，企业难以生存与发展；没有企业，社会经济难以快速和持久发展。②社会性。企业是一个社会组织，与社会发生着广泛的、各种各样的社会关系。企业的生产经营活动是社会化大生产的一个组成部分，它既依赖于社会的进步和国家的富强，也依赖于党和政府对社会的管理，它从属于一定的政治和社会体系，并承担一定的社会责任。③自主性。企业是独立自主从事生产经营活动的经济组织，在国家法律、政策允许的范围内，企业的生产经营活动不受其他主体的干预。其独立自主性在法律上表现为财产独立、核算独立、经营自主，并以自己独立的财产享有民事权利和承担民事责任。④发展性。企业是一个由人、财、物、技术、信息等要素构成的能动的有机体，它通过不断地与外界进行能量、物质和信息交换，调整自己的内部结构，以适应市场环境的变化，并发展和壮大自己。⑤竞争性。竞争是市场经济的基本规律，现代企业处于国际和国内竞技场上，不仅是市场中的经营主体，同时也是竞争主体。企业要想生存、发展，就必须参与市场竞争，并在竞争中取胜。企业的竞争性表现在它所生产的产品和提供的服务要有竞争力，要在市场上接受用户的评判和挑选，并要得到社会的承认。市场竞争的结果是优胜劣汰，企业通过自己有竞争力的产品或服务在市场经济中求生存、求发展。

二、企业的分类

(一) 企业的一般性分类

企业作为社会经济活动的基本单位，其种类是由社会生产力发展水平、社会生产发展的集约化程度及特定社会所有制结构等诸多因素决定的。一般来讲，确定企业种类的客观依据主要如下：①特定社会(包括特定国度)的生产力发展和商品经济发展的规模和水平；②特定社会分工的广度和深度，以及商品生产和商品交换的社会化、集约化程度；③特定社会和国度的资本集聚和集中程度，特别是金融事业的发展水平；④特定社会和国度的产权结构，主要是所有制形式及由此派生出来的企业责任形式；⑤企业自身的经营管理及企业生产经营的外部环境。

从不同角度，依据不同标准可对企业进行不同的分类：①根据企业所属的经济部门划分，有农业企业、工业企业、交通运输企业、金融企业等；②根据企业使用的技术装备及生产力要素所占比重划分，有技术密集型企业、劳动密集型企业等；③根据企业规模划分，有大型企业(特大型企业)、中型企业和小型企业等；④根据企业内部结构划分，有单厂企业、多厂企业和联营企业等；⑤根据生产资料所有制性质和形式划分，有国有企业、集体所有制企业、私营企业和外资企业等；⑥根据企业在法律上的主体资格划分，有具有法人资格的企业(即法人企业)和不具有法人资格的企业(即非法人企业)等。

(二) 企业的法定分类

企业的法定分类是指特定国家通过立法对该国的企业所进行的分类，即国家通过立法规定的企业种类。国家通过立法对各类企业进行法律上的界定，使企业的类别规范化、标准化，并具有法律约束力；同时，也使企业的设立人(包括企业投资者)根据企业的法定种类，确定自己对企业种类的选择，并在设立企业时按照法律对不同类别企业的具体要求，如设立的条件、设立的程序、内部组织机构等来组建企业。

法律规定的企业相关基本内容包括：企业的资本构成或企业的产权结构及其归属、企业的组织形式、企业在法律上的主体资格，以及企业对自己的债务所承担的责任形式等。

1. 企业法定分类的基本形态

世界上有代表性的国家对企业类型的法律划分主要是独资企业、合伙企业和公司。法律对这三种企业划分的内涵做了概括，即企业的资本构成、企业的责任形式和企业在法律上的地位。我国在改革开放初期基本上按所有制形式安排企业立法，划分企业类型。随着社会主义市场经济体制下现代企业制度的逐步建立，企业改革进一步深化，我国也将独资企业、合伙企业和公司作为企业的基本法定分类，并颁布了《中华人民共和国公司法》(以下简称《公司法》)、《中华人民共和国合伙企业法》(以下简称《合伙企业法》)和《中华人民共和国个人独资企业法》(以下简称《个人独资企业法》)。目前，中国大多数企业采用公司制，它也是世界各国所采用的企业组织形式中最重要的一种企业形态。

2. 按经济类型(主要是所有制类型)对企业进行分类

根据《中华人民共和国宪法》(以下简称《宪法》)和有关法律规定，我国目前有国有经济、集体所有制经济、私营经济、联营经济、股份制经济、涉外经济(包括外商投资、中外合资及港澳台投资经济)等经济类型。相应地，我国企业立法的模式也按经济类型确定，从而形成了按经济类型确定企业法定种类的特殊情况，主要包括国有企业、集体所有制企业、私营企业、外商投资企业、港澳台投资企业等。

三、企业经营的目的与组织结构

(一) 企业经营与企业经营的目的

"经营"与"经济"相关又相异。在理解"经营"前，我们需要了解什么是"经济"。"经济"是经济学中的一个概念，指的是用有限的资源去满足人们无限的需求，但这是经济学本身根本无法完成的任务。经营与经济最大的差异在于：经营是用有限的资源创造尽可能大的附加价值，再用附加价值来满足人们无限的需求。因此，企业经营可理解为企业经营者为了获得最大的物质利益而运用经济权力，用最少的物质消耗创造出尽可能多的能够满足人们各种需要的产品的经济活动。

由此可知，企业经营的目的是获得顾客的认同和市场的回馈，取得经营成效，实现投入产出的有效性。

(二) 企业的组织结构

著名经济学家赫伯特·西蒙(Herbert Simon)曾说，有效开发社会资源的首要条件是确定有效的组织结构。可见，组织结构的优劣直接影响企业内部组织行为的效果和效率，继而影响企业宗旨的实现。

1. 企业组织结构的概念

组织是管理活动的载体，没有组织，管理活动无从谈起。从广义上说，组织是由诸多要素按照一定方式相互联系起来的系统。从狭义上说，组织就是人们为实现一定目标，互相协作结合而成的集体或团体。企业组织必须有一个较为正式的结构，明确规定各个职位的职责与权限，设计有效的协作流程及流畅的沟通渠道。

简而言之，企业组织结构就是企业组织内部各级各类职务职位的设置及其权责范围、联系方式和分工协作关系的整体框架。它是企业根据其目标、规模、技术、环境和权力分配而采取的各种组织管理形式的统称，是组织得以持续运转、分解、组合并完成经营管理任务的体制基础。它制约着组织内部人员、资金、物资、信息的流程，影响着组织目标的实现。一般认为，科学合理的企业组织结构，在纵向维度上有利于形成一个自上而下、指挥自如、统一的经营管理指挥系统；在横向维度上有利于促进各部门(或单位)的工作相互配合，使企业形成一个有机的整体，从而更好地调动全体员工的积极性，促进企业各项任务的顺利完成。

2. 企业组织结构的形式

企业组织结构的形式并不是固定不变的，有一个由简单至复杂的演进过程。典型的企业组织结构形式有以下几种。

(1) 直线制组织结构。直线制组织结构是最早使用也是最简单的一种组织结构，其特点是企业各级行政单位从上到下实行垂直领导，下级只接受一个上级的指令，上级对所属下级单位的一切问题负责。企业的一切管理职能基本都由企业经理自己执行，不设职能部门。它的优点是结构简单，责权集中，指挥灵活，管理费用低；缺点是缺乏横向联系，领导者任务复杂，对管理者素质与技巧要求高。它适用于规模较小、生产技术比较简单的小企业，对于生产技术和经营管理比较复杂的企业不太适用。

(2) 职能制组织结构。职能制组织结构是在各级行政主管负责人外还相应地设立一些职能机构，协助行政主管从事职能管理工作，并要求行政主管把相应的管理职责和权力交给相关的职能机构，各职能机构有权在自己的业务范围内向下级行政单位发号施令。因此，下级行政负责人除接受上级行政主管指挥外，还必须接受上级职能部门的领导。它的优点是职能机构和职能人员可以发挥专业管理的作用，从而减轻了企业领导人的负担，能适应企业经营管理复杂化的要求；缺点是妨碍了指挥的统一性，形成多头领导，不利于建立和健全各级行政负责人和职能机构的责任制，特别是上级行政领导与职能机构的指令发生矛盾时，下级无所适从，容易导致纪律松弛，生产管理秩序混乱。由于其缺点明显，现在很少采用。

(3) 直线职能制组织结构。直线职能制组织结构是在直线制和职能制的基础上取长补短，吸取这两种组织结构的优点建立起来的，是当前企业最常用的一种组织结构形式。这种组织结构形式以直线制为基础，在各级行政领导下设置相应的职能部门，分别从事专业管理，为该级行政领导决策提供参谋。职能部门对下级领导和下属职能部门无权直接下达命令或进行指挥，只起业务指导作用。它的优点是保持了直线制统一指挥的优点，吸取了职能制发挥专业管理职能作用的长处，提高了管理工作效率；缺点是职能部门之间缺乏有效的沟通渠道，横向联系差，直线部门和参谋部门之间容易产生矛盾和摩擦，信息反馈迟缓，办事效率低。它适用于规模不大、经营单一、外部环境比较稳定的组织。

(4) 事业部制组织结构。事业部制组织结构是为满足企业规模扩大和多样化经营对组织机构的要求而产生的一种组织结构形式。其特点是将企业的生产经营活动按产品或地区划分，建立多个经营事业部，使得每个经营事业部成为一个利润中心，在总公司领导下，实行独立核算，自负盈亏。这种组织结构形式遵循"政策制定与行政管理分开"的原则，总公司主要负责研究和制定整个公司的各种政策，而不管日常具体的行政事务，各个事业部在总公司制定的政策指导和控制下，发挥自己的主动性，可以根据自己生产经营活动的需要设置组织机构。它的优点是高层领导可集中力量搞好经营决策、长远规划、人才开发等战略性工作；事业部实行独立核算，可加强其人员责任心，充分发挥他们的积极性；企业便于组织专业化生产，实现企业的内部协调；事业部之间相互比较和竞争，有利于促进企业的发展。缺点是各事业部容易产生本位主义，影响部门之间的协作；各事业部职工不容易了解企业生产经营的全貌。这种组织结构适用于规模庞大、品种繁多、技术复杂的大型企业，是目前国内外大企业普遍采用的一种企业组织形式。

(5) 矩阵制组织结构。矩阵制组织结构有按职能划分的垂直领导系统，也有按产品或项目划分的横向领导关系的结构。其特点是为了完成某一项特殊任务组成一个专门的产品(或项目)小组去从事新产品开发工作，在研究、设计、试制、制造等各个不同阶段，由有关职能部门派人参加，力图做到条块结合，以协调各有关部门的活动，保证任务的完成。该组织结构的形式是固定的，但每个专门的产品(或项目)小组是临时组织起来的，完成任务以后就撤销，成员回原单位工作。它的优点是机动、灵活，使企业横向和纵向联系紧密；职能部门之间相互沟通，共同决策，提高了工作效率；不同的专业人员组织在一起，有助于激发其工作积极性。缺点是项目小组成员一般来自不同部门，隶属关系仍在原部门，因此项目负责人对成员的管理困难，成员也容易产生临时观念，对工作不利。它适用于设计、研制等创新性质的工作和横向协作项目。

(6) 多维制组织结构。多维制是矩阵制的进一步发展。这种组织结构形式由三方面的管理系统组成：一是按产品划分的事业部，即产品事业利润中心；二是按职能划分的专业参谋机构，即专业成本中心；三是按地区划分的管理机构，即地区利润中心。多维制的特点是任何决策都必须由产品事业部经理、专业参谋机构代表、地区管理机构代表三方面共同组成的"产品事业委员会"做出，有助于及时互通情报，集思广益，做出正确的决策。它适用于跨国公司或规模巨大的跨地区公司。

3. 企业组织结构的影响因素与演进

企业组织结构是随企业外部环境和内部条件的变化而不断变化发展的。影响企业组织结构的因素有很多，其中环境是最重要的因素，如政治环境、经济环境、文化环境、技术环境、供应商、客户、竞争者、政府机构等，其他较重要的因素有企业规模、企业战略、工作任务、技术特征等。

从系统论的角度来看，企业是一个开放的、复杂的有机系统，不断与外部环境进行信息、能量、物质的交换，具有内生的变化发展机制，与其外在更为复杂的企业生态系统之间并非是一种单纯的影响与被影响(如外部影响内部)、适应与不适应的关系，而是相互依存、相互影响的动态和互动的关系。企业组织结构与其子系统在不断与外界进行各种信息、价值、物质的交换中，各子系统在追求企业整体目标实现的同时，也在追求自身的优化，必然出现一些子系统的目标与另一些子系统的目标发生冲突的现实问题。这些系统的种类繁多，并且它们的结构也会随着系统的演化而改变。在这些过程中，系统与环境、子系统、主体之间相互作用的结果和原因之间存在极其复杂的关联。它们相互作用的结果反过来又会作为一种存在的因素而作用于系统与环境，使企业组织结构的复杂性大大增加。例如，技术进步影响企业的业务流程，从而需要企业组织结构改革与之相适应；企业产品的广告反过来又影响消费者行为，进而改变外部环境；等等。特别是近年来，企业内在管理要素呈现的复杂多样性、市场环境的非均衡特性和大系统中的高度不确定性，对企业发展起着越来越重要甚至决定性的作用。从大的时间尺度来看，企业所处的环境系统经历了一个有趋向的、不可逆的、不重复的演变过程。从某种意义上来说，对大环境的适应能力已成为决定企业生存和发展的主导力量。如今，计算机技术和网络技术的发展又给趋于成熟化的全球工厂和市场注入了一些新的变量，企业的外部环境及内在结构都发生了前所未有的变化，企业组织也在与环境相互关联、相互作用、相互制约的过程中，与环境协同进化，并使自身形态结构、行为及功能发生了变化，如出现了扁平化、网络化、无边界化、多元化、柔性化、虚拟化等新型企业组织结构。其中，①组织结构的扁平化优势主要体现为信息流通畅，决策周期缩短，信息失真减少；组织创造性和灵活性得以增强使生产效率提高；管理层次和职工人数减少使成本降低；组织的反应能力和协调能力得以增强使组织能力变得更柔性、灵敏。②组织结构网络化主要表现为企业内部结构网络化和企业间结构网络化。企业内部结构网络化是指在企业内部打破部门界限，各部门及成员以网络形式相互连接，使信息和知识在企业内快速传播，实现最大限度的资源共享。企业间结构网络化包括纵向网络和横向网络，纵向网络即由行业中处于价值链上不同环节的企业共同组成的网络型组织，这种网络关系打破了传统企业间明确的组织界限，大大提高了资源的利用效率及对市场的响应速度；横向网络是指由处于不同行业的企业所组成的网络，这些企业之间发生业务往来，在一定程度上相互依存。③组织结构无边界化是指企业各部门间的界限模糊化，使各种边界更易于渗透，打破了部门之间的沟通障碍，有利于信息的传送，组织作为一个整体在这样的结构下其功能得以提高，远远超过各个组成部门的功能。④组织结构多元化使企业不再被认为只有一种合适的组织结构，企业内部不同部门、不同地域的组织结构不再是统一的模式，而是根据具体环境及组织目标来构建不同的组织结构。⑤组织结构柔性化是指在组织结构上，根据环境的变化调整组织结构，建立临时的以任务为导向的团队式组织，其本质是保持变化与稳定之间的平衡。⑥组织结构虚拟化是指用技术把人、资金、知识或构思网罗在一个无形的组织内，不具有常规企业所具备的各种部门或组织结构，而是通过网络技术把所需要的知识、信息、人才等要素联系在一起，组成一个动态的资源利用综合体，以实现一定组织目标的过程。

我们可以明显地看出企业组织结构和形态演化的总体趋势如下：复杂性和多样性增加，层次性和网络化并存，其边界越来越模糊。因此，我们只有以系统进化的视角看待企业组织结构，将其视为由若干相互作用的具有主动适应性的微观经济主体组成的复杂系统，才能使企业组织结构不断进化并有效完成其使命。

四、企业经营决策与财务决策的相关概念

决策是人类活动中一种普遍而重要的行为，指人们为了达到一定的目标，在充分掌握信息和深刻分析各种情况的基础上，科学地拟定各种方案并加以评估，最终选出合理方案的过程。在人们生活和工作中，决策几乎无处不在，决策的实质就是选择。

(一) 企业经营决策

1. 企业经营决策的含义

企业同样面临选择，无论是大到企业发展战略的选择，还是小到产品价格的确定，都包含着企业管理者的决策行为。

企业经营决策就是指企业决策者在外部形势分析的基础上，依据企业内部条件情况，对企业总体发展战略和生产、服务、积累、投资、销售、分配等各种经营活动的经营目标、方针与策略所做出的抉择和决定。总的来说，企业经营决策的目的就是使企业未来的发展更符合决策者的意愿和要求。企业的经营规模可大可小，性质、类型各不相同，所面对的外部环境与内部条件存在着差异，但总归离不开生存、发展这一目标。因此，管理者随时需要根据企业发展环境的变化做出(或调整)各种决策，保证企业总体发展目标的实现。

2. 企业经营决策的分类

企业经营决策的内容广泛，依据不同的要求，可以有不同的分类：①按决策涵盖面的大小和涉及的时间长短分为宏观决策、中观决策和微观决策；②按决策的层次分为战略决策、战术决策和业务决策；③按决策的主体分为个人决策和团体决策；④按决策目标的数量分为单目标决策和多目标决策；⑤按决策问题所处的条件分为稳定性决策、风险性决策和不确定性决策；⑥按决策是否具有重复性分为程序化决策和非程序化决策。

3. 企业经营决策的原则

企业经营决策实质上是谋求企业外部环境、企业内部条件与企业发展的总体目标三者

间的动态平衡。由于种种原因，上述三者是不可能完全同步发展的，必然会出现不平衡，如企业内部条件不适应外部环境的状况和要求、企业目标不适应外部环境和内部条件的状况和要求等。无论出现哪种不平衡都会影响企业的正常发展，甚至还会威胁企业的生存。因此，企业必须通过正确的经营决策，尽量减少三者的不平衡，并在出现不平衡时及时处理与解决。在此过程中应遵循如下几个原则。

(1) 信息性原则。决策实际上就是收集、分析、利用信息，并根据信息进行评价、判断并做出选择的过程。因此，信息的质量决定决策的质量。随着信息在经营决策中的地位越来越重要，就要求企业经营决策时一定要重视信息性原则。

(2) 系统性原则。系统性原则是运用系统原理和方法对企业经营做出决策。无论什么企业，其内部构成与外部的种种联系本身就是一个完整的系统，日常运行和管理也是作为一个系统来进行的。我们常说的"供、产、销""科、工、贸""农、工、商"，实际上就是把几个不同的环节或几种不同的产业连在一起，反映企业所处的系统。如果不用系统理论作为指导原则，企业内部管理就会顾此失彼，出现混乱，正常的生产经营活动就会运作失序、丧失效率。一个企业与外部的种种联系也是一个完整的整体，很难想象，企业离开外部联系如何立足、生存与发展。因此，企业在进行决策时，要把握和运用"系统性原则"，不仅要把企业内部和企业外部的重要任务和联系作为完整的系统来考虑，而且要把确定决策目标、实现目标方案的选择，以及采用的方法、途径视为一个系统加以考虑。只有这样，才有利于企业本身的内部协调，以及与企业外部的相互沟通、协调与彼此促进，也才有利于企业确定最优决策目标和方案，避免造成损失或出现失误。

(3) 可行性原则。可行性原则是指决策方案与企业现实的资源条件要相适应，决策符合主客观条件，经过充分努力可以达到或实现。可行性分析是可行性原则的外在表现，是经营决策活动的重要环节。只有经过可行性分析论证后选定的决策方案，才是有较大把握实现的方案。掌握可行性原则必须认真研究制约因素，包括自然条件的制约和决策本身目标系统的制约。

(4) 预测性原则。决策实际上是企业在现有条件基础上对未来发展进行判断后做出的安排。经营决策的正确与否，取决于对未来判断的正确程度。因此，预测是经营决策的前提和依据。企业的产品或服务，其生产、经营、质量、市场、价格、管理等都可能随内外因素的改变发生变化，而企业中某一种因素的变化又必然影响或牵动其他因素和条件，最终影响整个企业。因此，决策时对企业内外部各种因素和条件进行充分和正确的预测能使企业把握机遇，减少失误，获得发展，也能使企业在变化的环境中预先拟定对策以适应变化，避免在发生不利变化时束手无策、陷于被动。

(5) 目标性原则。经营决策必须具有明确的、具体的目标，目标既是经营决策的起点，也是经营决策最终要实现的目的。目标性原则要求经营决策的目标具有相对的稳定性，不能随意改动。

(6) 择优原则。择优原则是指在多种方案中选择最理想的方案。决策时面临多方案的选择，必须将最符合目标和现有条件的决策方案作为决策的行动方案。在择优过程中，要充分注意价值标准的选择，因为它是判断优劣的依据。价值包括经济价值、学术价值和社会价值。如果仅看到经济价值而忽视学术价值和社会价值，往往会失去前进的方向或导致违反社会风尚和伦理道德的结果。经济价值一般是指投资、利润、产品价值等；学术价值是指在技术和理论方面在国内外的先进性等；社会价值是指产品投放市场后，满足社会的需求程度及使用后对社会风尚和伦理道德的影响，也包括对环境保护所引起的影响等。在选择标准上，应当统筹兼顾，但要把社会价值和学术价值放在优先的位置上，必须在符合社会价值和学术价值的前提下，选择经济价值标准，否则企业最终难逃失败的命运。

(7) 经济性原则。经济性原则就是研究经营决策所花的代价和取得的收益之间的关系，即研究投入与产出的关系。经营决策必须以经济效益为中心，并且要把经济效益同社会效益结合起来，以较小的劳动消耗和物资消耗取得最大的成果。如果一项决策所花的代价大于所得，那么这项决策是不科学的。

(8) 反馈性原则。任何一项决策都不能保证永远正确，反馈性原则是由控制系统将信息输出，又将作用的结果反馈回来，并对信息的再输出产生影响。它用来衡量决策在实施过程中能否利用反馈原理进行调整，即衡量决策系统是否有良好的自我调节功能。善于运用反馈性原则可以提高决策的质量，保证决策的科学性。

4. 企业经营决策的程序

企业经营决策是一个系统工程，由一系列的活动过程组成，而非瞬间的选择，大致分为明确问题、确定目标、收集资料、制定方案、比较方案、选择方案、实施方案及评价方案等步骤，如图 1-1 所示。这种划分是相对的，既可简化步骤，也可具体细分，但其逻辑顺序和科学要求基本一致。

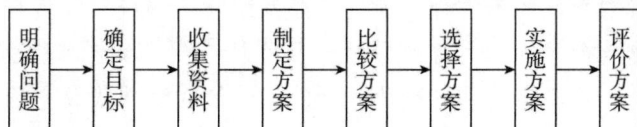

图1-1　企业经营决策的程序

(1) 明确问题。任何经营决策都是从发现和提出问题开始的，并为解决问题而制定，这里所说的问题是那些有可能与决策结果产生偏离的问题。因此，制定经营决策需要明确存在的问题，找出产生问题的原因。在面对纷繁复杂的问题时，决策者需要经过一系列思考，认清问题的性质、范围、程度及它的价值和影响，分析问题的各种表现及其原因，区分问题的不同类型，弄清是全局性的还是局部性的，是战略性的还是战术性的，是长远性的还是暂时性的等。只有认清问题的本质，把握客观事物的运动规律，才能进行正确的决策。

(2) 确定目标。确定目标是指对诸多的决策问题进行分析、研究、归纳，从而找到本次决策所要达到的目的。确定目标是决策中的重要一环，它不仅为方案的制定和选择提供了依据，而且为经营决策的实施和控制提供了依据，也为组织的资源分配和协调提供了依据。

(3) 收集资料。收集与经营决策有关的经济、技术、社会等各方面的情报资料，是进行科学经营决策的重要前提。收集的资料越丰富、越准确，对未来情况的估计就越接近实际，所做的经营决策就越有效。在收集资料时要注意资料的针对性、广泛性、可靠性与科学性。

(4) 制定方案。任何经营决策目标的实现，都需要通过多种不同的活动，因此，把握企业战略，制定可供选择的方案，是经营决策的基础。

(5) 比较方案。分析每个方案的优缺点，对各个备选方案进行评估与比较，如方案实施所需的条件与代价、可能给企业带来的长期利益和短期利益、可能遇到的风险等。找出各方案的差异，分析各方案的优劣。需要注意的是，方案的制定、比较和选择往往会交织在一起。

(6) 选择方案。在方案比较的基础上，权衡各个方案的利弊得失，并对其进行排序，提出取舍意见，选择最优方案。

(7) 实施方案。一项科学的决策有可能会因为实施不力而无法达到预期目标，甚至最后归于失败。因此，企业经营决策方案确定后，还需为其拟定的行动制订计划、编制预算，做好应对风险和不确定性的准备。只有有效地实施决策方案，才能实现决策的目标。

(8) 评价方案。受企业经营环境变化的影响，企业经营决策在执行过程中有可能会偏离既定目标，因此，需要做好检查和评价工作，准确、及时地把方案实施过程中出现的问题、执行情况等信息反馈到决策机构，以便决策者采取及时、准确的纠偏行动。

5. 企业经营决策的方法

随着企业经营决策实践和决策理论的发展，人们创建了许多经营决策方法，概括起来可分为两大类：传统的定性决策法与强调精确性的定量决策法。

1) 定性决策法

定性决策法又称为软方法，是运用社会学、心理学、组织行为学、政治学等学科的专业知识，结合决策者的实践经验与判断能力，在系统性的调查研究基础上提出决策意见，做出相应评价，最终选择最优的可行性方案。现实中大量不确定因素及获取完全信息的困难性，使得决策问题难以模型化和定量化，因此，传统的定性决策方法依然被广泛应用。常见的定性决策方法主要有以下几种。

(1) 德尔菲法。德尔菲法又称为专家群体决策法。它采用匿名征询的方式，要求专家之间不得互相讨论，不发生横向联系，只能与调查人员联系。在实施过程中，专家反复填写问卷，由调查人员一次又一次地征询、归纳、修改，最终形成相对统一的共识，将其作为预测的结果。具体实施程序如下：①由工作小组确定问题内容，并设计一系列调查表；②将调查表寄给专家，请其提供解决问题的意见和思路，专家之间不得沟通，相互保密；③专家开始填写自己的意见和想法，并将其寄回工作小组；④工作小组处理这一轮征询的意见，找出共同点和各种意见的统计分析情况，将统计结果返还专家，专家结合他人意见和想法，修改自己的意见并说明原因；⑤工作小组将修改过的意见进行综合处理再寄给专家，这样反复几次，直到获得满意答案。

(2) 头脑风暴法。头脑风暴法又称为智力激励法、自由思考法。它采用会议的形式，引导每个参会者围绕某个中心议题，广开思路，激发灵感，毫无顾忌地发表独立见解，通过相互交流，在头脑中进行智力碰撞，不断产生新的火花，使讨论升华，最终得出结论，做出决策。使用该方法应遵循如下原则：①对别人的意见不做任何评价，将相互讨论限制在最低限度之内；②建议越多越好，参与者不必担心自己的发言水平，想到什么就说什么；③鼓励每个人独立思考，广开思路，想法越新颖、奇异越好；④可以补充和完善已有的建议，使某种意见更具说服力。头脑风暴法的目的在于创造一种畅所欲言、自由思考的环境，诱发创造性思维的共振和连锁反应，激发更多的创造性思维。

（3）名义小组法。名义小组法又称为名义群体法、名义群体技术，是指小组成员首先独立思考进行个体决策，然后按次序一个接一个地陈述自己的方案和意见，在此基础上，由小组成员对提出的全部备选方案进行投票，根据投票结果，赞成人数最多的方案即为最终方案。当然，管理者最后仍有决定权。名义小组法一般步骤如下：①针对特定问题，组织对此问题有研究或经验的人员成立一个决策小组，并事先向他们提供与决策有关的信息资料；②小组成员在各自独立思考的基础上提出决策建议，并将自己的建议或方案写成文字材料；③每个成员在小组会议上宣读自己的建议或方案，在所有成员的想法都表述完毕并被记录下来之前，不进行任何形式的讨论；④群体成员开始讨论，以便将每一种想法或方案都搞清楚，并做出评价；⑤每个成员独立地对所有意见或方案进行排序，最终选择综合排序最优的方案。

2）定量决策法

定量决策法是指在数学模型的基础上，运用统计学、运筹学和计算机技术对决策对象进行计算和量化研究以解决问题的决策方法。利用这种方法所做决策的质量虽然较高，但因某些因素不好量化而难以适用，需要与定性分析结合起来，才能提高决策的科学水平。

通常，经营决策不仅涉及企业活动方向和内容的选择，而且涉及企业在既定方向下从事一定活动的不同方式的选择。决策方法也分为两类：一类是关于企业活动方向和内容的决策方法；另一类是既定方向下从事一定活动的不同方案选择的方法。前者常见的决策方法有经营单位组合分析法、政策指导矩阵等；后者有确定型决策方法、风险型决策方法和不确定型决策方法。

（1）确定活动方向的分析方法。这类方法可以帮助企业根据自身和市场的特点，选择企业或某个部门的活动方向和内容。

① 经营单位组合分析法。这种方法认为大部分企业都有两个以上的经营单位，且各自有着相互区别的产品市场，企业要分别为每个经营单位确定经营方向。在确定各个经营单位的活动方向时，需考虑企业(或经营单位)在市场上的相对竞争地位(或市场占有率)和业务增长情况。相对竞争地位往往反映企业市场占有率，决定了企业获取现金的能力与速度，市场占有率高意味着可带来较高的销售量和销售利润，使企业得到较多的现金流量；业务增长率决定投资机会的大小，业务增长率高其投资所需就多，反之则少。因此，市场占有率高、业务增长率低的经营单位可以提供大量现金来满足整个企业的经营基础；经营单位市场占有率高业务增长率也高，代表其具有最高利润增长率和最佳投资机会，应该增加必要的投资，扩大生产规模，以维持其有利的市场地位；市场占有率低、业务增长率较高的

经营单位可能是刚刚开发很有前途的经营领域，企业应投入必要的资金以提高市场份额，扩大销售量，如果不能得到改善应及时采取放弃战略；市场占有率低、业务增长率也低的不景气的经营单位可能会成为资金的陷阱，应缩小规模或放弃。在利用经营单位组合分析法确定经营方向时，应采用如下步骤：首先把公司分为不同的经营单位；其次计算每一单位的市场占有率和业务增长率；再次根据在企业中占有资产的多少来衡量各经营单位的相对规模；接着绘制企业的整体经营组合图(可以市场占有率或相对竞争地位、业务增长率为行列坐标)；最后根据每一单位在图中的位置确定应选择的经营方向。

利用该方法进行决策，是以"企业的目标是追求增长和利润"这一基本假设为前提的。拥有多个经营单位的企业具有以下优势：它可以将获利较高而潜在增长率不高的经营单位所创造的利润投向那些增长率和潜在利润都很高的经营单位，从而使资金在企业内部得到最有效的利用。

② 政策指导矩阵。这种方法是用矩阵的形式，根据市场前景和相对竞争能力来确定企业不同经营单位的现状及特征。市场前景由盈利能力、市场增长率、市场质量和法规限制等因素决定，分为吸引力强、中等和弱三个等级；相对竞争能力受到企业在市场上的地位、生产能力、产品研发和开发等因素的影响，分为强、中、弱三个等级。这两种标准和三个等级的组合，将企业的经营单位分为了九种类型(见图1-2)。

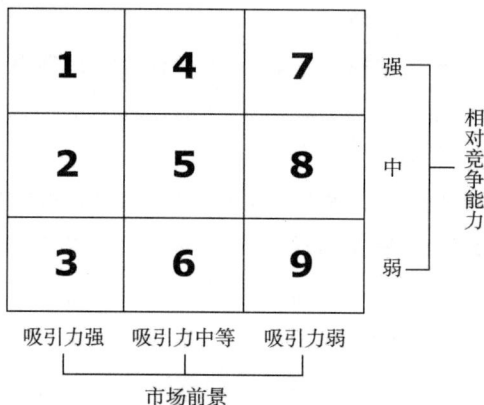

图1-2　政策指导矩阵

根据经营单位在图中所处的位置不同而选择不同的活动方向。区域 1 和 4 的经营单位应优先发展，保证这些经营单位所需的一切资源，以维持它们有利的市场地位；区域 2 的经营单位应努力通过获取更多资源来提升竞争力；区域 3 的经营单位因企业在一定时期的资金能力有限，可选少数较有前途的产品加速发展，而逐步放弃其余产品；对于区域 5 的经营单位，应分配足够的资源，使之能随着市场的发展而发展；区域 6 和 8 的经营单位应缓慢从这些经营领域退出，以收回尽可能多的资金投入盈利更大的经营部门；区域 7 的经营单位可利用较强的竞争实力开拓市场，但该部门本身不能继续发展；对于区域 9 的经营单位，应尽快放弃，将资金转移到更有利的经营部门。

(2) 选择活动方案的方法。确定了活动方向和目标后，就要对同一活动方向和内容的不同活动方案进行选择，帮助企业选择经济效益最好的方案，实现企业活动目的。选择是以比较为前提的，比较不同方案的重要标准是它们能够带来的经济效益。常见的方法有确定型决策方法、风险型决策方法和不确定型决策方法。

① 确定型决策方法。确定型决策方法是指影响决策的因素、条件和发展前景比较清晰明确，对计算各方案的经济效益比较有把握而进行决策的方法。未来确定条件下的决策方法有单纯选优法、线性规划法、盈亏平衡分析法、内部收益率法、净现值法等。

② 风险型决策方法。在进行决策时，如果未来可能发生的情况不止一种，且可以估算出每种情况发生的概率，就是风险型决策方法。典型的风险型决策方法是决策树法。

决策树法是用树状图形来描述各种决策方案在不同情况下可能产生的收益，并据此计算各种方案的期望值，再对各种方案的期望值进行比较，从中选优的方法。期望值是各种自然状态下加权性质的平均值，风险情况下决策依据的标准主要是期望值。当决策指标为收益时就选取期望值最大的方案，当决策指标为成本时就选取期望值最小的方案。一个方案的期望值是该方案在各种可能状态下的损益值与其对应的概率乘积之和，这里的概率一般是决策者在过去历史资料统计分析基础上凭主观经验做出的判断。决策树示意图如图1-3所示。

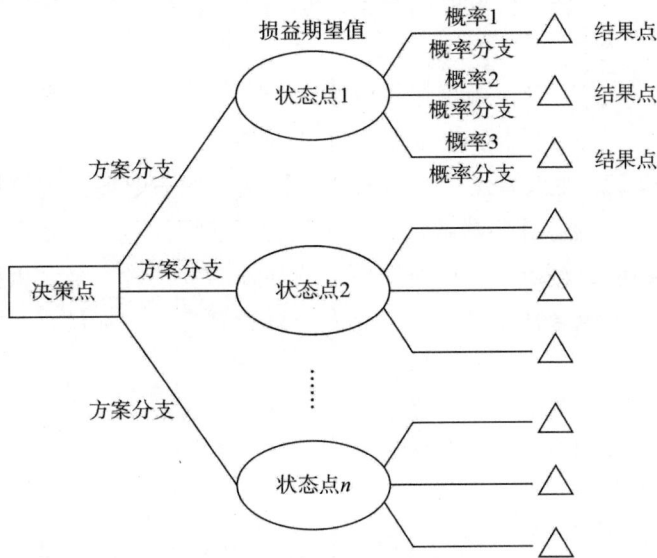

图1-3　决策树示意图

③ 不确定型决策方法。不确定型决策是指在决策结果无法预料和各种自然状态发生的概率无法预测的条件下，只能依据经验加以判断并有限结合定量分析方法做出的决策。不确定型决策方法有悲观法、乐观法、后悔值法、折中法和等概率法。

(二) 企业财务决策

1. 企业财务决策的含义

根据《现代汉语词典》的解释，"财"是钱和物资的总称，"务"是事情，"财务"就是有关钱和物资的事情。财务决策与经营决策一样，是一个宽泛的概念。它是指企业运用各种合法手段和方法，对其合法拥有或依法控制的钱、物资及相关经济活动制定行事的方针、策略或方法，同时对该过程中发生的经济关系进行妥善沟通与协调的一系列活动的总和。财务决策是企业按照财务管理目标的要求，在财务预测的基础上，制定和评价财务活动方案，并从若干可以选择的财务活动方案中选择最满意方案的过程。

2. 企业财务决策的目标与任务

财务决策是具有明确目标的活动，即为实现企业财务管理总体目标而进行的活动。它主要通过调节资源配置和控制财务风险两个渠道为企业经济利益服务。在日趋激烈的市场竞争中，财务决策是否能有效地影响企业的发展战略已成为一个企业能否在竞争中取胜的关键。

3. 财务决策的内容

企业财务包含企业的财务活动和财务关系。因此，财务决策包括以下几项内容。

1) 财务活动

(1) 筹资决策。筹资决策包括企业资本金制度、筹资渠道、自有资金的筹集、借入资金的筹集、资金成本与资金结构方面的内容，其目标是在满足生产经营资金需求的情况下，降低资金成本和财务风险。

(2) 投资决策。投资决策包括直接投资和间接投资两方面的内容，其目标是科学判断投资项目的可行性，提高投资报酬率，降低投资风险。

(3) 资金成本决策。企业营运生产过程中实际发生的与财务活动直接有关的各项支出计入资金成本，涵盖企业各部门财务活动发生的各项费用，包括筹资、投资、利润分配等导致的利息支出(减利息收入)、汇兑净损失、调剂外汇手续费、金融机构手续费及筹资发生的其他有关费用等。资金成本决策的目标是合理配置资金，加快资金周转，提高资金的利用效果。

(4) 利润分配决策。利润分配决策的目标是努力提高企业利润水平，分析利润变动的原因，合理分配企业利润。

2) 财务关系

财务关系是企业相关利益者在资金运动过程中所体现的经济关系，它与财务活动是一个硬币的两面。进行财务活动就必然要建立、推进或推翻某种财务关系，而调整一种财务关系或建立一种财务关系一定要以某种财务活动为手段。因此，财务关系主要包括：企业同投资者之间的财务关系；企业同国家之间的财务关系；企业同银行等金融机构之间的财务关系；企业同其他企业单位之间的财务关系；企业内部各单位之间的财务关系；企业同职工之间的财务关系。

4. 财务决策的基本要求

财务决策的基本要求如下：在服从企业总体目标的前提下，尽可能降低筹资成本，以最佳结构合理配置资金，最大限度地减少财务耗费，并以最合理的方式分配企业利润。

5. 财务决策的分类

财务决策可进行如下分类：①按决策是否具有重复性可分为程序化财务决策和非程序化财务决策；②按决策所涉及的时间长短可分为长期财务决策和短期财务决策；③按决策所处的条件可分为确定型财务决策、风险型财务决策和非确定型财务决策；④按决策所涉及的内容可分为筹资决策、投资决策、分配决策等；⑤按决策方法与程序可分为定性决策与定量决策；⑥按决策是否考虑资金时间价值因素可分为静态决策与动态决策。

6. 财务决策的原则

企业进行财务决策时应遵循以下原则。

(1) 资金配置高效合理。企业资金的运用都具有一定的机会成本，在这个项目上投资就意味着在其他项目上失去获利机会，并且企业在筹资和资金使用过程中还需要支付财务费用。因此，资金配置合理与否决定了资本成本的高低，影响着企业的经济效益和经营风险。企业在筹资和投资时，需要客观分析、比较投资收益及资金成本，避免决策失误给企业造成不利影响，同时要合理安排企业各种资本的比例关系，寻求最有效率的资本组合，使企业的综合资本成本最低、效益最佳。

(2) 均衡性原则。均衡性原则首先体现在企业财务决策需要保持风险和收益的均衡，其次是保持筹资、投资、利润分配各个环节及资金在数量和时间上的平衡。市场经济中的财务活动面临很大的不确定性，企业在获得预期财务收益方面存在风险，风险与收益并存，因此，企业的财务决策必须处理好风险与收益的关系，合理协调资金的收益性和安全性，不能只考虑收益不顾财务陷阱。简而言之，企业要处理好筹资、投资和利润分配的关系，保证生产经营对资金的需求，避免资金短缺或闲置，并注意资金在数量、时间上的均衡，以节省财务费用，为企业提供更为广泛的资金来源。

(3) 遵纪守法原则。财务决策必须以现行税法及相关法律为依据，企业必须依法缴纳国家各项税收，加强财务监督控制，保证财务行为规范合法。财务方案应当在一定的法律环境下以企业经营活动为背景来制定，财务决策时要密切关注国家相关法律法规及其变更，依法对各种纳税方案进行选择，不得违反税收法律规定，逃避税收责任。

(4) 经济原则。这里所说的经济原则是指因财务决策方案实施而产生的机会成本不应超过因实施财务决策方案而产生的边际收益，经济原则要求企业的财务决策必须起到降低财务费用的作用，具有实用性，能纠正决策偏差。

(5) 因地制宜原则。企业必须因地制宜，根据自身情况制定适合其所在行业、规模、技术等实际情况的财务决策。不同行业的企业或同一企业的不同发展阶段，其决策的重点、组织结构、决策风格等都会有所区别，决策者切不可生搬硬套其他企业的做法。

7. 财务决策的方法与流程

财务决策是一个完整的体系，包括筹资、投资、成本、分配等决策，它主要依据财务报表等财务信息资源来收集相关资料，掌握真实情况，通过指标对比进行综合判断，点面结合、抓住重点，采用静态与动态结合、定性分析与定量分析结合的常用决策方法，并以相应的绩效评价为手段进行评估。在财务决策过程中，决定方案的取舍既有货币化可计量的经济标准，又有非货币化不可计量的非经济标准。财务决策是多种因素综合平衡的结果，是一种多标准的综合决策。

财务决策可按如下流程进行：①确定决策目标。确定决策所要解决的问题和所要达到的目的。②进行财务预测。财务决策要充分考虑企业未来的财务需求，而企业未来的财务需求则要通过财务预测进行判断，因此，根据财务活动的历史资料、财务报表(主要是资产负债表、利润表、现金流量表)中的各项数据、企业环境的现实情况，以及对各项实际能力的分析，预测与判断企业未来需求，对企业未来的财务活动和财务成果做出科学的预计与测算是财务决策的重要环节。③制定财务决策。在经过科学的预测及周密的分析后，企业就要进行财务决策规划，根据财务数据及企业发展战略进行财务决策的制定，同时对于各个财务决策方案可能带来的风险要有充分的认识和应对准备。④方案评价与选取。运用决策方法或根据决策标准对依据前期工作提出的若干备选方案进行分析论证，做出综合评价，选取其中最满意的方案。⑤结果反馈。决策过程结束后还需要进行具体的计划安排，组织实施，并对计划的执行过程进行控制，收集执行结果的信息，以便判断决策的正误，及时修正方案，确保决策目标的实现。

(三) 企业财务决策与企业经营决策的关系

企业财务决策与企业经营决策密不可分，在企业管理中具有举足轻重的地位。财务决策能帮助企业评估各种经营决策方案的优劣，确定具备较强风险防御能力的筹资、投资和资金运营方案，以企业现有的经济资源取得最佳的经济效益，最大限度地减少经营决策带来的损失。财务决策是否合理有效，直接影响企业的发展战略，是企业能否在竞争中取胜的关键。无论是企业财务决策还是企业经营决策，其制定都要围绕企业的战略目标，都是科学与艺术的统一，为企业战略服务。

(四) 关于决策的注意事项

决策是一个由主观认识反映客观事物并作用于客观事物的过程，是一个主观与客观相互制约、相互作用、相互促进的过程。尽管决策的主观选择建立在对客观世界或事物的认识基础上，不是盲目、随意的，但决策者在决策过程中不可避免地受自身的感情色彩、偏好兴趣、思维方式、价值观、认识观等主观因素影响，而企业经营过程中还存在大量的不确定性因素，需要决策者不断警惕主观局限性所带来的决策错误、随机因素、意外事件，以及不确定性情况等，根据经营过程中获取的信息不断修改计划。因此，无论做什么决策都要留有余地，要相信科学有解释不了的事情，技术有解决不了的问题，对"自信"保持高度的警惕，处置方案要保留一定的安全边际，在万一判断错误的情况下，有挽回的空间(哪怕是你认为万无一失的事情)。总之，再强大的企业、再正确的决策和再完美的发展战略，也必须保有因主观认识错误与不确定性因素而需调整企业战略方向的能力和意愿。

第二节　影响企业经营决策的基本因素

现代企业作为一个开放的系统，存在于复杂且瞬息万变的环境之中，其生存与发展受到内外部诸多因素的显著影响。因此，精准认知、深入剖析并准确判断与企业经营决策相关的各类影响因素，全面把握企业所处环境的当前状况及未来的动态变化趋势，明确企业发展进程中的优势与劣势，进而构建企业独特的竞争优势，这一系列举措对于企业制定科学合理的战略规划和经营决策而言，无疑具有举足轻重的意义。

一、影响企业经营决策的宏观环境因素

宏观环境是指对企业发展具有战略性影响的环境因素。影响企业经营决策的宏观环境因素主要包括政治因素、法律因素、经济因素、科技因素、社会文化因素和自然环境因素等。

(一) 政治因素

政治因素是指一国的政治制度、政策方针、政治形势及其社会秩序等，是对企业经营活动具有实际与潜在影响的政治力量，如政府的管制与管制解除、特种关税、国际关系、财政和货币政策的变化、特殊的地方及行业规定、进出口限制、政府补贴水准等。不同国家有不同的社会性质与社会制度，对企业活动也就有着不同的限制及要求，即使社会制度不变的同一国家，在不同时期，政府的方针政策倾向也会不同，政治因素对企业活动的态度和影响会不断变化。政治因素及其运行状况是企业宏观环境中的重要组成部分，是决定、制约和影响企业生存与发展的重要因素，对企业的长远发展具有显著影响。国家政治因素可以直接或间接地影响企业的经营状况，一旦涉及会使企业迅速发生不可驾驭的明显变化。

(二) 法律因素

法律因素是指与企业相关的社会法制系统及其运行状态，主要包括企业外部的国际和国内法律、法规、司法状况及公民法律意识等。例如，世界性和区域性的公约与条款，基本法(宪法、民法)、劳动保护法、企业法、合同法等国家颁布的法律，以及关于污染程度的规定、消费者权益保护法、税法、反垄断法规、行业公约，还有国家的执法机构等。企业凭借国家赋予的各种权利从事生产经营活动，并谋求发展，国家赋予企业的权利及其由此产生的各种利益只有在良好的法律环境中才能得到保证。法律既规范了企业的生产经营活动，也保护了企业的合法权益与合理竞争。法律因素对企业的影响由法律的强制性特征决定，对企业的影响方式是刚性的约束，其刚性的程度因不同的法律规范而有所差异。不同的法律形式对它的调整对象采取不同的调整手段和作用方式。因此，法律因素对企业效益的重要性不可忽视，有时一个新法律的颁布执行或更改，甚至关系到一个企业的生死存

亡，企业在制定经营决策时只有充分考虑法律因素，重视法律环境的选择，并认识法律的持续性和可变性，方能从容应对。

(三) 经济因素

经济因素是指影响企业生存和发展的社会经济状况及国家经济政策、经济结构、产业布局、经济发展水平、未来的经济走势等，如国家和地区的经济发展水平与速度、国民经济结构、经济的工业化进程、产业结构、经济体制、宏观经济政策、社会经济发展战略和计划、经济转型、居民的生活消费结构和消费水平、消费模式与消费趋向、居民的收入与可支配的收入水平、价格波动与通货膨胀、劳动生产率水平、进出口因素、财政政策、金融市场、市场的供求状况、社会基础设施、宏观经济形势、世界经济形势、行业在经济发展中的地位及企业的直接市场等。一个国家的经济基础决定了企业的运营成本及效率。企业的根本目的是获取利润，具有很强的经济性，因此，经济因素对企业的影响更加直接而广泛。

(四) 科技因素

科技因素是指企业所处环境中的科技要素及与该要素直接相关的各种社会现象的集合，如国家科技体制、科技政策、科技发展水平、国家对科技开发的投资和支持重点、该领域技术发展动态和研究开发费用总额、技术转移和技术商品化速度、专利及其保护情况等。如今，科技已成为推动世界发生变化的重要因素，深刻地改变着人类生产与生活。特别是现代信息技术的运用对经济社会的各个层面都产生了巨大影响，企业组织的决策手段和模式因此得到重构，企业的各种活动也因信息技术的运用而发生着改变。企业在经营决策中已无法忽视科技的影响。例如，企业在生产经营中使用了哪些技术、外购的原材料或零部件涉及哪些技术、这些技术对企业的重要程度，以及企业对这些技术是否可以持续地利用。此外，还需要关注技术的发展动向、自身掌握技术的情况，以及企业关键性技术、工艺革新对企业竞争地位的影响及与竞争对手的技术对比等。企业根据科技因素及时调整经营决策，可以获得新的竞争优势。

(五) 社会文化因素

社会文化因素是指一个国家或地区的人们共同的价值观、生活方式、人口状况、文化传统、教育程度、风俗习惯、宗教信仰等方面的情况。这些因素是人类在长期生活和成长过程中逐渐形成的，人们自觉或不自觉地会接受这些准则，并将其作为行动的指南。它们影响人们的消费方式和购买偏好，使处于一定社会文化环境中的企业经营活动必然受到社会文化因素的影响与制约。但与其他因素相比，社会文化因素所涉及的内容以隐性或不显而易见的方式影响着企业的经营发展，需要企业在经营决策时投入更多的关注。企业通过分析社会文化因素，如不同人员的情感模式、思维模式及行为模式等，可以更加准确地掌握消费者的需求、欲望及购买行为，从而选择合适的目标市场，制定更加切实可行的经营策略。

(六) 自然环境因素

自然环境因素是指企业所处的自然资源、地理条件、气候条件与生态环境等，如土地、森林、河流、海洋、生物、矿产、能源、水源、环境保护、生态平衡等方面的发展变化。这些因素关系到企业投资方向、产品改进与革新等重大经营决策问题，在不同程度上也影响企业的生产经营活动。企业想要最大限度地利用环境带来的市场经营机会，就必须不断地分析与认识自然环境变化的趋势，根据不同的环境做好经营决策工作，设计、生产和经营最合适的产品或提供服务。另外，企业在经营的同时要保护好所处地区的环境，承担社会责任。

二、影响企业经营决策的行业因素

企业不仅在宏观环境中生存并受其影响，还在特定行业领域内活动，同时受到该领域更为直接和具体的行业因素的影响。行业因素是指企业所在行业的现状、资源供应、产品，以及竞争者现状及其变动趋势等方面的内容，包括行业结构、行业状态、竞争格局等，如行业在社会经济中的地位和作用、行业产品的生命周期、影响行业状态的确定或不确定因素、行业生产规模、市场潜力、竞争结构、行业盈利水平、产品差异化程度、使用的分销渠道、品牌数量、营销力度、产品的服务质量、科研水平及重点、成本水平及价格策略、所有制结构、组织规模、通货膨胀的承受能力、政府对行业的政策、相关技术的发展趋势、社会法律法规等。企业所在行业的竞争格局及本行业和其他行业的关系决定着企业所处行业的竞争原则与企业可能采取的经营决策。当今企业处在一个竞争十分激烈的环境中，新的竞争对手不断进入，行业内整合不断加剧。在瞬息万变的市场环境中，谁能把握行业发展趋势、掌握市场先机并及时把握竞争对手的动态，谁就在竞争中掌握主动。

三、影响企业经营决策的内部能力因素

不断变动的宏观因素和行业因素给企业带来的只是潜在的可以利用的机会，企业只有具备了抓住这种机会的内部能力，才能把它变为企业实现成长的机会。内部能力不仅决定着企业经营决策的优劣，还是经营决策实施的保证。内部能力因素是指企业自身可以驾驭的因素，主要包括企业所能掌握的资源、企业的能力、企业的核心竞争力。

(一) 企业的资源

资源是企业能力的来源，是指能够给企业带来竞争优势的任何要素(如人、财、物等)，是企业参与市场竞争的必备条件。它以一种静态的力量存在，也表示企业的潜力。企业资源一般分为有形资源和无形资源。

1. 有形资源

有形资源是指企业可见的、能量化的资产(如厂房、设备、原材料等),它是企业进行生产经营活动的物质基础。企业的有形资源主要包括财务资源、实物资源、组织资源和技术资源,这些资源的价值可以反映在财务报表中,易于识别与评估,也易于通过市场进行交换。因此,有形资源是有限的,很难进一步深入挖掘它们的价值。其中,财务资源反映企业的借款能力,也反映企业产生内部资金的能力;实物资源既反映企业的厂房和设备的位置及先进程度,也反映企业获取原材料的能力;组织资源反映企业的报告系统及它的正式计划、控制和协调系统;技术资源反映企业技术的含量、专利、商标、版权和商业机密。

2. 无形资源

无形资源是指企业不可能从市场上直接获得,不能用货币直接度量,也不能直接转换为货币的经营资产,如商誉、技术、品牌、文化、与供应商良好的关系、管理团队的沟通模式等。它是根植于企业历史的、长期积累下来的、不易被人们察觉的资产,但这些资源同样能给企业带来效益,因此同样具有价值。企业的无形资源主要包括人力资源、创新资源和声誉资源,其中,人力资源反映员工拥有的知识、信任、管理能力、基本信念与行为规范等;创新资源反映员工的创意、科技能力、创新能力;声誉资源反映客户声誉、品牌、对产品质量与其耐久性和可靠性的理解、供应商声誉、有效率和效益的双赢关系与交往方式。与大多数有形资源不同,无形资源很难被竞争对手了解、购买、模仿或替代,其价值可以被进一步地挖掘,企业更愿意将无形资源作为能力和核心竞争力的基础。

(二) 企业的能力

企业的能力是指企业协调并统筹整合各种资源使其发挥作用,以完成企业预期任务和目标的技能。它是企业资源的转换能力,是企业核心竞争力的来源。企业如果只有能力没有资源,则如同"巧妇难为无米之炊";如果只有资源没有能力,则企业资源难以发挥作用,也很难产生效益。因此,资源和能力必须结合,才能构成企业竞争优势的基础。能力的基础是企业的人力资本,任何资源的开发、传递与信息的交流只有通过"人"才能实现,能力存在于企业的日常工作中,是若干资源有机组合后的结果和表现。企业的能力可以反映在研发、生产、营销、创新、战略性整合能力等方面。其中,研发能力反映企业基础研究能力、产品革新速度和独到的工艺技术;生产能力反映企业在数量、质量、成本和时间等方面符合要求的条件下形成有竞争性的生产能力;营销能力反映企业敏锐的市场意识、准确的市场定位与恰当的广告促销、有效的分销物流体系;创新能力反映企业鼓励创新与有效的创新方法;战略性整合能力反映企业有效的市场驱动与顾客和供应商的关系、有效的战略联盟、有效的组织结构、构建健康的企业文化与在恰当时候进行文化变革的能力。

(三) 企业的核心竞争力

核心竞争力是企业独特的优势和资源，使其能够超越竞争对手，是企业竞争优势的基础。核心竞争能力不同于一般能力的特点在于：核心竞争力对企业的竞争力和盈利能力起着至关重要的作用。它可能是完成某项活动所需要的优秀技能或企业技术诀窍，也可能是那些能产生具有很大竞争价值的生产能力的一系列具体技能组合。各企业表现出来的核心竞争力是多种多样和各具特色的。企业凭借核心竞争力，在一定时间内可以创造产品和服务的增加价值。企业的核心竞争力包括有价值的能力、稀有的能力、难以模仿的能力和不可替代的能力。其中，有价值的能力体现为帮助企业减少威胁与利用机会的能力；稀有的能力体现为本企业拥有而不被其他企业拥有的能力；难以模仿的能力体现为企业因历史原因而独特拥有的有价值的组织文化和品牌、模糊性因素造成的特殊竞争能力与应用，以及社会复杂性因素促成的各方关系、信任和友谊；不可替代的能力体现为企业拥有独一无二、难以被竞争对手模仿或用其他方式替代的能力。

四、把握好影响企业经营决策各因素的关系

企业经营环境是一个多层次、多要素的组合体，表现出明显的复杂性。政治、经济、科技、社会文化、法律和自然环境等因素之间相互影响、普遍联系，在不同层面相互交织，形成立体网络，并不断演化，共同营造不断变化的企业环境，影响企业的生存与发展。企业经营决策不仅要关注企业内部因素的变化，还要关注企业外部宏观因素和行业因素的变化，关注它们变化发生的可能性、变化的速度、变化的方向、不稳定程度、复杂程度及对企业的促进或促进程度等，搞清楚变化对企业是否有利、影响程度是否重大、影响是长期还是短期，以及这些变化是否可控等。此外，企业还应该了解变化为什么会发生、对产品与市场是否有影响、企业应该如何应变、有什么机会和威胁，以及如何把握机会应对威胁等。特别在当今信息社会，企业所处的环境处于动态发展之中，企业的经营决策制定与外部环境发展是一个动态调整和平衡的过程，企业的组织目标、经营目标、企业经营决策等的制定和执行只有适应外部环境的变化，才能立于不败之地。

接下来，通过我国工业体系的例子来说明事物的复杂性，读者从中体会一下影响企业经营复杂因素的关系。

在国民经济的宏观架构里，一个国家的所有产业链相互交织，共同构筑起工业体系。实体产业是国民经济的核心，而工业体系则是实体产业的关键内核，也是推动经济发展与产业升级的核心动力源。如果把工业体系抽象成黑箱模型，从系统论角度看，输入端有材料、能源、人力、技术知识等要素，它们在工业体系内经历原材料加工、零部件制造、技术研发创新、生产流程管理等复杂且相互关联的流程，输出丰富多样的产品。输出的产品有螺丝、螺帽等基础标准件，不同用途的发动机等动力设备，不同类型的电子线路板、集成模块等电子信息产业核心部件，化工通用件，以及工业机床等加工设备。这些产品是由

标准件、通用部件等构成的庞大集合。这些零部件是组装国民经济各领域所需设备、工具和产品的基础。不管是政府办公、企业生产，还是居民生活用到的设备、产品，都是以工业体系生产的零部件为基础，经组装环节，按设计与工艺要求组合装配而成，这凸显了工业体系在国民经济中的基础性、支撑性作用，它是连接生产要素与终端产品的关键纽带，对国民经济发展至关重要。例如，汽车是通过机械零部件、电子设备、化工材料组装而成的；电视机是通过大量的电子部件、化工产品件、显像部件和电器零件等组装而成的。这些标准零部件的生产及各种设备、工具与产品的组装，形成了可使用产品的生产、加工和组装的过程，即为"产业链"。围绕这个"产业链"形成了一个从资源、能源、材料到设计、加工生产，再到组装形成产品的一个产业链路集群，这个产业链路集群就是"工业体系"。企业的供、产、销离不开产业链，是产业链路集群中的一环，其生存与发展会受工业体系的制约。有了工业体系后，人们需要什么都可以通过组装生产出来。没有工业体系，人们就得花高价去购买发达国家的设备和服务，有了工业体系，再去购买这些东西就会便宜很多，这就是工业体系的奥秘。有了工业体系，就意味着掌握了科技、生产技术及生产的一切流程。工业体系的建立是一个国家真正的财富。工业体系的建立取决于人、财、物及科研的投资，也取决于长期利润的预期，还取决于资源及税收等经济环境的一些客观条件，是这些条件综合作用的结果。对于一个国家工业体系建设来讲，企业的作用是非常重要的，而政府的作用是重中之重。工业体系的发展取决于投资拉动，从一定意义上讲，政府决定了一个国家工业体系的生死存亡。因为国家工业体系建设需要巨大的人、财、物的长期投资，而利润只是长期的预估，并非短期收益。工业体系的建立与升级取决于政府的产业政策布局及资本的长期投资规划。任何一个或几个企业乃至大的企业集团都无法承担工业体系建立或完善这一艰巨的任务。如此繁杂的工业体系只可能由政府来规划与组织实施。工业体系关乎国家的命运，也是一个国家能否走向强大的唯一标志。根据美国《纽约时报》的调查，中国工业拥有世界最完整的供应链条，而且是世界上唯一拥有联合国产业分类中全部工业门类(41个工业大类、207个中类、666个小类)的国家，形成了"门类齐全、独立完整"的工业体系，小到螺丝钉等基础零件，大到通信、航天、高铁等，可以随时就地取材，整装待发。这是新中国成立后，我们的前辈们经过奋斗，在困境中最终建立起来的工业体系。凭借这一工业体系，我们成功研制了"两弹一星"的武器装备，制造了飞机、汽车等各种生产与消费用品及工具设备；凭借这一工业体系，我们真正奠定了中国在世界上的政治、经济、军事与文化地位；凭借这一工业体系，我们通过出口换取外汇，创造了巨大的经济财富，推动中国进入了一个最为辉煌的时代——工业和科技文明时代，并走在了世界的前列，使中国不仅开始富强，而且逐步走向强大。企业之间及企业与政府之间，在独立发挥作用的同时，共同联合起来组成了一个强大的大工业体系。也正因为有这样的工业体系和中国特有的政治社会环境，在2019年末遇到突如其来的新冠病毒疫情时，我们才能够在几天时间内迅速建立"火神山"和"雷神山"医院，一些企业才能抓住机遇在突变的经营环境下迅速实现转产，如生产口罩、医用产品等，一改面临亏损的局面。这场疫情不仅是对医疗体系和社会治理体系的检验，也是对企业经营和财务决策的检验，最后我们也会发现，淘汰是一场痛苦的出清，健康的企业还是会生存下去。

　　总之，企业的生存和发展深受内外环境各因素的影响，并与国家命运紧密相连。分析这些影响因素是确定企业经营决策目标并保证其顺利实施的重要先决条件，也是企业制定财务战略的出发点和重要依据。我们要从系统的角度、用升维的思维方式全面考虑这些内外因素及其相互关联。影响企业经营决策的因素之间是相互作用、环环相扣、错综复杂的，切不可孤立或片面地看待这些影响因素，更不可只顾眼前的小圈子、小利益，要立足于企业，并将其置于国家乃至国际的大环境中，用国际化的视角去看待，才能把握企业的未来。也只有在对世界的宏大拥有足够成熟和全面认知的基础上，才有能力清晰地判断此刻我们正处在这个时代"棋盘"的哪个位置，才能更好地做出对企业未来的种种决策。在制定决策时，我们面对的是一个越来越复杂和动荡的世界，没有一种商业模式是长存的，没有一种竞争力是永恒的，没有一种资产是稳固的，也没有一种经营决策方案是固定不变的。努力只是这个时代的基本要求，决策者的眼界与格局才最终决定企业的命运。所谓格局，并非大开大合，而是自知者明。自明者方知天地中所处之地，愿意放下短视去选择企业长久的发展，愿意时刻自省去学习，使企业走向更大的世界，哪怕遇到挫折也不会被轻易击败，在见识过世界之广袤后，他们变得胸襟宽广，积累下广博人脉，故而将所有的劫难视作"阶段性"的考验与关口。

第三节　企业的创办过程

一、注册企业

　　创办企业必须依照相关程序登记注册，确保经营活动是合法的，才能受到法律的保护，否则属于非法经营，一旦被查处，企业要付出很高的代价。

(一) 注册企业前的准备工作

1. 选定行业与企业定位

　　创办人在注册企业前要根据自己的喜好或专长选择所进入的行业、确定企业定位，并对所选择的行业的基本情况进行充分的了解与分析。特别是受宏观环境和行业内部因素的影响，行业状态不稳定，而行业状态又关乎企业的兴衰存亡，因此，有必要事先对影响行业发展的不确定性因素进行分析，对行业的未来发展进行充分预测，从总体上把握即将进入的行业的现状及其发展趋势，确定企业的战略定位。例如，可以通过了解该行业的行业性质(如在工业生产过程中的位置、使用的主要资源、产品的市场性质)、行业经济特性(行业的市场规则、行业竞争范围、行业进入或退出的难易程度、行业的盈利水平等)，以及行业在社会经济中的地位和作用(如该行业的产值、利税额、从业人数及比重；与其他行业的关系、对其他行业产生的或将要产生的影响和作用；在国际市场上的竞争力；等等)来全面把握行业的概貌；依据行业的产品生命周期和产品在国内外的循环过程判定行业所处的发展阶段；通过对不确定性因素的评价和分析，对行业结构的未来变化进行预测，使企业战略具备足够的弹性与应对的空间；等等。

2．为企业起名

创办企业需要给企业起名。在中国人的观念里，名字会给人的一生带来很大的影响，这一理念同样适用于企业，中国传统文化中有着丰富的起名学问。著名心理学家西格蒙德·弗洛伊德(Sigmund Freud)认为，言语是人类意识的基本工具，具有特别的力量。因此，为创办的企业起一个好名字对企业未来的发展有着积极帮助。一般来说，企业名称要简单易懂且与众不同，除好听、好写、好记、好念外，字与字之间的搭配要和谐、吉祥、有寓意、有内涵，从而体现企业的文化素养；最好还能抓住消费者的视觉，反映企业的经营特色、理念或优良品质，使消费者易于识别并产生购买欲望，为企业形象及品牌带来良好的宣传效果。

(二) 注册企业的基本流程

1．注册前的材料准备

注册企业前需要准备的材料有：①《公司登记(备案)申请书》；②公司章程(有限责任公司由全体股东签署、股份有限公司由全体发起人签署)；③股东、发起人的主体资格证明或自然人身份证明；④法定代表人、董事、监事和经理的任职文件；⑤住所使用证明；⑥募集设立的股份有限公司提交依法设立的验资机构出具的验资证明，涉及发起人首次出资是非货币资产的，提交已办理财产权转移手续的证明文件；⑦募集设立的股份有限公司公开发行股票的应提交国务院证券监督管理机构的核准文件；⑧以法律、行政法规和国务院决定限定设立公司的报经批准后的有关批准文件或许可证件的复印件；⑨公司申请登记的经营范围中有法律、行政法规和国务院决定限定项目的报经批准后的有关批准文件或许可证件的复印件。

2．基本流程

(1) 核准企业名称。由申请注册企业在工商企业服务网站上自主申报。办理流程：①企业提交名称申请；②工商部门预审名称；③工商部门核准名称通过后，申请注册企业打印名称申请材料；④申请注册企业到工商(政务中心)窗口交/验材料；⑤申请注册企业所交材料通过后，企业在窗口打印核准通知书，领取告知书及承诺书。

(2) 办理企业工商注册登记。企业备齐注册所需全部材料，可选择到工商部门窗口交/验材料，等待办理结果，领取工商执照；也可登录市场监督管理局政务服务中心专门网站，按网站业务办理流程自主提交材料办理，等待办理结果，领取工商执照。

(3) 办理企业税务登记。《税务登记管理办法》规定，从事生产、经营的纳税人领取工商营业执照的，应当自领取工商营业执照之日起30日内申报办理税务登记。

① 申办前的材料准备。企业在申报办理税务登记前，应准备以下证件和资料：企业

营业执照(申报办理税务登记后"营业执照""组织机构代码证""税务登记证"三证合一)；有关合同、章程、协议书；企业公章、财务公章、法人章；法人及经办人身份证。

② 申办流程。企业在办理税务登记时，企业法人及财务负责人应先进行实名认证，实名认证可去税务局办理，也可在网上认证，网上认证可登录支付宝账户，通过支付宝的"城市服务—办事大厅—政务—税务"功能进行认证。认证成功后，企业办税人员持相关办税资料及证件到辖区税务局按以下流程进行办理：核定税种，确定是一般纳税人还是小规模纳税人；划归所属税务管理所，并与专管员接洽；办理金税盘及报税钥匙。

二、企业运行前的准备

(一) 企业基本业务流程

工业企业基本业务流程如图1-4所示。

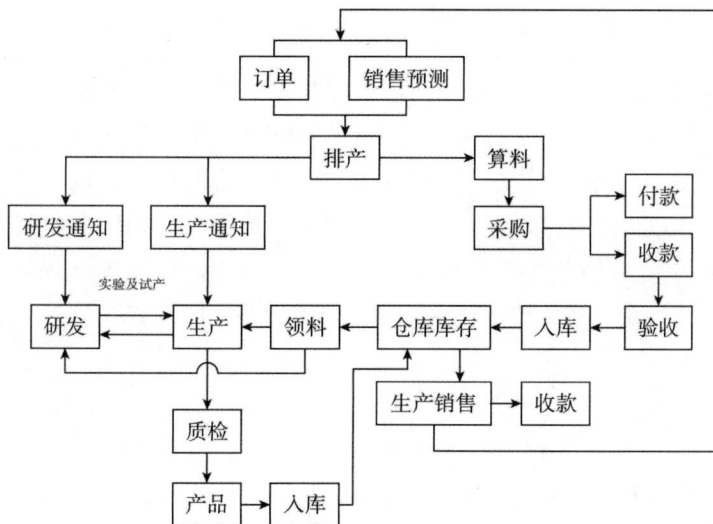

图1-4　工业企业基本业务流程

企业基本业务流程中包含了信息流、物流与资金流，只有这三者和谐统一，企业才能正常运行。

(1) 信息流。市场营销部门进行市场预测，要什么、要多少、什么时候要(谁要)，并根据企业生产能力(或供货能力)接纳销售订单；计划部门做排产工作(生产什么、生产多少、什么时候开工、什么时候完工)，并将生产通知传递给生产部门，将研发通知传递给研发部门；同时，计划部门还要根据排产信息做算料工作，包括生产作业计划(需要生产什么子件、需要多少子件、子件什么时候要、什么时候开工、什么时候完工)和采购作业计划(采购什么原材料、采购多少、什么时候下单、什么时候到货)；采购部门根据采购计划进行采购。

(2) 物流。采购部门根据采购订单对采购回来的原材料办理验收入库；生产部门办理领料手续后领用原材料生产，并在生产完工后办理成品入库手续；销售部门根据销售手续办理产品出库。

(3) 资金流。财务部门根据采购订单和原材料入库单向供应商支付原材料采购资金，根据生产订单、领料单、产成品入库单支付加工费并计算产品成本，根据销售订单和产品出库单向客户收取销售货款。

综上可以看出，企业的业务流程是企业各职能部门共同协作完成的，企业经营决策与管理的过程也是各职能部门协同工作实现企业经营目标的过程。需要指出的是，在这一过程中，财务部门并不是只负责付款与收款，整个业务流程都离不开财务部门自始至终的配合与支持。首先，在获得订单前，市场营销部门能接纳多少订单需要财务部门根据生产部门的生产能力，对原材料购买、人工费、加工费等进行资金预算，超过了企业财务能力的订单是不能接纳的，即业务与财务是一个有机整体，不可分割；其次，在获得订单后，企业根据订单组织生产，财务部门在保证正常生产的同时，还要考虑研发新产品的投资，尽可能地不让资金闲置，最大效能地发挥资金运作的作用，为企业服务。

(二) 设置岗位与组建企业团队

企业的运行需要建立清晰的组织架构，设置相应的管理机构和岗位，这样才能将企业的战略、市场营销、原料采购、产品生产、财务管理等经营管理环节有机结合起来，实现物流、资金流、信息流的协同管理，优化人、财、物等资源配置，以最终实现企业的经营目标。企业根据基本业务流程设置管理机构和岗位，根据岗位招聘人员组建企业团队。组建企业团队时应尽量让合适的人在合适的岗位做合适的事，以发挥个人潜力，增强员工的工作热情。同时，通过企业文化建设让企业团队以饱满的激情为实现企业目标发挥最大效能。

【本章小结】

本章旨在让学生了解什么是企业，以及企业的组织结构及其演进；了解企业经营决策与财务决策的基本概念、原则、流程与方法；明确企业经营决策与财务决策的关系；通过对企业经营决策复杂性的基本了解，树立正确的企业决策观；掌握创办企业的基本流程与方法。

【关键词】

企业　企业经营　企业组织结构　企业经营决策　企业财务决策

【思考题】

1. 什么是企业？什么是企业的组织结构？企业组织结构发展趋势如何？
2. 简述企业经营决策与财务决策的区别和联系。
3. 影响企业经营决策的因素及其内在关系是怎样的？

第二章

与企业经营决策相关的企业管理知识

【学习目标】

1. 了解企业战略与战术的概念及内容，掌握与企业经营决策相关的企业管理知识，包括企业经营决策与战略管理、营销管理、生产管理、财务管理及纳税筹划的关系；

2. 掌握供、产、销等企业经营脉络的各个方面的信息，围绕企业战略，以财务决策为中心开展决策。

第一节　战略管理的相关知识

一、企业战略的层次与内容

"战略"一词源于军事领域。现代军事理论中，战略的含义逐步演化为对战争全局的筹划和指导。《辞海》对战略的解释是，它是依据国际、国内形势和敌对双方政治、经济、军事、科学技术和地理等因素制定的。战略解决的问题如下：对战争的发生、发展及其特点、规律的分析与判断，战略方针、任务、方向和作战形式的确定，等等。随着社会的发展和研究的深入，战略已扩展到政治、经济、文化活动中，广泛应用于社会的诸多领域。

企业战略是企业以未来生存与发展为基点，在分析外部环境和内部条件(现状与趋势)的基础上，为维持和建立企业持久竞争优势而做出的具有全局性、根本性和长远性的谋划和策略。因此，凡是关系到全局的存在、巩固与发展，涉及企业整体活动的目标、方向、成败和根本效益，并带有共性、具有普遍指导作用的问题，都是战略决策问题。战略决策是依据战略分析阶段所提供的决策信息(如行业机会、竞争格局、企业能力等)，并综合各项信息确定企业相关战略及行动方案的过程。它是企业经营成败的关键，关系企业的生存和长期发展。决策正确，有助于企业准确把握企业的发展方向，提高竞争力和环境适应力，取得良好的经济效益；决策失误，就会给企业带来巨大损失，甚至破产。由于任何事物都是作为系统而存在的，都是由相互联系、相互依存、相互制约的多层面、多因素按照一定结构组成的有机整体，这就要求我们必须树立战略思想，置局部于整体之中，从总体到局部，由远及近地从战略的角度思考问题。

企业战略一般分为三个层次：总体战略、竞争战略(事业部战略)和职能战略。总体战略又称为企业战略，是确定企业发展总目标和总方向的战略，它规定企业的使命和目标、定义企业的价值、关注全部商业机遇；决定主要的业务范围和发展方向；确定需要获取的资源和形成的能力，并在不同业务之间分配资源；确定各种业务之间的配合和在企业中的地位，以确保企业整体效益最优化；确定企业的组织结构；保证业务层战略符合股东财富最大化的要求。竞争战略又称为业务战略，是在总体战略的制约下，指导和管理具体战略经营单位的计划和行动，其解决的核心问题是如何通过确定顾客要求、竞争者产品及本企业产品三者之间的关系来奠定本企业在市场上的特定优势并维持这一优势，其战略行为包括广告宣传、研究与开发、设备条件的改善及产品系列拓展、收缩的方向和程度。职能战略是按照总体战略和竞争战略对企业内各方面职能活动进行的谋划，它规定着对总体战略和竞争战略的战术支持，职能战略由职能部门根据总体战略和竞争战略制定，应与总体战略和竞争战略保持一致并为之服务。战略的三个层次在企业内部构成了一个有机的、统一的、分层次的战略体系，三个层次的战略既相互联系，又相互作用和制约，彼此间的协调一致和紧密联系是企业在竞争中取胜的重要条件。上一层次的战略是下一层次战略的环境，下一层次的战略是上一层次战略的支撑。竞争战略是企业战略体系的核心，是整个企业获得可持续竞争优势的关键，为企业总体战略提供支撑和基础，为职能战略指明方向。

有战略就有战术。战术是指导行动和竞争的方法，是达成战略目标、克敌制胜的手段，包括行动原则、行动部署、行动指挥、行动与协同、行动保障等。战术决策是以战略决策规定的目标为决策标准，为了实施战略决策，保证资源的合理使用和日常经营工作的顺利开展、解决某一具体问题而做出的决策。战略决策是战术决策的依据，战术决策是战略决策的落实。

二、企业战略管理的含义与作用

(一) 企业战略管理的含义

企业战略管理是为实现企业战略总目标，运用管理的计划、组织、领导与控制手段，对企业的一系列重大、长期和根本性决策的制定、实施及过程进行管理的活动。企业战略管理是一种崭新的管理思想和管理模式，这种管理模式针对企业如何应对环境的恶化和动荡，以及如何满足利益相关者的基本问题做出回应。企业战略管理流程包括企业战略的三个核心领域：战略分析、战略制定和战略实施。企业战略管理需要对企业内部各个层次的战略制定、实施和评价与控制活动进行管理。高层次的战略及其战略实施对低层次的战略具有指导和约束作用，低层次战略的有效管理对高层次战略的有效管理具有支持作用。随着技术、竞争和规划的快速变化，战略的制定和执行必须成为一个持续的、共同参与的过程，战略的执行要求所有的业务单元、支持部门及员工与企业的战略保持协同和联系，企业的成功也来自让战略管理成为每个员工的工作。

(二) 企业战略管理的作用

企业战略为企业提出了清晰的发展方向和目标，企业战略管理对企业经营活动和其他各项工作有着重要的作用：实施企业战略管理，可以明确企业发展目标，使企业的决策过程更加科学化和规律化，也使企业日常管理工作能建立在系统有序的基础上，充分发挥企业战略的纲领性作用，增强企业的竞争、沟通与控制能力，不断提高管理的效率和管理水平，使企业更好地适应激烈的市场竞争；实施企业战略管理，可以从战略的角度研究影响成本的各个环节，从而进一步找出降低成本的途径，避免企业的成本浪费，同时，可以强化风险管理意识，改进企业经营投资决策，克服传统管理方法存在的短期性和简单化的缺陷，以战略的眼光提供全局性和长远性的决策思考；实施企业战略管理，可以提高企业经营管理者的素质，有利于企业经营管理者站得高，看得远，摆脱日常琐事的束缚，集中精力思考与制定战略思想、战略目标、战略方针、战略措施等全局性问题；实施企业战略管理，可以增强企业的凝聚力，最大限度地激发员工的激情与智慧，从而确保战略目标的实现。

(三) 企业战略管理与企业经营管理的区别和联系

1. 企业战略管理与企业经营管理的区别

企业经营管理是对企业目前投入、物质转换和产品产出日常经营活动的管理，其内容包括生产线的部署、设备的管理、投入与产出规划等。企业战略管理是谋划企业长远发展的一种管理过程，是企业面向未来的投入和产出的管理，在时间和范围上扩大了投入与产出的管理过程。

2. 企业战略管理与企业经营管理的联系

企业战略管理规定了企业经营管理的方向，企业经营管理在战略管理的框架内实施与运作，是企业战略管理实施的具体方法和步骤。有效的企业经营管理是实施企业战略管理的基础和重要的前提条件。总之，企业战略管理要求企业应该做正确的事，企业经营管理要求企业应该正确地做事。

三、企业战略管理与财务战略的关系

资金是企业的"血液"，影响企业的方方面面，没有资金保障的任何战略都是苍白无力的，不能提高资金使用效率的企业战略是没有意义的。财务战略就是企业为谋求资金均衡有效地流动和实现企业战略，为增强企业财务竞争优势，在分析企业内外因素对资金流动影响的基础上,对企业资金流动进行全局性、长期性和创造性的谋划,并确保其执行的策略。财务战略是企业战略的一个子系统,关注的是企业战略所依赖的关键资源——财务资本,服从和反映居于主导地位的企业战略的总体要求,并与之协调一致。因为制定并实施财务战略的根本目的就是支持和完成企业总体战略与经营战略,这是企业战略获得成功的必然要求。在企业战略体系中,财务战略具有一定的相对独立性,对企业战略及其他职能战略起着支持和促进作用。每个职能战略都离不开资金支持,财务战略不仅要贯彻企业战略的总体要求,还要考虑其他职能战略对资金方面的具体要求,在制定财务战略时必须确保财务战略与各职能战略的一致性。同时,财务战略对企业战略及其他职能战略具有制约作用,无论是企业战略还是其职能战略,制定时都必须先检验其在资金上的可行性,考虑资金运行规律的要求,使资金能够均衡地流动。显然,财务战略是一个综合性的职能战略,是协调其他职能战略的有力工具,这也是财务战略与其他战略的最大不同。财务战略是企业战略的核心,只有充分反映企业在生存和发展过程中对财务资本这一关键驱动因素的依赖,财务战略才能真正对企业战略的各项职能的成功起到支持和促进作用。

财务战略是企业未来财务活动的行动纲领和蓝图,对企业的各项具体财务工作、计划等起着普遍的指导作用。企业在做财务决策时应充分考虑战略因素的影响。因此,财务决策是否合理有效,是企业能否在竞争中取胜的关键,将直接影响企业的发展战略。企业运作要让以企业战略为目标的财务战略成为每个财务决策的核心,或是让每个财务决策都是以财务战略乃至企业战略为核心,持续地支持企业战略,围绕企业经营决策的实施服务。

第二节　营销管理的相关知识

一、营销管理的基本概念

营销是个人和集体通过创造并同他人交换产品和价值,以获得其所需所欲之物的一种社会过程。市场营销工作的基本作用在于解决生产与消费的矛盾,满足顾客生活消费和生产消费的需要。企业的市场营销工作使得生产者的供给与顾客各种不同的需求相适应,实现生产与消费的统一。营销管理就是为了实现各种组织目标,创造、建立和保持与目标市场之间的有益交换和联系,而对设计方案的分析、计划、执行和控制。它存在于一个组织与其任何一个市场发生联系之时,其任务是按照一种帮助企业达到自己目标的方式来影响需求的水平、时机和构成。营销管理的实质是需求管理,以满足企业、消费者、经销商、终端和销售队伍的需求,并在不断满足需求的过程中使企业得到发展。营销管理过程就是分析(发展、评估)市场机会,研究和选择目标市场(市场衡量与预测、市场细分、选择目标市场、市场定位),制定营销战略,设计部署营销战术,加强对营销过程的管控的过程。

市场营销贯穿于企业经营过程的始终,营销管理也就是对贯穿其中的市场营销活动的全过程和全方位管理。市场营销工作是企业全部经营活动中的一个组成部分。营销管理也必须在企业战略规划的指导下进行，并与企业战略保持一致。

二、市场需求分析与市场预测

(一) 市场需求分析

需求是消费者某一时期内在某一市场上按照某种价格愿意并有能力购买某种商品的数量。它的形成需要消费者具备对该商品有购买欲望和有支付能力两个条件，也就是需求是指既有购买欲望又有货币支付能力的有效需求。一般而言，影响需求的因素主要有相关商品的价格，消费者可支配的收入，消费者的偏好(对商品的喜好程度)，广告(包括自身商品、替代品和互补品)，消费者的预期，人口构成与数量，信贷成本与得到信贷的可能性和其他因素(如质量、品牌、气候、季节、自然灾害)。市场需求是指在一定的地理区域和一定的时期内，在一定的营销环境和一定的营销努力下，某一特定的顾客群体愿意购买某种产品的总数量。企业营销活动在一定的市场环境中进行，受诸多因素影响，需要经常调整营销行为去适应不断变化的市场环境，抓住机会、减少失误。为使产品最大限度地适应市场的需要，企业不仅要运用营销原理对市场需求进行各种定性分析、营销环境分析，以及消费者市场、组织市场及其购买行为分析等，还必须运用科学的方法，从量的角度去分析与研究市场，估计目前和未来市场需求及企业需求规模的大小。从认识论角度来说，任何正确的认识都来自实践，企业对市场的了解无疑要来自市场调研，因此，市场调研是企业进行市场需求分析的基础。企业有目的地、系统地、客观地对市场活动进行调查，对市场需求进行分析，可以为企业市场预测和营销管理决策提供依据。

(二) 市场预测

预测是人们对未来不确定的事物进行推断和预见的一种活动。它绝不是凭空的想象和猜测，而是根据过去和现在的客观实际资料，运用科学的方法，探求事物发展的规律。企业始终处在一个错综复杂、不断变化的市场环境中，为了对市场需求的变化及竞争者的行动快速做出反应，市场经营决策者绝不能满足于对过去和现在市场的基本了解，还要对未来市场环境进行预测，以便及时对企业的经营战略与策略做出正确的调整。市场预测就是企业对未来一定时期市场供需变化及发展趋势进行估计、分析和推断的过程，是在市场调查的基础上，借助一定的历史资料，运用科学的方法对影响市场供求变化的诸因素进行研究、分析和预见其发展趋势，掌握市场供求变化规律，为企业制订营销计划和进行营销决策提供可靠的依据。

1. 市场预测的原理

市场预测活动与其他任何活动一样有着自己的活动规律，掌握预测客体发展变化的规律，才能对其未来发展变化做出正确的分析、预见、估计和判断。市场预测的基本原理主要有以下几个。

(1) 连贯性原理。连贯是指事物的发展虽然错综复杂，千变万化，但总是遵循一定的规律向前发展，而且其发展的各个阶段总是紧密联系，在性质、数量、范围等方面存在着继承性和变异性。需要指出的是，连贯性原理并不是要把已经发生的过程简单地向未来延伸，而是通过识别关键性质认清事物过去、现在和未来之间的联系。只有市场处于稳定状态时才能根据事物过去的变化情况外推未来发展趋势。例如，根据产品销售的表现及其变动情况预测产品生命周期的变化。

(2) 类推性原理。当事物内部结构具有相似或相同特征时，它们的发展变化也会表现出类同性。类推性原理就是把事物的类同性作为预测的依据，运用已有的知识、理论来预测尚未完全认识的事物，运用事物的规律推测未知的发展。类推性原理在缺乏历史数据时常常使用。例如，在社会文化构成相似的地区之间，以经济发达地区的消费水平类推相对落后地区未来的市场状况，是预测这些地区市场变化方向的有效方法。但使用时要防止"一叶障目，不见森林"的错误倾向。

(3) 系统性原理。系统论认为系统内部各组成部分之间是相互联系、相互作用、相互制约的，并同其他事物之间相互联系。它强调系统的目的性、整体性和层次性，强调运用系统分析方法对所要解决的问题加以综合分析与研究。根据系统性原理，市场预测无论其项目范围大小和内容多少都不是孤立与封闭的，需要把预测对象放在社会、经济、市场的大系统中加以研究，将市场预测与人口预测、工业预测、农业预测、科技预测、国际市场预测等有机结合起来分析。同时，还必须把预测对象与企业内部的各系统联系起来进行分析(如企业的财务、销售、研究能力等)，从而得出客观、科学的预测结果。

(4) 因果性原理。市场中各种因素、现象之间存在着一定的因果关系，人们可以从这些市场因素或市场现象变化的原因中推测变化的结果。因果关系在市场和经济现象中普遍存在。善于发现市场预测对象与其他市场因素之间的因果关系，并利用这种关系进行预测也会为市场预测提供有益的帮助。

2. 市场预测的种类

市场预测可以按范围、时间、性质、程度进行分类：①按预测的范围可分为宏观市场预测和微观市场预测。宏观市场预测是对国家经济总体发展的预测，它为制定全局的发展规划提供决策依据。微观市场预测也称为销售预测，它直接为企业确定经营方向和进行决策提供科学依据。②按预测的时间长短可分为长期预测、中期预测和短期预测。长期预测是指 5 年以上的预测，它为企业制定重大战略决策提供科学依据；中期预测是指 1~5 年的预测，它为企业制订发展计划提供科学依据；短期预测是指计划年度内的市场需求的预测，它为近期安排企业的生产和销售计划提供科学依据。③按预测的性质可分为定性预测和定量预测。定性预测是通过分析市场调查收集到的资料，根据主观经验来推测市场的发展趋势。定量预测是运用统计资料和数学方法来推测市场的发展趋势。④按预测的程度可分为乐观预测和悲观预测。乐观预测是企业对未来市场潜量和销售潜量的从宽估计。悲观预测是根据可靠的资料及市场调研,从严估计市场潜量和销售潜量。过于乐观往往不易达到预测目标,甚至会带来实际的损失;过于悲观,目标虽容易达到,却可能坐失良机,两者都不可取。

3. 市场预测的步骤

市场预测可采用以下步骤进行:①确定预测对象。明确市场预测所要解决的问题,确定预测对象,设计合理的调查方法收集资料,并选择合适的预测方法进行预测。②制定预测方案。制定可行的预测方案,包括工作日程安排、调查和预测方法的选择、人员配置、预测费用的估算等。③收集与整理资料。在市场预测中,其预测过程是否顺利、结果是否准确、预测是否符合市场发展客观实际等都在很大程度上取决于预测者是否掌握充分的、可靠的、历史的和现实的资料。因此,收集与整理资料是做好预测工作的基础。④分析资料,选择适当的预测方法。这一步主要是分析市场现象及各种影响因素之间是否存在相关关系,以及相关关系的紧密度、方向、形式,市场现象及各种影响因素的发展变化规律和特点等,只有依据市场现象及各种影响因素的具体特点,才能选择最恰当的预测方法。不同的预测方法需要的数据资料有所不同,在收集数据资料之前就应该考虑方法问题。⑤对预测结果进行分析判断。预测是对事物未来发展的一种估计而不是事实。因此,为防止预测结论失误而造成决策失误,在预测之后,需要对预测结果进行分析判断与评价,对不同预测方法所得的结果进行比较,从中选出最佳预测数值,并对产生预测误差的原因进行分析。⑥对预测结果进行检查修正。预测不是为了设想未来,而是为了根据对未来的认识制订当前的行动计划。由于影响预测的诸因素是复杂、变化的,因此,需要经常将实际数据与预测数据进行比较,通过核查来发现市场需求情况的变化,及时发现问题所在,使预测不仅能对未来工作起指导作用,还能对当前工作提供指导。

4. 市场预测的方法

预测方法对预测的准确性有重要影响。市场预测方法有很多,已超过150种,广泛使用的有30多种,经常使用的只有10多种。尽管市场预测方法多种多样,但大体上可以把它们归纳为定性预测方法和定量预测方法。

1) 定性预测方法

定性预测方法主要依赖人的经验、知识和综合判断能力,而不依赖确凿的数据。该方法具有简单明了、不需要复杂计算公式的特点,主要来源于各个不同方面的主观意见,包括个人判断法、集合意见法和专家意见法等。

(1) 个人判断法。个人判断法是指企业领导或决策者凭自己的经验、知识、直觉对客观事物进行分析判断以预测未来。该方法的优点是简单、迅速,特别是在缺乏预测资料的情况下更为有用;缺点是易受个人经验和能力的限制。

(2) 集合意见法。它是集合经理和销售人员判断意见的预测方法。处于营销一线的经理和销售人员比较熟悉市场需求情况及其变化动向,他们的判断较能反映市场需求的实际情况,因而是近期、短期市场预测常用的方法。

(3) 专家意见法。它是根据市场预测的目的和要求,向有关专家提供一定的背景资料,请他们就市场未来的发展变化做出判断,提出量的估计。这种方法一般应用于没有历史资料或历史资料不完备,难以进行量的分析或需要进行质的分析的预测。在具体运用中,基本上采用专家会议法和专家组预测法两种形式。

2) 定量预测方法

定量预测方法主要是指利用比较完备的信息资料和数学模型来拟合需求与各种变量之间的关系进行预测,其精确性较高,对数据的要求也较高,要求使用者了解统计学的基本原理并能够使用相关的计算机软件。定量预测法主要包括时间序列预测法和回归分析预测法两大类。

(1) 时间序列预测法。时间序列预测法又包括一些具体的方法,常用的有简单平均法、加权平均法、移动平均法、指数平滑法。简单平均法是把一定时期的历史数据的算术平均值作为预测值,适用于需求相当稳定的商品预测或短期预测,对于不确定性较大的中长期预测,一般不采取这种方法。加权平均法是对距离预测期远近不同的历史数据赋予不同的权数,然后求出加权平均值,以加权平均值作为预测值。其优点是能够考虑距预测期远近不同的历史数据的影响,使预测结果更符合实际;缺点是当时间序列有趋势时,预测的可靠性降低。移动平均法是将按时间顺序发生的历史数据先分段,再移动求出第一段的平均值,以移动平均值作为预测值。当所给的历史数据含季节性、周期性或随机性时,采用移动平均法可以消除这些变动因素的影响,使数据的变动平稳化。指数平滑法是移动平均法和加权平均法的结合,它将以前对本期的预测值和本期实际发生值的加权平均数作为下一期的预测值,预测者可以自行设定平滑指数,因此,可以灵活地确定近期和远期数据对预测值的影响,有助于提高预测的准确性。

需要注意的是,时间序列预测法有一个明显的缺陷就是假定事物都将稳定地向未来发展,而不会有任何大的变动。这一假设在稳定且可预测的市场中可行,但在不稳定且有波动的市场中是非常危险的。

(2) 回归分析预测法。回归分析预测法是在分析市场现象自变量和因变量之间相关关系的基础上,建立变量之间的回归方程,并将回归方程作为预测模型,根据自变量在预测期的数量变化来预测因变量关系,大多表现为相关关系。回归分析并不是直接根据历史数据来预测未来需求,而是先确定影响需求的主要因素,然后根据历史数据来确定这些影响因素与需求之间的函数关系,建立一个受一个或多个自变量影响的需求函数,再根据对这些自变量的预测计算预计的需求。回归分析预测方法是一种重要的市场预测方法。当对市场现象未来发展和水平进行预测时,如果能将影响市场预测对象的主要因素找到,且能取得其数量资料,就可以采用回归分析预测法进行预测。这是一种具体的、行之有效的、实用价值很高的市场预测方法。回归分析预测法根据自变量个数的不同可分为一元回归分析预测法和多元回归分析预测法;依据自变量和因变量之间的相关关系不同,可分为线性回归预测和非线性回归预测。使用回归分析预测法最大的困难是很难建立一个准确反映变量之间关系的数学模型(有兴趣的学生可以参阅相关市场营销书籍)。

3) 市场预测方法的选择

市场预测方法有很多，每种方法都有它的特殊用途与局限，预测结果的准确性在很大程度上取决于预测方法的选择是否恰当。因此，正确选择预测方法是预测过程中极为重要的一个环节。我们在选择方法时不能因为它是常用的就选择，而应该更多地考虑这种方法是否合适，在选择过程中必须考虑预测的目的、预测的内容、与历史资料的关系、有无历史资料可用、所要求的精确程度、预测的时间、预测的费用等诸多因素，并进行全面衡量，选择能发挥最佳资料效用的方法。不管预测方法是定量还是定性，是先进还是传统，最终的决定是由营销管理者本人做出的，其判断至关重要。正如著名的未来学家阿尔文·托夫勒(Alvin Toffler)所说，你可以使用你所拥有的一切数据，但是你依然不能完全依赖它们，而必须运用你的智慧做出判断。

三、营销策略简介

(一) 产品策略

1. 产品的整体概念

产品是指人们向市场提供的能满足消费者或用户某种需求的任何有形物品和无形服务。有形产品主要包括产品实体及其品质、特色(如色泽、味道等)、式样、品牌和包装；无形服务包括可以给买主带来附加利益和心理上的满足感及信任感的售后服务、保证、产品形象、销售者声誉等，其重要性在当今市场中日益突出，逐步成为决定企业竞争能力高低的关键。在营销学中，产品是分层次的，产品的整体概念对于现代市场营销管理具有非常重要的指导意义，既能使企业在各个层次展开产品竞争，根据产品在每个层次上的相对优势和劣势进行统筹安排，有效取得整体竞争的优势；又能根据不同细分市场的消费者水平和消费习惯采取相应的竞争策略。产品整体概念典型地反映了以消费需求为核心的市场营销观念，企业要在市场竞争中保持自己的领先优势就应当从以下五个层次去认识消费者对于产品的不同需求，从而完善产品的整体概念。第一层次是核心产品。核心产品是顾客购买时真正所需要的效用和利益，是产品最基本的层次。营销人员的任务是挖掘隐藏在产品背后的真正需要，厂商卖给顾客的是产品带给他们的利益，而不是产品的功能或特色。核心产品的界定不同，营销的策略也不同。第二层次是实体产品。产品规划人员必须把核心产品转变成一种有形的东西，以便卖给顾客。这个层次的产品称为实体产品，是对某一需求的特定满足形式。产品的基本效用必须通过特定的形式才能实现，营销人员应努力寻求更加完善的外在形式以满足顾客的需要。第三层次是期望产品。期望产品是指购买者在购买该产品时期望得到的与产品密切相关的一整套属性和条件。第四层次是延伸产品。产品开发必须依据核心产品和实体产品提供附加的服务和利益，即开发出一种延伸产品给顾客。企业的竞争环境越来越复杂，竞争越来越激烈，不同的竞争产品在核心产品或实际产品的层次上都有相似的地方，但如果能设计出更切合购买者需要的延伸产品，将有助于企业从激烈的竞争中脱颖而出。第五层次是潜在产品。潜在产品是指包括所有附加品在内的现有产品可能发展成为未来最终产品的潜在状态的产品。潜在产品揭示了现有产品的可能演变趋势和前景。

2. 产品生命周期理论

产品生命周期理论是指产品从准备进入市场开始到被淘汰退出市场为止所经历的全部时间，它一般分为引入期、成长期、成熟期和衰退期四个阶段。产品在其生命周期的各个阶段会有不同的特点，企业应根据产品各阶段的具体情况制定相应的营销策略。产品生命周期是通过实际观察和总结分析而得出的经验性理论，具有普遍意义。"生产一代，研发一代，储备一代，构思一代"就是该理论得以应用的体现。产品生命周期是研究产品竞争状态动态变化的重要工具，能使人们从整体上把握产品在市场上的动态变化规律，是制定营销决策的重要信息。

3. 产品组合策略

在市场经济大生产条件下，企业一般生产和销售多种产品，产品组合就是企业生产和销售的全部产品的组成方式，通常包括若干产品系列，每个系列又包括若干产品项目。产品系列是产品类别中具有密切关系的一组产品；产品项目是产品系列中由型号、外观等属性决定的具体产品。产品组合的四个维度如下：产品组合的宽度(产品系列的总量)，产品组合的深度(某一产品系列中产品项目的多少)，产品组合的长度(企业产品项目的总和)，产品组合的相关度(各产品系列在最终用途、生产技术、销售方式等方面的相互关联程度)。企业可以根据具体情况选择产品组合的宽度、深度、长度和相关度。

一般来说，不同的产品组合带给企业不同的效果：①宽度方面。选择比较宽的产品组合能充分发挥企业的资源能力，降低各类产品的总成本；有利于扩大市场，增加销售额和利润；可以降低企业的经营风险，提升企业的应变能力。但如果摊子铺得太大，企业管理水平跟不上，就容易造成管理上的混乱。选择窄的产品组合可以集中企业力量提高产品质量、扩大产品销量、降低产品成本、促进企业盈利，但不利于综合企业资源、降低企业经营风险和提升企业的应变能力。②长度方面。选择比较长的产品组合会因品种多而适应消费者的不同需求，有利于提升服务质量与企业的应变能力，但可能因品种多导致成本提高。选择比较短的产品组合会因品种少而适应少数消费者的批量订货，有利于降低成本，发挥企业专长，但会导致企业缺乏应变能力。③相关度方面。中小企业加强产品组合的相关度有利于提升企业的市场地位，提高企业的专业化水平、经营管理水平及声望；综合经营的大企业产品组合的相关度较弱，但产品系列的长度较长，只要管理水平高，企业效益仍然会好。

企业在进行产品组合决策时应该遵循既有利于促进销售，又有利于增加企业总利润的基本原则，实现产品组合的动态平衡，即企业应随着市场环境和资源条件的变动，不断增加应开发的新产品和淘汰应退出的衰退产品。

4. 新产品开发

在竞争激烈的市场中，企业为了生存必须持续地开发新产品，没有持续的新产品开发，就意味着企业只能以现有产品去应对消费者不断变化的需求和竞争者的挑战，这迟早会被淘汰。新产品的开发绝非易事，不仅需要投入大量资金，而且具有很大的风险。因此，制定正确的新产品开发策略是企业开发新产品的关键。

新产品是指结构、性能、材料、外观等某一方面或几方面与老产品有显著差异或创新，能给顾客带来新的利益或价值的产品。它可以是新发明的产品、更新换代的产品，也可以是改革后的产品、仿制的新产品(企业模仿制造市场上已有的产品)。新产品的开发过程包括寻求创意、甄别创意、形成产品概念、制定营销战略、营业分析、产品开发、市场试销、批量上市八个阶段。

(二) 价格策略

产品的定价是企业根据商品成本和市场供求情况，为取得理想的经济效益在该企业经营目标的制约下制定的商品销售价格。产品的销售价格在市场营销过程中非常关键且难以控制，具有较强的敏感性、复杂性、多变性和综合性，它直接影响消费者的购买心理(即市场需求量)，也影响企业的收入和盈利，而且其中的关系和影响错综复杂。无论是生产者、消费者还是竞争者，对产品的价格都十分关注。价格策略是企业营销组合的重要因素之一，涉及生产者、经营者、消费者等各方面的利益，直接决定着企业市场份额的大小和收益率的高低。随着营销环境的日益复杂，如何充分发挥价格的杠杆作用取得部分优势是每个企业不容忽视的问题。

经济学研究的价格主要是理论价格，是建立在把各种具体的市场现象进行抽象分析的基础上；市场营销学中的价格是在理论价格的基础上，从企业角度出发，结合动态中的市场情况，着重研究产品进入市场、占领市场、开拓市场的一种具体的应变价格。企业在定价时，既要考虑成本的补偿，又要考虑消费者对价格的承受能力。

1. 影响产品价格的因素

影响产品价格的因素是多方面的，主要包括：①定价目标。它是企业通过定价想要达到的效果，不同企业往往有不同的定价目标，即使同一企业，在不同时期也会有不同的定价目标。②产品成本。产品成本是产品定价的基础，决定产品的最低价格，也是企业核算盈亏的临界点。产品成本可按固定成本与变动成本、平均成本与边际成本、生产成本与流通成本等角度进行分析。③市场需求。市场需求与产品价格之间有着紧密的联系。一般来讲，大多数商品会随着价格的提高而导致市场需求下降。但是，不同商品需求水平对价格变动的敏感程度(价格弹性)不同，因而影响程度不同。④市场竞争。对于竞争激烈的产品，价格是一种重要的竞争手段。企业必须了解竞争者所提供的产品质量和价格，才能知己知彼地制定更符合企业利益的定价策略。一般有完全竞争和不完全竞争(垄断竞争、寡头竞争、纯粹竞争)两种情况。不同的市场竞争对产品价格的影响也不同。⑤宏观环境。任何企业都在一定的宏观环境中经营，要适应不断变化的宏观环境，如政府可能会对企业的经营活动进行一些干预，从而影响产品价格。影响企业价格决策的宏观环境因素主要有通货膨胀、税收、利率，以及相关的法律、法规与政策。⑥消费者心理。随着生产力与购买力的提高，心理因素对消费者的消费影响越来越大。消费者的购买行为往往是在一定的消费心理驱使下进行的，消费者心理无疑也是影响产品价格的因素，包括预期心理、认知价值和其他消费心理。

2. 定价方法

定价方法主要包括：①成本导向定价法。成本是构成价格的基础因素，因而以成本为中心的定价方法是最基本的方法。成本导向定价法主要的理论依据是，在定价时首先考虑收回企业在生产经营中投入的全部成本，然后再考虑获得一定的利润，它是一种按卖方意图定价的方法，主要有成本加成定价法、目标利润定价法、边际成本定价法、盈亏平衡定价法。②需求导向定价法。需求导向定价法是以市场需求强度为定价基础，根据消费者对产品价值的认知和需求的程度，综合考虑企业的营销成本和市场竞争状态，制定或调整营销价格的方法，主要有认知价值定价法、需求差异定价法和逆向定价法等。其特点是灵活有效地运用价格差异，不与成本因素发生直接关系。③竞争导向定价法。竞争导向定价法是指企业通过研究竞争对手的生产条件、服务状况、价格水平等因素，依据自身的竞争实力，参考成本和供求状况来确定价格的方法，主要有随行就市定价法、产品差别定价法等。其特点是根据竞争对手对产品的定价来制定自己产品的价格。

3. 定价策略

定价策略是在制定价格和调整价格的过程中，为了达到企业的营销目标而采取的定价技巧，是市场营销组合策略的重要组成部分。价格制定得恰当可以促进产品的销售，提高市场占有率，增强企业竞争力；反之，则会制约企业的生存和发展。定价策略主要包括：①新产品定价策略。新产品定价得当，可以使企业产品顺利进入市场，打开销路占领市场，给企业带来利润；否则，可能使其失败，影响企业效益。因此，新产品定价既要遵循产品定价的一般性原则，又要考虑其特殊的定价原则。常用的新产品定价策略有撇脂定价、渗透定价、满意定价。②心理定价策略。心理定价策略是一种根据消费者心理状况来确定产品价格的策略。具体来说，就是运用心理学中的相关原理，依据不同类型的消费者在购买商品时的不同心理来制定价格，以引导消费者消费，扩大销量，具体策略有整数定价、尾数定价、声望定价、招徕定价、分级定价。③折扣定价策略。折扣定价策略是企业对产品的既定价格做出一定的让步，直接或间接地降低价格，以鼓励消费者购买，从而扩大销量。其中，直接折扣的形式有数量折扣、现金折扣、功能折扣、季节折扣；间接折扣的形式有回扣和津贴等。

(三) 分销渠道策略

分销渠道是指产品从生产向最终消费者转移过程中所经过的通道，它连接着生产商和最终消费者。一个成功的企业必须具有迅速而准确地将其产品及相关信息传递到消费者手中的能力。因此，以系统的思考方式整合企业营销各方面的相关资源，建立高效率的分销渠道是企业决胜市场的重要方式。影响分销渠道设计的主要因素有顾客特性、产品特性、中间商特性、竞争特性、企业特性、环境特性等。企业在设计分销渠道时，应该遵循如下步骤：①明确渠道目标与限制。渠道目标是指生产者预期达到的顾客服务水平及中间商应执行的职能等。生产者首先要考虑通过营销渠道建设想要解决什么问题，同时，生产者必须考虑渠道设计的每个影响因素，在此基础上确定分销渠道的目标。不同企业或同一企业在不同时期都会有不同的渠道目标，目标不同采用的渠道结构也不同。②拟定分销渠道的可行方案。一个分销渠道的方案主要涉及三个方面：中间商的类型、中间商的数目、分销渠道成员之间的交易条件和责任。生产者在确定了中间商的类型和数目后，必须决定各分销渠道成员之间的交易条件及责任，主要项目有价格政策、销售条件、经销区域权及每位成员应提供的特殊服务等。价格是各方利益的重要驱动力，生产者还应编制一个中间商认为公平合理的价目表的折扣计划。销售条件中最重要的是付款条件和生产保证，生产者提供现金折扣可引导中间商提前付款，还可以针对降价的可能给予中间商某种特殊保证，促使其大量购买。③评估各种可能的分销方案。评估分销方案的标准主要有三个：经济性标准、控制性标准和适应性标准。其中，经济性是指渠道的销量与成本之间的关系，经济性标准是最重要的标准，因为企业是追求利润的，判别一个方案好坏自然以最大利润为标准，以达成企业战略目标为标准；控制性主要是指企业对渠道的控制能力大小；适应性是指渠道能否具备一定的弹性，为适应外界环境变化而迅速做出调整。一个涉及长期分销渠道的方案必须具有相当优越的经济与控制条件才有考虑的必要。

(四) 促销策略

促销就是促进销售，实际上是一种信息沟通，以影响目标消费者的态度和行为。促销策略是企业向顾客传递商品信息，激发购买动机，促成购买行为，从而实现促进销售目的的重要手段。在一定时期内，企业可以使用的促销方式主要有人员推销、广告、公共关系、营销推广。其中，人员推销的优势在于信息双向沟通能及时得到反馈，销售人员具有较强说服力，对消费者的影响较大，信息传递针对性强；劣势在于对销售人员要求高，成本较高，表达能力较差的销售人员会破坏企业形象而丢失业务。广告的优势在于能够将信息送达很多潜在顾客，有效建立企业或产品形象，宣传媒体多且选择的时间或市场有较强的灵活性，信息成本相对较低，适合完成多种类型的沟通目标；劣势在于信息接收者中有很多不是目标消费者，容易引起反感，使广告效果降低，绝对成本较高。公共关系的优势在于由媒体站在第三方角度播发信息具有较强的可信度，绝对成本较低；劣势在于争夺媒体的竞争比较激烈。营销推广的优势在于可以使用不同的促销工具，对短期销售具有很好的辅助作用，在改变消费行为方面也非常有效，与其他沟通工具有很好的协同作用；劣势在于影响持续时间短，同价格有关的促销有可能损害品牌形象，存在失去消费者对品牌忠诚度的风险。以上促销方式各有其适用范围和优缺点，企业往往将这四种方式组合使用以取得最佳效果。

四、营销管理与财务决策的关系

营销并非始于产品制成之后，而是远在产品制成之前便开始了。从营销战略到营销的每一个决策与环节都与财务脱离不了关系。例如，从预测工作开始，销售预测是企业经营中一个重要的决策依据，营销管理承担了对市场的调查和销售预测的责任；财务部门根据销售预测来筹集所需的资金；采购部门根据销售预测来订购原材料或购买设备；生产部门根据销售预测来安排生产进度；人事部门根据销售预测来确定所需要雇佣的员工人数；等等。准确的销售预测对组织资源的合理安排起着至关重要的作用。但在这些资源的组织中，资金是最重要的资源，各部门的决策实施都离不开资金的支持。在企业经营决策实施过程中，任何一个环节的资金链中断，都将给企业带来破产的危险。因此，财务部门提供资金支持就像心脏供血一样，需要合理地流向企业经营决策活动的每一个环节，任何一个部门或环节"充血"或"缺血"都会导致企业"生病"。资金什么时候流向营销部门，流向哪个环节，流量多少；什么时候通过销售收入或应收账款回流资金，流量多少；什么时候流向生产部门或其他部门的工作环节等都需要财务事先做好统筹规划与安排，以实现企业战略决策最优的方案。新产品的研发也需要大量的资金投入，什么时间能筹集到资金、投入时间与投入量等都依赖财务决策。由于资金不仅有时间价值，同时其筹集也有成本，营销策略中的每一个决策都要从财务的角度考虑。特别是在考虑面向中间商的付款条件(如现金折扣、提前付款)时，折扣多少、提前付款优惠多少、应收账款账龄多长等不仅直接影响企业的利益，而且对企业财务决策活动都非常重要。总之，资源的分配是复杂的，资金是企业最重要的资源，营销管理活动必须站在企业战略的高度与财务决策相协调。

第三节　生产管理的相关知识

一、生产管理概述

(一) 生产管理的含义

生产是指以一定的生产关系联系起来的人们，利用生产工具改变劳动对象，使其适应人们需要的过程。生产管理就是企业为实现其经营目标而有效利用各种资源，对企业生产过程的计划、组织、控制，以生产出满足市场需求的产品或服务的管理活动。通常，广义的生产管理是指对企业生产活动的全过程进行综合性的、系统的管理，也是以企业生产系统作为对象的管理，包括生产过程的组织、劳动组织与劳动定额管理、生产技术准备工作、生产计划和生产作业计划的编制、生产控制、物资管理、设备和工具管理、能源管理、质量管理、安全生产、环境保护等；狭义的生产管理是指以产品的生产过程为对象的管理，其内容是广义生产管理内容的一部分，主要包括生产过程组织、生产技术准备、生产计划与生产作业计划的编制、生产作业控制等。

在典型的企业的三大核心管理职能(生产管理、财务管理、营销管理)中，生产管理是基础。它要解决生产的投入—转换—产出过程中的若干管理问题，识别企业的生产过程，制定生产战略，分析企业竞争力及生产战略与生产率之间的必然联系等。

(二) 生产管理的原则

对于现代化工业大机器商品生产的管理需遵循以下原则：①讲求经济效益原则。就是要用最少的劳动消耗和资金占用，生产出尽可能多的适销对路产品，体现在生产管理目标上就是数量多、质量好、交货及时、成本低等。通过研究它们彼此间的联系和影响，在满足各自不同要求的前提下，达到综合经济效益的最优化。②坚持以销定产的原则。就是根据销售的要求来安排生产，克服只埋头生产的单纯生产观点。在市场经济时代，不是为了生产而生产，而是为了实现企业战略目标而生产，坚持这条原则尤其重要。③实行科学管理。就是指在生产过程中要运用现代工业生产要求的管理制度和方法。由于现代工业生产系统地运用了现代科学技术，因此，必须实行科学管理，才能进行生产管理工作，包括：建立统一的生产指挥系统，进行组织、计划、控制，保证生产过程正常进行；建立和贯彻各项规章制度、加强信息管理；培养员工适应大生产和科学管理的工作作风。④组织均衡生产。均衡生产是指出产产品或完成某些工作，相等的时间内在数量上基本相等或稳定递增，即有节奏、按比例地生产，这是科学管理的要求。它有利于设备和人力的均衡负荷；有利于建立正常的生产和管理秩序，保证产品产量；有利于节约物资消耗，减少在制品占用，加速资金周转，降低产品成本，取得比较好的经济利益。总之，在上述生产管理的原则中，经济效益原则是最根本的，其他三项是为经济效益原则服务的。

(三) 现代企业的生产类型

1. 生产类型的划分

生产类型是指企业的各个生产环节按照它在较长的一个时期内生产的品种的多少及同种产品数量的多少而划分的一种生产类别。不同的生产类型对企业生产管理活动有着显著的影响。例如，按生产方法划分，可分为合成型、分解型、调制型、提取型；按接受生产任务的方式划分，可分为订货式生产方式、存货式生产方式；按生产的连续程度划分，可分为连续式生产、间断式生产；按生产任务的重复程度和工作地的专业化程度划分，可分为大批大量生产、成批生产、单件小批量生产。

2. 改变生产类型的途径

改变企业生产类型的途径可从如下几个方面考虑：在全面规划、统筹安排的原则下，积极推动工业生产的专业化和协作，为减少重复生产、增加同类产品产量、简化企业生产结构和提高企业专业化水平创造条件；进行产品结构分析，改进产品设计，加强产品系列化、零部件标准化、通用化工作；在工艺设计方面，积极开展工艺过程典型化工作，使同类零件或结构相似的零件能够采用相同或大致相同的工艺加工过程，以减少工序数目，提高工作地的专业化水平，增加工序的加工批量，为采用成组加工工艺或先进的生产组织形式创造条件；在生产组织方面，加强订货管理，在保证订货的前提下，合理搭配品种，以减少同期生产的产品品种，同时改善劳动组织。

二、生产计划简介

计划是管理的首要职能，它是一种预先确定做什么、如何做、何时做及由谁做的程序。现代工业企业生产是社会化大生产，企业内部分工精细、协作严密，任何一部分生产活动都离不开其他部门的协同。因此，需要统一的计划来指挥企业各部分的活动。生产计划是组织和控制生产活动的基本依据。它是对企业生产活动的统筹安排，规定了企业在计划期内生产产品的品种、质量、数量和期限等指标。生产计划是根据企业产品销售计划制订的，是企业经营计划的重要组成部分，也是编制企业其他计划的主要依据。

(一) 生产计划体系

生产计划按时间长短可分为长期计划、中期计划和短期计划三个层次，它们相互联系并协调配合。长期计划的计划期一般为 3～5 年，有时长达 10 年。它指明了企业未来发展的长远目标及实现这些目标的战略计划。中期计划的计划期为 1 年或更长时间，一般指年度计划，主要包括生产计划大纲和产品生产进度计划。生产计划大纲规定了企业在计划年度内的生产运营目标，通过一系列产品品种、质量、产量等指标来表示。产品生产进度计划则将生产计划大纲细化到产品品种规格层面，形成月度产量计划。短期计划的计划期一般在 6 个月以下，通常为月度或季度计划，反映了企业在短期内需完成的目标和任务。

计划是管理的中心环节，其实质是预先规定要达到的目标及实现这些目标的途径。企业在制订计划时，应根据企业特点遵循以下原则：①承诺原则，指计划是为实现组织未来目标而制定的决策，具有权威性；②弹性原则，指计划应有一定的灵活性，能够在遇到意外事件时，在不增加成本情况下修正行动方案；③滚动原则，指中、短期计划与长期计划或战略、战术计划和作业计划应相互协调。

(二) 生产计划与生产作业计划的编制

1. 生产计划的编制

生产计划的编制要以企业经营目标为中心，遵循以销定产的基本原则，对企业在计划年度内生产的品种、质量、产量、产值和产品的出产期限等指标进行合理安排。在编制生产计划时，会受到企业销售能力及市场占有率、新产品开发速度和各项生产技术准备工作进度、本企业生产能力，以及外部生产协作条件、劳动力资源、物资供应等因素的影响。而生产计划又是编制物资供应计划和辅助生产计划、成本计划、财务计划等的重要依据。生产计划的实施还需要企业技术改造计划、设备更新改造计划和技术组织措施计划的支持与保证。因此，编制生产计划时需要协调、平衡企业经营计划的其他各项计划，一般要经过试编，反复修改与协调，最后达到综合平衡。生产管理人员在编制生产计划时，通常包括以下几个步骤：第一步，调查研究，收集资料。制订企业生产计划的主要依据有国内外市场的经济技术情报及市场预测资料、企业长远发展规划、长期经济协议、计划期内产品销售量、上期生产计划的完成情况、计划生产能力和产品工时及设备台时定额、产品试制、物资供应、设备检修、劳动力调配等方面的资料。第二步，统筹安排，初步提出生产计划指标。根据第一步收集的资料，结合企业各方面情况对企业的生产任务做出统筹安排。其中包括产品指标的选优和确定、产品出产进度的合理安排、各个产品品种的合理搭配生产，并将企业的生产指标分解为各个分厂、车间的生产指标等工作。第三步，综合平衡，确定生产计划指标。在编制生产计划时，要将需要与可能结合起来，把初步提出的生产计划指标同各方面的条件进行平衡，使生产任务得到落实。这一环节的主要工作内容有：①生产任务与生产能力之间的平衡。测算企业设备、生产面积对生产任务的保证程度。②生产任务与劳动力之间的平衡。测算劳动力的工种、数量，并检查劳动力生产率水平与生产任务是否相适应。③生产任务与物资供应之间的平衡。测算主要原材料、动力、工具、外协件对生产任务的保证程度及生产任务同材料消耗水平的适应程度。④生产任务与生产技术准备的平衡。测算产品试制、工艺准备、设备维修、技术措施与生产任务的适应和衔接程度。⑤生产任务与资金占用的平衡。测算流动资金对生产任务的保证程度和合理性等。

2. 生产作业计划的编制

生产作业计划是生产计划的具体执行计划，它具体、详细地规定了各个车间、工段、班组、工作地在较短时间内(周、月、旬、轮班、小时)的生产任务。它是站在企业的每个生产单位或工作地的角度解决"生产什么、生产多少、何时完成"的问题。因此，生产作业计划是生产计划的继续、延伸和补充，与生产计划构成一个紧密的体系。

生产作业计划包括厂级、车间级、班组级三种计划。在编制过程中，首先要做全厂分解到各车间的生产作业计划，然后在此基础上编制车间内部的生产作业计划。各级生产作业计划的编制方法基本相同。生产类型、企业规模和生产组织形式是生产作业计划编制的决定性因素。生产作业计划编制方法主要有以下几种：①在制品定额法。在制品定额法是指运用在制品定额，结合在制品实际结存量的变化，从成品出产的最后一个车间开始，按照反工艺顺序连续计算，逐个往前推算各车间的投入、出产任务。该方法比较适用于大批量生产的企业。②提前期法。提前期法是指根据预先制定的提前期标准，规定各车间出产和投入应达到的累计数的方法。这种方法将预先制定的提前期转化为提前量，先确定各车间计划期应达到的投入和出产的累计数，再减去计划期前已投入和出产的累计数，以求得各车间应完成的投入和出产数。采用这种方法生产的产品必须实行累计编号，累计编号法只适用于需求稳定且均匀、周期性轮番生产的产品。③生产周期法。生产周期法是指根据每项订货编制的生产周期图表和交货期要求，用反工艺顺序依次确定产品或部件在各生产阶段投入和出产时间的一种计划方法。它根据产品生产周期进度表及合同规定的交货期，在生产能力综合平衡的基础上，编制出各项订货的综合产品生产周期进度表，并从中摘取各车间的投入和出产时间，适用于根据订货组织生产的单件小批生产企业。

(三) 确定生产计划指标的常用方法

生产计划的编制，一般分为三个层次。第一个层次是测算总产量指标，第二个层次是预算分品种产量。它们都属于编制生产计划大纲的工作。第三个层次是安排产品的出产进度，编制产品出产进度计划。不论什么计划都包括产品品种、产量、产值、进度、协作关系等内容，并且还需要一套指标体系规定这些内容的具体要求。

1. 产品品种的确定和选优

企业需根据自身生产能力和市场的需要确定和优化产品品种。在方法上基本是波士顿矩阵分析方法的延伸或变形。产品品种系列平衡法是其中的一种，基本步骤如下：第一步，对每种产品的市场引力和企业实力的各因素制定若干标准，并进行评价，为每种产品的每种因素分配分数；第二步，按产品把市场引力和企业实力的有关因素分数相加，计算每个产品的市场引力和企业实力两个综合性指标的总分数；第三步，根据产品的市场引力和企业实力的得分情况，将产品分为大、中、小三等，然后绘制产品系列分布象限图，根据产品所处的象限图位置采取相应对策。

2. 产品产量的确定

盈亏平衡分析法是确定产品产量指标时常用的方法，它能在成本形态分析的基础上找出成本、利润与产(销)量变化之间的依存关系，也称为量本利分析法。它可为经营决策提供非常简明、有效的数据资料。产量指标测算时所要研究的一些基本问题都可以通过盈亏平衡分析法得到答案。

三、生产管理流程

从企业生产管理的角度，可以把生产管理流程分为生产能力规划流程、生产计划制订流程、排班计划制订流程和生产成本核算流程。

(一) 生产能力规划流程

生产能力规划就是在一个相对较长周期内，使得企业产品的需求和产品的生产能力达到大致平衡，避免企业出现产能不足或产能过剩的情况。一般而言，生产能力规划的流程如下：第一步，根据销售预测，综合考虑宏观经济环境、行业发展状况、企业间竞争情况、企业产品的市场占用率和促销策略等因素，对产品本身未来的需求量进行预测。第二步，计算企业的理论生产能力，即不考虑设备修理、故障等因素的影响。第三步，考虑设备维修、故障、出现废品等情况而计算标定生产能力，它是实际的生产能力，通常比理论生产能力小。可根据企业实际情况在理论生产能力的基础上乘以小于"1"的系数。第四步，在标定生产能力不足以满足市场需求的情况下，提出可供选择的弥补生产能力缺口的方案。

(二) 生产计划制订流程

生产计划是根据销售部门提供的销售计划，结合企业生产能力、质量要求而制订的，以实现企业生产经营目标。其制订流程如下：第一步，在对企业内外环境分析的基础上，确定生产部门的目标、选择产品组合等。第二步，确定生产的具体任务，即选择生产的每种产品的数量。第三步，制订生产作业计划，达到生产进度与劳动力、物资供应、生产设备之间的合理匹配。第四步，把各项计划转换为以数据表示的预算，以反映计划执行后收入与支出总额、利润数额、现金流动情况，以及资产与负债情况等。

(三) 排班计划制订流程

排班计划通过合理安排各班次的工作时间、生产产品数量、人员数量等生产要素，提高企业生产作业的效率。其制订流程如下：第一步，分析产品和班次的特点。企业生产不同产品所需要的机器设备、人工和原材料等投入资源是有差异的，各班次的工作时间和工资成本也是不同的，在制订班次计划时要考虑产品和班次的差异性。第二步，生产任务确定后，按照成本最小化原则，确定不同班次生产的产品品种和数量。

(四) 生产成本核算流程

生产成本是企业为生产产品或提供劳务发生的各项支出，企业生产成本的核算对产品定价、成本管理等工作具有重要作用。其核算流程如下：第一步，了解企业所在行业及企业自身产品的生产工序、生产工艺，以及每种产品在生产工序中的物料清单，为产品的生产成本核算准备好基础材料。第二步，按会计制度规定的原则，确定应计入产品成本的直接材料、直接人工和制造费用。第三步，区分应当计入本期的产品成本与分摊成本，按品种计算产品总成本。

四、生产管理与财务决策的关系

生产管理与财务决策紧密相关，不仅生产决策需要财务分析做支持，而且在企业生产活动"投入—转换—产出"的计划、实施、控制过程中，都离不开财务部门的参与，更需要财务投、融资决策的扶持。例如，生产计划的编制要与财务进行协调，生产活动首先要解决厂房、机器设备、生产线的问题(是买？是租？)，这不仅需要财务做好投资决策，更需要财务站在企业战略的高度，从财务的视角分析什么时间采用什么方式对企业最有利；在购买原材料的过程中，什么时间购买、付款等也都涉及企业的经济利益，需要财务决策的支持，因为资金是有时间价值的，仓储的保管也是需要付出成本的。生产管理工作中的计划是财务相关决策的依据，财务决策是生产管理的资金保障。财务决策要对企业的采购、生产、销售等经营活动进行统筹安排，做好生产任务与资金占用的平衡。在保证正常生产的情况下，还要有能力调配足够的流动资金以应对机遇性的突发生产任务。

第四节　财务管理的相关知识

一、财务管理概述

(一) 财务管理的含义

企业在生产过程中不仅要创造产品的使用价值，更要实现价值的增值，从而实现企业经营目标。为此，企业要从一定来源或渠道筹措和集中生产经营资金，进行各种不同方式的投资或运用，如取得固定资产、购买原材料、支付职工工资等。企业资金被投放于生产经营过程后有规律地进行循环周转而形成企业的资金运动，并在资金运动过程中实现资金的增值。对于在资金运动过程中实现的资金增值，企业还必须按照有关规定进行合理分配。上述资金的筹集、运用、分配就是企业财务存在的基本形态。企业为完成既定目标所进行的筹集、运用和分配资金的活动及其所体现的财务关系共同构成了企业的财务活动，简称企业财务。财务管理就是指企业遵循资金运动的客观规律，按照国家的财经政策、法令和制度，有效地组织企业的资金运动，正确地处理企业与各方面的财务关系，为有效地筹集资金和最大限度地提高资金利用效果而对资金的筹资、运用和分配进行综合性的管理。也就是说，财务管理的对象就是企业再生产过程中的资本(或资金)运动，财务管理的内容就是企业的筹资、投资、资本运营和利润分配。

(二) 财务活动与财务报表的关系

企业各项财务活动都直接或间接地通过财务报表体现。其中，最基本的财务报表是资产负债表、利润表和现金流量表。它们之间存在着紧密的逻辑关系，覆盖了一个企业生产、经营、投资、客户、供应商、员工信息、员工福利等所有状态，讲述着企业财务活动的大小事情。资产负债表是反映企业在某一特定日期的资产及其分布状况、负债及其形成方式和所有者权益等状况的财务报表，是企业的筹资和投资活动的具体体现。利润表是反映企业在一定会计期间经营成果的财务报表，是企业在此期间内经营活动收入的实现与各种耗费情况的具体体现，衡量着企业收入与产出之间的关系，是一部企业经营成果的"录像带"。现金流量表是反映企业在一定会计期间内经营活动、投资活动及筹资活动等对现金和现金等价物产生影响的财务报表，是关于企业现金流入和流出的信息表，是企业财务活动总体状况的具体体现，通过现金的来源与去向，全面说明企业的偿债能力和支付能力。可见，财务报表对企业各项财务活动中的筹资、投资、经营和分配活动进行了全面、系统、综合的反映。

财务报表不仅直接反映了企业的筹资、投资和分配活动状况，而且，通过对财务报表中相关数据的分析，还可以揭示企业财务活动的运行效率或能力，包括盈利能力、营运能力、偿债能力和增长能力。

(三) 财务管理的意义和作用

财务服务于业务，旨在帮助业务开展工作，通过最小化活劳动和物化劳动的消耗与占用，以生产出更多满足社会需求的产品。财务管理作为一种价值管理，渗透和贯穿于企业的一切经济活动，是企业内部管理的中枢，与企业各方面广泛联系，利用价值形式在对企业生产经营活动进行综合管理的过程中，迅速反映企业生产经营状况，揭露企业经营中的问题，促使企业不断提高经济效益。财务管理作为一项具有特定对象的经济管理工作，利用资金、成本、收入等价值指标，组织企业生产经营过程中价值的形成、实现和分配，并处理这种价值运动中的经济关系。企业各方面生产经营活动的质量和效果，大都可以从财务活动中综合地反映出来。通过合理地组织财务活动，可以促进企业生产经营活动的顺利进行。总之，在企业经营过程中，财务管理活动的筹资、投资、利润分配三项基本内容有机地联系在一起，支持着企业各部门全方位的工作，共同为实现企业战略服务。随着市场经济特别是资本市场的不断发展，财务管理在企业管理中的作用越发重要。

二、财务预测与财务预算

(一) 财务预测

1. 财务预测的概念

在进行财务决策时，需要考虑企业未来的财务需求，而企业未来的财务需求需要通过财务预测来判断。预测是进行科学决策的前提，是人们认识世界的重要途径。财务预测就是企业依据过去财务活动的历史资料和现实条件与要求，运用科学理论与方法，对企业未来各项财务活动的发展变动趋势及其结果进行预先推测和判断。

财务预测是一种特殊的财务分析，它建立在企业环境分析、财务分析等基础上，结合企业未来发展趋势进行综合分析。其预测的准确程度不仅取决于使用的预测技术与方法，更取决于分析人员对企业环境和业务性质的理解与把握。财务预测是财务管理活动的首要环节，其主要任务在于测算各项生产经营方案的经济效益，为决策提供可靠的依据；预计财务收支的发展变化情况，以确定经营目标；测定各项定额和标准，为编制计划、分解计划指标服务。财务预测涉及企业财务活动的全过程，因此其内容也包括总资产和各种具体资产需要量预测、不同筹资方案的筹资成本和筹资风险预测、不同投资方案的投资收益和投资风险预测等。

2. 财务预测的方法

财务预测主要是估计变量在未来某个目标时点的值，但在具体进行这种估计时，会因所利用的许多变量之间的对应关系和公式不同而有许多不同的预测方法。归纳起来，可以分为定性分析法和定量分析法两大类。

(1) 定性分析法。定性分析法主要是利用直观的资料，依靠个人的经验和主观分析、判断能力，对未来情况做出预测。这种方法主要在企业缺乏完备、准确的历史资料或主要因素难以定量分析的条件下应用，包括市场调查法、集合意见法、德尔菲法等。

(2) 定量分析法。定量分析法主要是根据过去比较完备的统计资料，运用一定的数学方法进行科学的加工处理，借以充分揭示有关经济变量之间的规律性联系，将其作为预测的依据。由于社会经济现象在数量上存在相互依存的关系，因此可表现为两种类型：函数关系和相关关系。前者体现的是一种确定性关系，后者体现的是不确定性关系。根据社会经济现象之间的依存关系，定量分析法又分为三类：因果预测法、时间序列预测法和其他预测法。其中，因果预测法立足于可能性原理，依据所掌握的历史资料，通过建立因变量与自变量之间的回归方程(包括一元线性回归预测法、多元线性回归预测法、非线性回归预测法)来描述它们之间的关系，这种方法广泛地应用于销售预测、资金需要量预测、成本预测等；时间序列预测法是以一个指标本身过去的变化作为预测的依据，把未来作为"过去历史的延伸"，此方法建立在预测对象的变化仅与时间有关的基础上，然后根据它的变化特征，依据惯性原理，将日期和将来仍然起作用的延伸趋势作为预测未来的依据，它将预测对象与外部因素密切复杂的联系做了简化，以至于外部因素的影响可忽略不计，从而使研究直接、简单，主要有简单递推预测法、简单算术平均法、加权算术平均法、移动平均法、趋势平均法、指数平滑法、直接趋势法、季节指数法等，一般适用于客观规律变动不大的短期和中期的销售预测、成本预测等；其他预测法主要包括本量利分析法、销售百分比法、比率分析法等，这类预测方法根据变量之间的确定性关系建立预测模型，通过预测模型中的其他变量确定预测对象的值。在财务预测中，有许多预测方法供我们选择，不同的方法都有其自身的特征，选择的预测方法是否合适是预测作用能否有效发挥的关键。在现代条件下，可以借助计算机进行一些财务预测工作。例如，Excel 已被财经管理人员广泛运用于信息分析和信息处理工作，以解决财会工作中大量的计算和分析问题；人们利用 Excel 的电子表格公式和函数功能进行混合成本的分解及本量利的分析；人们还利用电子表格的数据分析工具进行销售量、资金需要量及利润的预测；等等。

(二) 财务预算

财务预算是指运用科学的技术手段和数量方法，对企业未来要进行的财务活动的过程及结果所做的详细而具体的数量说明，是财务预测与财务决策的具体化。

企业的财务活动主要包括经营活动、投资活动和筹资活动，这三项活动的结果在财务上主要通过现金流量表、资产负债表和利润表来反映。因此，财务预算的内容主要包括经营活动预算、投资活动预算、筹资活动预算、现金流量预算、财务状况预算和经营成果预算六部分。其中，经营活动预算、投资活动预算、筹资活动预算是对财务活动的过程所做的数量说明，现金流量预算、财务状况预算和经营成果预算是对财务活动的结果所做的数量说明。

财务预算只有与企业战略结合进行总体预算，动态地调整，才能不偏离方向，从而有利于合理配置财务资源、协调各部门工作，控制好各部门的日常生产经营活动。财务预算不是简单的数字，而是数字背后业务的故事。

(三) 财务预测、财务预算与财务决策的关系

财务预测、财务预算与财务决策之间的关系十分密切。财务预测源于经济事件的不确定性与风险，是在科学的基础上对未来不可知因素、变量及结果的不确定性的主观判断，它能帮助财务人员认识和控制未来的不确定性，把对未来的无知降到最低限度。财务预测服务于企业财务活动的各个方面，其目的在于为企业编制财务预算和进行正确的财务决策提供依据。财务预测为财务决策提供资料和各种可能的方案，以及每一种选择的可能后果；财务预算以财务预测为基础，根据财务预测的结果提出对策性方案，是对财务预测的一种反映和规划。企业根据财务预算还可以判断当下所处的状况和将来的走势，从而根据预测制定相关的政策、策略来扭转当下不好的局势或改善企业的财务走向，避免出现严重的问题或使企业更好地发展。财务预算与财务预测都服务于财务决策，财务预测的结果准确性越高，财务预算的效果越好，财务决策的正确性也越高。

三、筹资管理

(一) 筹资的概念

筹资是指企业根据自身经济活动对资金的需要，采取适当的筹资方式，获取所需资金的一种行为。筹集资金是企业资金运动的起点，影响乃至决定企业资金运动的规模与效果。企业的创立和发展离不开资金，因此，筹资活动是企业的一项基本财务活动，筹资管理是财务管理的主要内容。

(二) 筹资的渠道与方式

筹资渠道是指筹资来源的方向及通道，体现资金的来源与流量。我国企业筹资渠道主要有国家财政资金、银行信贷资金、非银行金融机构资金、其他企业资金、居民个人资金、企业自留资金和外商资金等。筹资方式是指企业筹措资金所采用的具体形式，目前我国企业筹资方式主要有吸收直接投资、发行股票、银行借款、商业信用、发行债券、融资租赁等。筹资渠道属于客观存在，解决的是资金来源问题；筹资方式是企业的主观能动行为，解决的是通过何种方式取得资金。一定的筹资方式可能适用于多种筹资渠道，也可能只适用于某一特定的筹资渠道；同一种筹资渠道也可采用不同的筹资方式。

(三) 筹资需要考虑的因素

企业筹资可以有多种渠道，每种渠道又可能衍生出进一步的筹资品种。因此，企业在筹资时必须根据自身情况选择最有利的筹资渠道。在有多种渠道及方式可供选择时，企业要使用资本成本最低的资金；在同时选择几种资本时必须考虑最佳资本组合。不同的筹资方式对应的风险、成本及其使用期限和获利的可能性不同。企业在选择筹资方式时，要考虑资金获利的可能性、资金成本、资金使用期限及其风险等因素。在筹资期限的选择上，

一般短期资金比长期资金成本低,但在特殊情况下,短期资金成本也可能超过一定期限的长期资金成本,企业必须根据特定时期的经济环境考虑筹资时间的长短。从广义上说,企业在选择筹资渠道与方式时还应考虑企业纳税和企业控制权的问题,某些筹资可带来节税影响,但其中会存在财务风险和控制权的转移危险(如企业使用可转换普通股的债券筹资)。因此,筹资问题还可能与企业整体经营决策和发展密切相关,需要筹资决策者全盘考虑。

(四) 筹资管理的原则

筹资管理需要遵循以下原则:①遵守国家法律法规,依法筹资。企业向社会各方筹措资金的行为和活动涉及投资者、债权人、经营者、政府机关、职工等多方利益,必须遵守国家相关的法律法规,依法履行相关责任,维护各方合法利益,接受各方审查和监督。②合理确定筹资数量。企业无论选用何种筹资渠道,采用何种筹资方式,首先应该确定合理的资金数量,使所筹得的资金数量与需要量基本保持一致。既不因筹集过多导致资金闲置,也不因筹集过少造成资金短缺,影响生产经营活动的正常进行。③科学安排筹资时间。企业筹集资金需要合理预测资金需要的时间。根据资金的投放时间,合理安排资金的筹集时间,使筹资和投资在时间上一致,尽量避免筹资过早造成资金闲置或筹资滞后造成贻误资金投放的最佳时机。④深入研究筹资方式。企业筹集资金的取得方式可以是多种多样的,企业在选择筹资方式时,主要权衡可供选择方案的资本成本、财务风险、取得资金的难易程度等因素,以最有利的筹资方式或筹资组合进行筹资。⑤全面考虑优化资本结构。企业筹资时应综合考虑所筹得资本的结构问题,合理确定权益资本和债务资本的比例关系,使企业达到合理的负债水平,既能获得负债经营的收益,又避免过大的财务风险。此外,筹资时,企业还要考虑内部资金和外部资金、长期资金与短期资金的关系。

四、投资管理

(一) 投资的概念

投资是企业投入财力,以期望在未来获取收益的一种行为,其对象包括实体资产和金融资产。实体资产是具有物质形态的资产,广义的实体资产还包括无形资产。金融资产的典型表现形式是所有权凭证,包括债券、股票等有价证券等。在市场经济条件下,企业能否把筹集到的资金投放到收益高、回收快、风险小的项目上,对企业的生存和发展十分重要。

项目投资是一种以特定项目为对象,直接与新建或更新改造项目相关的长期投资行为。影响项目投资的主要因素是需求、时期和时间价值、广义的成本。计算项目投资评价指标的基础是现金流量,要根据现金流入量和现金流出量进行估算。项目投资决策评价的方法,根据是否考虑时间价值可分为非贴现投资决策评价法和贴现投资决策法。非贴现投资决策评价方法分为静态投资回收期法和投资利润率法;贴现投资决策法包括净现值法、现值指数法和内部收益率法。

证券投资是投资者将资金投资于股票、债券、基金及衍生证券等资产，从而获取收益的一种投资行为。证券投资主要有债券投资和普通股票投资，其评价指标主要有内在价值和收益率。

投资的整个过程都可以用企业的现金流量来说明，研究投资项目的现金流量，预测其现金流出与现金流入是进行投资项目经济评价，从而做出正确投资决策的基础。

(二) 投资决策的方法

1. 投资项目评价的基本方法

企业对投资项目评价时常用的决策方法主要有静态分析法和动态分析法两类。其中，静态分析方法不考虑货币时间价值的因素，对投资方案的可行性做出初步的分析与判断，具体方法有回收期法和平均收益率法；动态分析方法是在考虑货币时间价值和现金流量两个因素的基础上，对投资方案的可行性做出分析与评价，主要有净现值法、获利指数法、内含报酬率法。一般认为净现值法是最佳的投资决策方法。

2. 风险条件下的投资决策方法

风险条件下的投资决策方法包括概率法、风险调整贴现率法、风险调整现金流量法、通货膨胀调整现金流量法、敏感度分析法、决策树技术法。

(三) 投资决策的程序

企业投资一般风险大、周期长、环节多，需考虑的因素相对较多，是一项复杂的系统工程。投资决策的程序主要包括：①投资方案的设计。根据企业的长远发展目标、中长期投资计划和投资环境的变化进行投资方案的设计。无论是规模较大、所需资金较多的战略性项目，还是规模较小、投资金额不大的战术性项目，都要进行可行性研究。②投资方案的评价与决策。在分析和评价投资方案经济、技术可行性的基础上，对投资方案财务上的可行性做出总体评价，然后对可供选择的多个方案进行比较和优选。③投资方案的执行。企业对已做出可行决策的投资方案要编制资金预算、筹措所需要的资金并制定投资行为的具体实施方案。在投资项目实施过程中，要进行控制和监督，一旦出现新的情况，要随时根据变化情况做出新的评价和调整。

(四) 投资管理的原则

企业投资的根本目的是谋求利润，提高企业价值。企业能否实现这一目标，关键在于企业能否在风云变幻的市场环境下，抓住有利的时机，做出合理的投资决策。为此，企业在投资时需坚持以下原则：①认真进行市场调查，及时捕捉投资机会；②建立科学的投资决策程序，认真进行投资项目的可行性分析；③及时地筹集足额资金，保证投资项目的资金供应；④认真分析风险和收益的关系，适当控制企业的投资风险。

五、营运资本管理

(一) 营运资本管理的概念

营运资本是指企业生产经营活动过程中在流动资产方面占用的资金。广义的营运资本又称为总营运资本，是指一个企业的流动资产总额；狭义的营运资本又称为净营运资本，是指流动资产减去流动负债后的差额。我们通常所说的营运资本一般是指净营运资本，营运资本的管理一般包括流动资产管理和流动负债管理两部分。流动资产一般具有周转速度快、投资回收期短、变现能力强、数量波动大、形态多样化等特点；流动负债一般具有筹资速度快、便于取得、筹资风险高、筹资成本较低、筹资弹性大等特点。

(二) 营运资本投资管理

1. 现金管理

现金是指在生产过程中暂时停留在货币形态的资金，包括库存现金、银行存款、银行本票和银行汇票等，是流动性强、盈利能力差的一项资产。现金管理的过程就是在现金的流动性与收益性之间进行权衡选择的过程。现金管理的目标就是在保证企业正常生产经营所需现金的同时，节约使用资金，并从暂时闲置的现金中获取尽可能多的利息收入。通过现金管理，使现金收支在数量和时间上相互衔接，对于保证企业经营活动的现金需要、降低企业闲置的现金数量、提高资金收益率具有重要意义。

现金的持有动机主要有交易动机、预防动机和投机动机。持有现金也是有成本的，其成本主要有管理成本、机会成本、转换成本和短缺成本。企业最佳现金持有量是使现金相关总成本最低时的现金持有量，目前常用的确定方法有成本分析模式、存货模式和随机模式。各种确定方法各有其优缺点，企业可根据自身的特点及现金管理的规律性进行选择。

2. 应收账款管理

应收账款是指企业因销售商品、材料或提供劳务等，而应向购货单位或接受劳务单位收取的款项。应收账款可以增加企业销售、减少存货，但它的存在也是要付出一定代价的，企业持有应收账款的成本主要包括机会成本、管理成本和坏账成本。因此，应收账款管理的目标是在增加销量带来的收益和增加应收账款带来的成本之间进行权衡，制定比较合理的信用政策。信用政策是指应收账款管理政策，它是在特定的市场环境下，企业权衡了与应收账款有关的收益与成本，为指导企业信用管理部门处理应收账款的发生与收账措施所制定的一系列的配套政策，包括信用标准、信用条件和收账政策三部分。

3. 存货管理

存货是指企业在日常活动中持有的以备出售的产成品或商品、处在生产过程中的在产品、在生产过程或提供劳务过程中耗用的材料和物料等。存货管理的目标就是在保证生产经营顺利进行的前提下，尽量降低存货数量、存货成本，提高企业收益，即在各种存货成本与存货效益之间做出权衡，以达到两者的最佳结合。存货的成本主要有取得成本、储存成本和短缺成本，存货的控制方法主要有经济订货批量模型和 ABC 分类法。

(三) 营运资本筹资管理

流动负债的种类较多，主要包括自发性负债筹资、短期借款、商业信用筹资和短期融资券四大类。自发性负债的筹资水平、使用期限等不是企业所能控制的，不需要企业进行专门管理，因此，流动负债管理的重点主要是短期借款、商业信用筹资和短期融资券。

短期借款是企业向银行或其他非银行类的金融机构借入的期限在 1 年以内的借款。银行在发放短期借款时，往往附加一些信用条件，主要有信贷额度、周转信贷协议和补偿性余额。一般来说，短期借款利息的支付方式主要有收款法、贴现法和加息法三种。

商业信用是商品交易中的延期付款或延期交货所形成的借贷关系，是企业之间的一种直接信用关系。商业信用筹资主要有应付账款和预收账款两种形式。应付账款按是否有支付代价分为免费信用、有代价的信用和展期信用三种。免费信用主要包括不存在现金折扣时和存在现金折扣时，买方在折扣期限内付款而获得的信用两种情况。有代价的信用是指在存在现金折扣时，买方放弃现金折扣在信用期限内付款而获利的信用。展期信用是指买方超过规定的信用期限推迟付款而强制获利的信用。在附有信用条件下，放弃现金折扣是需要付出代价的，且获得不同的信用需要付出不同的代价。因此，买方通常需要决定采用哪种信用方式。一般来说，买方会从企业成本与效益的角度考虑。

短期融资券是具有法人资格的非金融企业，依照规定的条件和程序在银行债券市场发行并约定在一定期限内还本付息的有价证券。它是企业发行的无担保短期本票，是企业筹措短期资金的直接融资方式。短期融资券筹资优点是筹资成本低、筹资数额大、可以提高企业信誉和知名度；缺点是筹资风险大、筹资弹性小、发行条件严格。

六、利润分配管理

(一) 利润分配管理的概念

企业是营利性组织，投资者投资企业的出发点和归宿是获利。当企业通过生产经营活动赚取了利润，必然会涉及将赚取的利润进行分配，这里就包括公司制企业向股东分派股利(即股利分配)。现代财务管理理论认为，股利分配的政策直接影响企业的资本成本，恰当的股利分配政策将会提升企业价值，实现企业价值最大化。

广义的利润分配是指对企业的收入和收益总额进行分配；狭义的收益分配则是对净收益进行分配。为合理组织企业财务活动和正确处理财务关系，企业的利润分配应当在依法分配、资本保全、兼顾各方面利益等原则的指导下进行，同时还应考虑法律、企业本身、股东、债务契约、通货膨胀等相关因素的影响。

(二) 利润分配的顺序

按照我国《公司法》的有关规定，公司应当按照如下顺序进行利润分配：①弥补亏损；②计提法定盈余公积金；③计提任意盈余公积金；④向股东(投资者)分配股利(利润)。

(三) 股利分配管理

股份有限公司向股东支付股利，其过程主要经历股利宣告日、股权登记日和股利支付日。股利支付的方式常见的有现金股利、财产股利、负债股利、股票股利。影响股利政策的因素有法律限制、经济限制、财务限制和其他限制。在进行股利分配的实务中，公司经常采用的股利政策有剩余股利政策、固定或持续增长的股利政策、固定股利支付率政策、低正常股利加额外股利政策，不同的股利政策适用于不同的情况。股票分割与股票回购的动机和目的不同都会对公司的股价产生一定的影响。

七、财务分析

(一) 财务分析的含义

财务分析是利用企业财务报表及其他相关资料，采用专门的方法，系统地分析和评价企业的财务状况、经营成果及未来发展趋势的过程。它具有两方面的目的：一方面，对自身财务状况进行剖析和洞察，分析判断外部利害相关者的财务状况与财务实力，为企业的经营决策提供信息支持；另一方面，从价值形态方面对业务部门提供咨询服务。

(二) 财务分析的意义

财务分析对不同的信息使用者有不同的意义，其意义主要体现在以下几个方面：首先，通过对企业资产负债表和利润表有关资料的分析，以及相关指标的计算，可以了解企业的资产结构和负债水平是否合理，从而判断企业的偿债能力、营运能力及获利能力等财务实力，揭示企业在财务状况方面可能存在的问题。其次，通过指标的计算、分析与比较，可以评价和考核企业的盈利能力及资金周转状况，揭示其经营管理各个方面和各个环节的问题。另外，还可以挖掘企业潜力，寻求提高企业经营管理水平和经济效益的途径。最后，通过各种财务分析可以判断企业发展趋势，预测其生产经营的前景及偿债能力，为企业经营决策提供重要的依据。

(三) 财务分析的内容

企业财务分析可从以下几个方面进行。

(1) 营运能力分析。企业营运能力是指企业对自身人、财、物等资源运用的效率。它直接表现为企业对资源利用效率的高低，是影响企业不断发展的决定性因素，是提高企业获利能力与偿债能力的关键。营运能力分析包括人力资源营运能力分析和各项资产营运能力分析。其中，人力资源营运能力主要采用劳动生产率指标进行分析。该指标在不同行业差别很大，分析时要将本企业与同行业先进企业相比、将本企业本期与过去或计划相比，找出差异并分析原因，从而采取相应对策。对于各项资产营运能力分析，关键取决于其周转速度，一般来说，周转速度越快，资产的使用效率越高，资产营运能力越强；反之，资产营运能力越差。资产营运能力可以从总资产周转率、应收账款周转率、存货周转率、流动资产周转率、固定资产周转率等方面进行分析。

(2) 盈利能力分析。盈利能力是指企业获取利润的能力。由于利润是所有者取得投资收益、债权人收取本息的资金来源，也是管理者经营业绩的集中表现、职工集体福利设施不断完善的重要资金来源，因此，盈利能力分析十分重要。企业盈利能力分析可从以下方面进行：①利润，包括利润数量与质量分析，可用净利收现率和每股经营现金流量净额衡量；②毛利率、营业利润率、销售净利润率；③总资产报酬率、资产净利润率、净资产收益率；④每股收益与每股净资产；⑤经济增加值。

(3) 偿债能力分析。偿债能力是企业清偿全部到期债务的现金保证程度。按债务偿还期限的不同(通常以1年为限)，企业偿债能力可分为短期偿债能力和长期偿债能力。短期偿债能力一般取决于企业资产变现能力及再融资或现款筹措能力，反映指标主要有流动比率、速动比率、现金比率、现金到期债务比率和现金流动负债比率等。长期偿债能力的强弱不仅取决于当时的现金净流量，还与企业的获得能力密切相关，反映指标主要有负债比率、有形资产债务率、有形净资产债务率、已获利倍数、现金债务总额比。此外，还有一些表外因素也影响企业的偿债能力，如经常性的经营租赁、担保责任或有负债等。

(4) 发展能力分析。发展能力是企业在生存基础上扩大规模、壮大实力的潜在能力。它是企业持续发展和未来价值的源泉，是企业的生存之本、获利之源。发展能力包括企业的资产、销售收入、收益等方面的增长趋势和增长速度，反映指标有销售增长率、总资产增长率、资本积累率，它从企业动态的角度出发分析和预测企业的经营成长性水平，是企业盈利能力、营运能力、偿债能力的综合体现。但需要注意的是，在分析企业发展能力时，总资产增长率需要结合企业盈利能力指标，资本积累率需要结合所有者权益增长的类别，进而才能判断企业是否具有内在持久发展能力。另外，企业处于不同发展阶段会有不同的状态；处于不同状态的企业，财务特点不同。

(5) 财务综合分析。财务分析的最终目的在于全面了解企业的经营情况、财务状况及现金流量状况，并借以对企业经营效益的优劣进行系统的、合理的评价。因此，单独分析任何一项财务指标或一张财务报表都难以全面地评价，只有进行财务综合分析才行。财务综合分析就是将企业财务活动看作一个大系统，对系统内的相互依存、相互作用的各种因素进行综合分析，从而对企业的经营状况、财务状况及现金流量的优劣进行准确的评价和判断。财务综合分析主要运用杜邦财务分析法、沃尔比重评分法、平衡计分卡法。

(四) 财务分析的方法

(1) 比率分析法。比率分析法是将企业同一时期财务报表中的相关项目进行对比，得出一系列财务比率，从而揭示企业财务状况的分析方法。比率通常分为三大类：①构成比率。构成比率又称为结构比率，是反映某项经济指标的各个组成部分与总体之间关系的财务比率，如流动资产与总资产的比率。②效率比率。效率比率是反映某项经济活动投入与产出关系的财务比率，如资产报酬率等。利用效率比率可以考察经济活动的经济效益，揭示企业的获利能力。③相关比率。相关比率是反映经济活动中某两个或两个以上相关项目比值的财务比率，如流动比率等。利用相关比率可以考察各项经济活动之间的相互关系，从而揭示企业的财务状况。

(2) 比较分析法。比较分析法是指对两个或两个以上的相关数据进行对比，以揭示差异和矛盾的一种分析方法。根据比较的参照物不同，比较分析法可分为两大类：①按照比较对象分类可分为比较趋势分析法、横向比较分析法、预算差异比较法。比较趋势分析法是与本企业历史指标进行比较，也称为趋势分析法；横向比较分析法是与同类型企业进行比较，即与行业平均数或竞争对手比较，也称为横向比较法；预算差异比较法是将实际执行结果与计划进行比较，找出差异进行分析，也称为预算差异分析法。②按照比较内容分类可分为总量比较分析法、结构百分比比较分析法、财务比率比较分析法。总量比较分析法主要用于时间序列分析，研究发展变化趋势，有时也用于同业比较，评价企业的相对规模与竞争地位。结构百分比比较分析法是通过分析同一类别中局部占总体的比重变化，揭示重点问题及主要形成原因的一种分析方法。财务比率比较分析法是借助同一报表或不同报表中两个或两个以上不同类别，但相互关联的指标，构造成一个比率(如资产负债率等)，用以分析比较企业某一方面财务能力的方法。

(3) 因素分析法。因素分析法又称为连环替代法，是通过比较分析在确定差异的基础上，利用各个因素的顺序"替代"，从数值上测定各个相关因素对有关财务指标差异的影响程度的一种分析方法。当有若干因素对分析对象发生影响作用时，可以假定其他各个因素都不变化，从而采用这种方法，顺序确定每个因素单独变化对综合财务指标或经济指标所产生的影响。

(五) 透过数据看本质

财务决策是以价值分析为基础，以促进企业资金长期均衡、有效地流转和配置为衡量标准，以维持企业长期盈利能力为目的的战略性思维方式和决策活动。通用的全套财务报表覆盖了一个企业生产、经营、投资、客户、供应商、员工信息、员工福利等所有状态。千篇一律的报表格式里蕴含着一部大百科全书，每月都在讲述企业经营的大小故事。财务报表不是孤立的，各表间存在严密的逻辑勾稽关系，分析报表时，"只见树木，不见森林"的做法自然是不可取的。事实上，只有全面理解财务报表，才能看到报表所反映的经济实质，才能对企业财务报表披露的经营业绩做出评价。因此，在分析财务报表时，要明确各项数字之间的关系，了解各个指标在什么情况下是正常的，什么情况下是异常的，进而做出相应的调整决策。对企业报表中各个数据之间的比例、趋势进行分析可以判断企业的财务状况，从而做出正确的决策，但如果只依靠财务报表数据与指标，不仅会因财务指标滞后导致组织行为出现偏差，还会因追求短期绩效的行为而牺牲企业长期价值。数据不会骗人，但会误导人，关键在于报表数据使用者对数据如何思考，在于其能否透过数据看到数据背后企业经营的故事。此外，还要善于收集与分析表外信息，许多表外因素比表内因素更重要。有很多未来将要发生的事，在当下可能已有征兆，也可能没有征兆。它们无法用金额准确地计量与反映，也需要报表数据使用者用自己的头脑去判断，而这些或许会是影响决策的主导因素。

八、纳税筹划与财务决策

(一) 税务管理与纳税筹划的含义

1. 税务管理的含义

从广义上讲，税务管理是国家以法律为依据，根据税收的特点及其客观规律对税收参与社会分配活动全过程进行决策、计划、组织、协调和监督控制，以保证税收职能作用得以实现的一种管理活动，是政府通过税收满足自身需求、促进经济结构合理化的一种活动。它包括税收法制管理、税收征收管理、税收行政管理三部分内容。从狭义上讲，税务管理是税务机关依据国家税收政策、法规所进行的税款征收活动，是国家及其税务机关依据客观经济规律和税收分配特点，对税收分配过程进行决策、计划、组织、监督和协调，以保证税收职能得以实现的一种管理活动。

2. 纳税筹划的含义

纳税筹划是指纳税人在实际纳税发生之前对税收负担的低位选择行为，即纳税人在不违反法律、法规的前提下，通过对经营、投资、理财等事项精心安排和筹划，充分利用税法所提供的包括减免税在内的一切优惠政策及可选择性条款，从而获得最大节税利益的一种理财行为。它有助于提高纳税人的纳税意识，抑制偷税、逃税等违法行为；有助于纳税人实现利益最大化；同时，也有助于提升企业经营管理水平和财务管理水平。纳税筹划主要包括以下内容：采用合法的手段进行节税筹划；运用非违法手段进行避税筹划；借助经济手段(特别是价格调控手段)进行税收转嫁筹划；规范账目管理，确保涉税事务零风险。

(二) 纳税筹划的原则

根据纳税筹划的性质和特点，企业进行纳税筹划时应遵循如下原则：①合法性原则。纳税筹划是在不违反国家税收法律的前提下通过对企业经营、投资与理财活动进行调整，以达到减轻企业税负、获取最大经济利益的一种企业管理行为。②事前筹划原则。纳税筹划必须做到与现行的税收政策不冲突。而在经济活动中，企业的经济行为在前，向国家缴纳税金在后。企业应根据已知的税收法律规定调整自身的经济事务，选择最佳的纳税方案。③系统性原则。企业的纳税不能脱离经营活动孤立存在，因而企业纳税筹划应纳入企业管理大系统中，纳入企业总体的财务决策，渗透到企业生产经营活动的各个方面，与其他各项企业管理活动紧密结合，才能取得成效。④预见性原则。纳税筹划必须在纳税义务发生之前，通过对企业生产经营活动过程的规划与控制来进行，其实质是运用税法的指导通过生产经营活动来安排纳税义务的发生。⑤经济性原则。纳税筹划归根到底是企业财务管理的范畴，在纳税筹划时，要综合考虑采取该纳税筹划方案是否会给企业带来绝对的利益，要考虑企业整体税负和纳税绝对值的降低。⑥时效性原则。某个纳税筹划方案以前可能是有效的，但税法的变动可能使其无效，这就需要纳税人在纳税筹划时关注税法的变动，及时调整方案。⑦保护性原则。企业纳税筹划是否合法必须通过纳税检查确定，保护账证完整是最基本且最重要的原则。另外，纳税筹划不仅是一项短期性的应对策略，更是一种需要持续总结与提升的理财方法。从对企业纳税筹划执行结果进行总结评价、分析的角度出发，以提高企业的纳税筹划水平和能力为目标，保持各类凭证与记录的完整性显得尤为重要。

(三) 纳税筹划的策略

企业纳税筹划的上策是指运用国家鼓励的税收政策来减轻自己的税收负担，具体表现为既符合法律文字规定又符合法律的本意，不仅对企业有利也对国家有利，如投资于国家鼓励的地区、投资于国家鼓励的产业、投资于国家鼓励的项目、从事技术转让、进行技术研发、招收国家鼓励招收的员工、公益性捐赠、进行国家鼓励的企业重组、从事国家鼓励的创业投资、进行国家鼓励的环保与节能等投资。此外，还可以采用不违反国家法律规定的方法进行合理避税，如不同纳税人身份的转换、不同征税对象的转换、分立计税依据导致累进税率的降低、利用全额累进税率的缺陷减轻税负、适当转让定价减少计税依据、避免非征税对象成为计税依据、利用资本弱化和避税港等减轻税收负担。

(四) 纳税筹划与财务决策的关系

纳税筹划是企业发展中比较重要的手段，其最终目的是实现减税和节税，减少或延缓企业的资金付出。无论是企业的组建、投资、筹资，还是研发、生产、定价、销售等，企业经营活动的每个环节都可能涉及纳税筹划的工作，从而影响企业的资金流出。企业什么时候纳税、纳多少税等都是企业财务决策的一部分，同样需要财务从战略的角度统筹规划。纳税筹划是一项复杂且综合性非常强的系统工程，受到企业内部多种因素的影响和制约，需要财务、供应、销售等多个部门之间的相互配合、通力协作，共同为企业的战略服务。

【本章小结】

本章从企业经营决策的视角，通过对战略管理、营销管理、生产管理、财务管理及纳税筹划等方面的介绍，阐述了站在企业战略的高度，以财务决策为中心进行企业经营决策应考虑的内容，旨在帮助学生对企业经营决策建立全面考虑的思维方式。

【关键词】

企业战略 财务战略 市场预测 产品组合 生产管理 生产计划 财务预测 财务预算 纳税筹划

【思考题】

1. 企业战略的制定对企业经营有什么作用？
2. 为什么企业经营决策要以财务决策为中心？

第三章

企业经营决策案例分析——以财务决策为中心

【学习目标】

通过案例中的投资决策、融资决策、上市决策的过程，了解企业日常经营中财务决策工作的流程，了解在进行财务决策时应该考虑的因素。

第一节　企业战略定位决策分析

一、案例企业背景介绍

网约车服务是 21 世纪最为流行的出行方式，使用者通过移动应用终端(App)或网站访问网约车平台，平台应用算法迅速匹配距离乘客最近的司机进而提供高效的平台服务。网约车作为共享经济的代表性行业，在盘活车辆存量资源、满足用户个性化出行需求方面发挥了重要作用，近些年成为资本市场的"宠儿"。

(一) 公司简介

"点点出行"的创始人陈点点有着丰富的互联网行业资本运作经验。2012 年，他敏锐地捕捉到网约车商机。2013 年，他与几位创始人合作成立"点点出行"公司。公司注册在中国北方的 W 市，成立之初的注册资金为 1000 万元，主要业务范围包括打车、拼车服务，以及无人驾驶研究。经过近 5 年的快速发展，点点出行已经发展成为拥有 1000 万网络用户、20 万辆加盟私家车、服务遍布中国 100 多个城市的出行行业龙头企业。点点出行迅猛发展的势头受到了资本市场的广泛关注，截至 2018 年，点点出行已经完成 A、B 两轮融资，募集风险投资资金 10 亿元，B 轮公司估值高达 100 亿元。

(二) 公司法人治理结构安排

点点出行的董事会成员由执行董事、非执行董事组成，目前公司的六名高管均为公司董事会成员。两轮募资完成后，风投机构委派一名执行董事、一名监事进驻董事会，并代表风投机构对点点出行经营的重大事项发表意见。引入风险投资机构后，点点出行依照投资协议约定对公司章程进行了修订，约定凡重大经营事项必须报董事会决策审批，风险投资机构对于上述事项具有一票否决权，公司定期召开董事会会议开展相关工作。公司董事会下设董事会风险管理委员会，负责公司风险管控工作。该委员会每年召开两次会议，审议评估公司重大风险相关事项。

(三) 公司高管团队简介

(1) 陈点点。现任公司董事长兼总经理。他是点点出行公司的实际控制人、创始人，毕业于北京大学光华商学院并获工商管理专业硕士学位，对互联网业务、资本运作极为熟悉，有着敏锐的商业洞察力。

(2) 丁一。现任公司运营总监。丁一是陈点点的妻子，也是点点出行的创始人之一，拥有软件工程博士学位，个人持有多项软件专利，精通数据分析和应用程序开发，目前主要负责点点出行的软件功能研发和运营管控。

(3) 王雄。现任公司财务总监。他于点点出行成立的第二年加入公司，曾就职于大型国有银行工作十余年，拥有丰富的融资、财务管理经验，财经硕士学位，高级会计师。

(4) 李建国。现任公司技术总监。他是第一代点点出行应用程序开发的负责人，拥有软件开发专业博士学位，目前负责管理点点出行在自主技术领域的工作。

(5) 丁艺。现任公司市场营销总监。他于2016年硕士毕业后加入点点出行公司，拥有市场营销专业硕士学位，目前负责市场营销管理相关工作。

(6) 夏天。现任公司人力资源总监。他是资深人力资源管理师，拥有人力资源管理本科学位，负责管理公司人力资源相关工作。

二、公司战略定位

(一) 公司使命及愿景

点点出行的使命是成为全球最大的一站式出行平台、共享新能源汽车运营商和智慧交通建设的引领者。公司愿景是成为引领汽车和交通行业变革的世界级科技公司。

(二) 公司社会责任

1. 环境保护责任

2015年，一部环境纪录片引发了公众对环境问题的关注和热议。记者调查发现，空气污染60%以上来自煤和油的未完全燃烧，雾霾的产生与城市燃油车辆过多、增加速度过快有关，车辆的碳排放问题成为公众的最大关注点。点点出行以造就共享出行生态、降低碳排放量为己任，通过增加新能源车运营的方式努力实现车辆环保减排目标，并致力于将点点出行打造成为新能源服务平台。点点出行的努力被广大公众认可与接纳，展现出良好的发展潜力，其用户数量不断攀升。

2. 提供就业机会

随着分享出行经济的蓬勃发展，公司为下岗失业人员、去产能职工、复员转业军人、零就业家庭等创造了灵活的就业机会。加盟司机可根据自身的情况灵活安排工作时间，统计显示，每天工作时间在 4 小时以内的司机占司机总人数的 50.7%。点点出行建立了多元化和包容性的成长平台，提供各类培训，有效提升了司机的服务质量。弹性工作制度使加盟司机业务备受市场认可。

(三) 核心竞争力

1. 平台技术优势

点点出行 App 不断优化升级，其连接司机和乘客的应用程序是点点出行的自主技术。随着技术的不断优化、数据的不断积累挖掘，点点出行在算法、数据库优化方面加大持续投入，实现了与业界最优秀软件的对接，进而奠定了点点出行平台技术方面的绝对优势。点点出行软件包括点点激灵(中央大脑)、点点地图(导盲犬)、点点消息(信鸽)和点点支付(招财猫)等，形成的点点出行应用软件系统结构如图 3-1 所示。

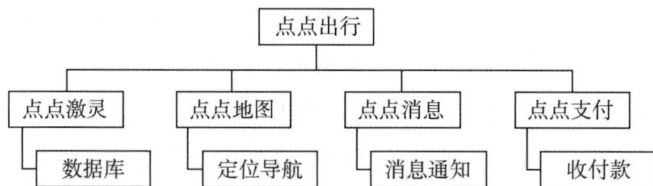

图3-1 点点出行应用软件系统结构

2. 资金池业务优势

在点点出行的乘客预存业务和每两周结算司机车费的方式下产生了大量闲余资金。公司利用资金结算时差构建资金池业务，资金池内闲余峰值资金大多通过购买短期安全的理财产品实现可观的短期收益。随着点点出行软件的不断开发和升级，公司整合资源的能力不断增强，进而给资金池业务带来了新资源。

(四) 未来发展趋势

无人驾驶是智能时代到来的发展趋势。无人驾驶汽车依靠人工智能、视觉计算、计算、雷达、监控装置和全球定位系统协同合作，通过计算机实现。它可以在没有任何人类主动操作的情况下，自动安全地操作机动车辆。

1. 点点出行无人驾驶技术发展情况简介

点点出行坚信无人驾驶将是未来出行的发展方向，积极布局无人驾驶汽车技术，组建无人驾驶研发中心，与国内最大的汽车制造商合作设立无人驾驶车队，采取合作开发的方式降低项目风险。无人驾驶研发中心拥有40辆自动驾驶测试汽车，已经在国内人烟稀少的地区全面展开自动驾驶路测。点点出行依托平台技术在行为预测、规划与控制、基础设施与仿真、数据标注、问题诊断、云控制技术与车联网、车路协同、信息安全等方面取得大量试验数据和研究成果。点点出行有意将自动驾驶业务单元拆分，成立专业子公司负责后续运营、开发。

2. 无人驾驶技术竞争情况

在国内市场上，点点出行的最大竞争对手是诺曼底出行，该公司比点点出行早两年启动无人驾驶汽车项目。诺曼底出行获得其母国政府的大笔资金及相关政策支持，先后投入总计100辆无人驾驶汽车在北国加西亚市公路上试运行。2018年，诺曼底公司无人驾驶车辆在测试时出现事故撞伤路人，引起公众热议，其无人驾驶项目因此全面停止。

3. 政府态度

政府高度重视无人驾驶技术的研发工作并设立专项基金对项目予以支持。点点出行与政府保持着良好的合作关系，正在申请无人驾驶专项基金支持。

三、企业内外环境及风险分析

(一) 内部环境分析

从企业内部环境来看，点点出行在企业资源、文化环境建设方面都形成了独具特色的管理模式。企业将平台的服务功能、运算速度、客户满意度作为KPI(关键绩效指标)，在资源投入上向技术开发部门倾斜，对专有技术研发投入了大量人力、物力和财力。截至2018年末，点点出行拥有各类软件技术专利近百项，员工2000余人，其中，技术开发人员占51%、客服人员占25%、市场营销人员占20%、其他管理人员占4%。点点出行将平台服务的先进程度作为企业核心竞争力，技术研发方面的投入达企业当期行政费用的50%并呈逐年递增状态。

点点出行秉承开放、包容、多元化的企业文化。管理层深知，出行服务行业必须具备开放、合作、共赢的心态。公司针对加盟司机、研发人员、客服人员、市场人员设置了专门的培训课程，帮助员工实现全方位发展。点点出行设计了科学合理的晋升考核机制，通过人才培养计划逐步搭建人才梯队，使每位员工都能充分发挥个人才能，在公司内部营造了积极、向上的企业文化。

(二) 外部环境分析

2014—2018年是我国网约车市场迅速发展的阶段,行业进入激烈的白热化竞争状态,国内市场网约车占有率如表3-1所示。经过残酷的市场竞争和优胜劣汰后,国内网约车市场呈现双寡头的发展趋势,点点出行和诺曼底出行两家服务平台占据国内出行市场近90%的市场份额。点点出行作为本土企业,立足国内市场,充分发挥其熟悉市场的优势,经历了由弱到强的发展历程后,通过不断优化营销策略迎合消费者需求等方式不断赢得市场份额,到2018年,点点出行的市场份额首次反超对手。

表3-1 2014—2018年国内市场网约车占有率

服务平台	2014年	2015年	2016年	2017年	2018年
诺曼底出行	100%	80%	63%	50%	47%
点点出行	—	17%	34%	46%	48%
其他	—	3%	3%	4%	5%

1. 同业竞争情况简介

诺曼底出行成立于2010年,是北国全球性网约车科技公司,立足于北国并向全球辐射,经过近十年的迅速发展,已为全球60多个国家、300余座城市提供出行平台服务。诺曼底出行于2014年进入中国市场,随即在国内掀起网约车热潮。目前,诺曼底出行是点点出行在国内最强的竞争对手。

2. 与出租车的竞争情况简介

除同业竞争外,传统打车服务也是不容小觑的竞争对手。事实上,国内出行市场中,网约车与传统出租车的竞争日益激烈,路边打车仍然很受欢迎。三四线城市因城市面积小,出租车数量相对饱和,打车十分方便,一线城市因出租车服务规范程度高也很受大众欢迎。

3. 与公共交通的竞争情况简介

随着国内基础建设的提档升级投入,以地铁、公交、轮渡为代表的公共交通网络日渐成熟,有效缓解了交通压力。公共交通以低廉的成本、方便的交通方式成为市民出行的首选,已经成为网约车行业强有力的竞争对手。

(三) 主要风险分析

1. 竞争风险

出行市场巨大的市场份额十分诱人,以汽车生产厂商和传统租车公司为代表的出行平台先后进入出行平台行业展开经营。例如,以百度地图为代表的跨界经营在国内多个城市展开试水,这意味着新一轮网约车竞争已经全面展开。点点出行势必将面临更加严酷的市场竞争,市场风险将进一步加大。

2. 盈利能力风险

点点出行属于技术导向型企业，在行业竞争日趋激烈的大背景下，为保证出行技术和算法的领先，企业的研发费用投入必将长期持续。随着行业竞争加剧、替代品不断增多、研发投入不断增加，点点出行公司的盈利能力将面临严峻挑战。截至 2018 年末，点点出行尚未实现盈利。

3. 数据安全风险

点点出行 App 应用后台与各类软件相连，系统内保存了大量客户、司机的个人信息，如身份证号码、手机号码、家庭地址、职业、收入、偏好等。点点出行公司要对数据保管、数据安全、数据合法应用承担责任，避免黑客入侵所带来的各类风险。

4. 市场监管风险

2017 年起，网约车不断曝出司机伤害女乘客事件，公众对于网约车的安全性存在不信任感。传统出租车行业联盟借此机会，以网约车存在安全隐患为由不断向地方政府施压，呼吁全面取消网约车服务。随着网约车新政的出台，对网约车运营车辆做出明确规定，不符合者不得营运，这意味着网约车业务未来将逐步合法化、规范化。虽然点点出行网约车车辆运营已取得运营当地政府发放的网约车运输许可证，但政府迫于出租车联盟公司的压力和公众对于网约车安全性的质疑，对下一步是否取消网约车运输许可证态度尚不明朗。运营监管环境的变化将对点点出行的商业模式带来严峻挑战。如果政府取消网约车运营牌照的发放，在现行经营模式下则意味着点点出行的盈利模式将难以维系。

5. 运营风险

近年来，随着国家法治建设进程的不断完善，国内对于环境保护和出行行业的监管愈加严格。为解决燃油汽车尾气超量排放而产生的环境问题，政府决定将对汽油长期征收环保费。这意味着燃油汽车运营成本将上升，燃油车司机的利润将显著下降，还有可能导致点点出行可提供运力锐减进而影响经营。

此外，网约车司机伤害女乘客事件对行业影响极大，行业监管日趋严格。点点出行对司机招募、审查、考核等工作进行了调整。为满足监管要求，企业对出行 App 进行了设计调整而投入了大量硬件设施和人员，从而导致运营成本不可避免地上涨。

四、企业战略定位决策

(一) 运营模式决策

点点出行的运营模式与传统出租车行业存在极大的不同，其运营特点在于点点出行没有运营车辆，以加盟商方式与社会闲置私家车资源合作，进而有效控制运营成本。加盟合作方式下车辆的所有权、使用权不发生变化，依然属司机所有。点点出行开放其平台为司机提供服务，并以分成的形式从司机收取的车费中赚取佣金，司机通过点点出行平台获取业务并通过平台完成结算。在运营模式决策方面，点点出行有效避免了形成重资产进而背负巨大经营杠杆的风险，采取轻资产模式运营，极大降低了经营压力。具体运营流程如下。

1. 业务流程

客户使用点点出行的移动应用程序创建个人账户，并绑定银行卡或手机号码以实现电子支付。客户在应用程序的首页输入上车地点和目的地地址，系统会根据行驶的距离等因素报价，客户确认后即刻生成订单。后台计算程序自动与附近司机配对，司机有权选择接单或不接单。若司机接单，应用程序则会向乘客发送司机信息(包括姓名、性别、车型和车牌号码、虚拟电话及司机评级信息)。客户可使用应用程序跟踪司机位置，系统在车辆到达时会提示客人上车。司机将客户送达指定目的地后，车费信息会发送至客户端，乘客可根据其习惯选择相应的支付方式完成付款。每单业务结束，系统会邀请客户对乘车服务评分并留下反馈意见，点点出行以代金券吸引并鼓励客户积极参与司机评价工作，进而向司机和乘客宣传出行平台。

2. 加盟商的管理

点点出行对加盟司机和加盟车辆设定了明确评价标准，司机需要提供完整的个人和车辆相关信息并通过指定检查后与点点出行签订合同。点点出行通过后台大数据运用算法对司机行为进行评价管理，长期获低评分的司机将被解除合约。

(二) 公司盈利模式决策

点点出行公司的定位为科技服务型企业，以大数据应用、数据挖掘和算法为业务背景，为客户提供精准、高效的服务是其核心竞争力。点点出行是轻资产类运营公司，其所有运营车辆全部为签订加盟合同的私家车，公司没有投入固定资产类客运车辆。公司与加盟司机是承包商关系，双方签订相关合同以明确双方的权利和义务。加盟司机不是点点出行的员工，公司不承担与司机相关的任何人工成本(如社会保障费、失业保险费、司机补偿金或假期工资等)，因此极大地节省了人工成本。运营车辆属于加盟司机所有，车辆运营相关的成本及运营风险全部由司机承担，与点点出行公司无关。点点出行为加盟司机提供平台服务，司机通过登录点点出行应用平台揽客，将客人送达目的地后车费由点点出行系统自动收取，司机没有收取车费的权利。点点出行的主要收入来源为提供平台服务向司机收取车费分成。从点点出行近年来的收入情况来看，随着出行业务的普及和市场占有率的不断提升，业务分成收入上升趋势明显。轻资产营运方式为点点出行提供了稳定、可持续的经营性现金流量，客运资产的经营风险通过合同安排完全转嫁给加盟司机。点点出行着力于平台的功能性研发，实现了轻资产、专业化运营，与传统的出租车公司有明显差异，互联网方式下经营竞争优势明显。

(三) 定价决策

点点出行的定价决策包括两部分:一是乘客出行车费定价,二是司机业务分成定价。对点点出行公司而言,这两项定价决策极为重要。

1. 乘客出行车费定价

点点出行的定价决策由后台根据大数据比对分析后确定,既要保证定价具有竞争性又要保证收入水平对加盟司机的吸引力,还要为点点出行贡献利润。定价决策是点点出行决策中最为关键的业务决策。目前,点点出行的定价决策由后台根据历史大数据,结合客户所在城市、当地出租车价格、物价水平及当地居民生活习惯等因素,通过数据建模和数学演算最终确定。运费价格并非一成不变,点点出行会根据市场情况、竞争对手营销策略对运费价格进行调整。出行收费由两部分组成:起步价与每公里服务费;客人未在规定时间内取消订单将支付一定的补偿费用。点点出行 2018 年执行的收费标准如表 3-2 所示。公司设计的取消订单的规则如下:司机接单后两分钟内,客户可免费取消订单,超过两分钟取消订单将会收取两元手续费,作为对司机的补偿。客户通过平台叫车,每次出行的报价由点点出行系统自动计算并报给客户,司机无法决定业务价格。客户申请打车时会收到行程的报价并选择最终付费方式。为了满足高峰时段的用车需求,系统自动在高峰时启动涨价定价系统,优先为满足涨价定价标准的客户提供服务。

表3-2 点点出行2018年执行的收费标准

单位:元

城市	高峰期	非高峰期
一线城市	16	15
二线城市	14	13
三线城市	12	11

2. 司机业务分成定价

为鼓励司机不断提高服务品质、赢得更多客户,点点出行公司设计了阶梯制司机提成标准,如表 3-3 所示。客户对司机的评价将影响司机的收入,服务质量好的司机将得到更高的分成比例,反之将被淘汰。例如,从分成比例上看,客户评分 4.5 以上的司机将比评分 3.9 的司机多得到 5%的分成。司机的分成收入按周结算,每周五下午司机可在平台上查询到上周业务结算信息,包括已完成的行程公里数、取得的车费收入和按规定分成的收入金额,公司在司机完成平台对账确认后的第二天将款项存入司机指定银行账户。

表3-3 阶梯制司机提成标准

司机评分	4.5 分及以上	4.0~4.5 分	3.0~3.9 分	2.9 分及以下
分成比例	90%	88%	85%	80%

(四) 安全保障决策

点点出行在诸多方面存在风险。对服务行业而言，保障司机和乘客双方的安全是点点出行的责任和义务。媒体连续报道多起网约车司机伤害女性单身乘客事件后，点点出行董事会高度重视安全运营风险防范，要求公司针对安全功能进行二次开发，并在所有加盟车辆上安装监控设施或设备，以全面监督其运营过程。新开发的安全功能包括隐私保护、一键紧急报警、全程车内录影等。此外，点点出行加大了对新加盟司机的背景调查，增设司机专项培训，明确平台对司机骚扰乘客行为决不姑息，一经查证立即解除合同并对司机实施严厉处罚，情节严重的追究其法律责任。点点出行还成立了 24×7 全天候安全保障服务小组，随时介入安全事件处置。上述安排增加了点点出行的运营投入，点点出行管理层认为上述投入十分必要，未来将持续对安全保障系统进行改进、升级。

第二节　投资决策分析

一、案例企业初创期投资决策分析

(一) 企业初创期的资本配置情况

点点出行是一家轻资产互联网平台企业，定位为科技服务型企业。创业初期提供平台服务，收入来源为与司机分成的车费。通过与加盟司机签订合作协议，根据合同将车辆所有权、车辆运营相关成本(含人工成本)及运营风险全部转移给加盟司机，从而成功实现了点点出行轻资产、互联网、平台公司的运营定位。

点点出行成立之初，陈点点和丁一夫妇及其他两位创始人共投入 1000 万元作为注册资本。陈点点夫妇出资 510 万元，因此拥有公司的绝对控制权。公司致力于打车软件的研发，创建初期所有投入围绕 App 开展。公司创始人中的三位有深厚的软件开发能力，软件研发工作进展顺利，2014 年初，点点出行的第一代出行软件开发完成。彼时，"网约车"对大众而言是一个新鲜事物，未被大众所了解与接受。点点出行为打开市场，制定了具有吸引力的销售政策。为吸引第一批车主加盟、招揽第一批顾客，公司的激励政策如下：乘客乘车免费；司机接单除车费外还可享受一倍车费的奖励。在营销政策的强势推动下，点点出行公司招募了第一批私家车车主并组建了首支私家车车队，其中有 50 名车主持有中档型私家车。点点出行的业务正式拉开序幕，进入市场后引发了强烈的市场反响，备受市场好评。点点出行 App 由此一炮打响成为出行市场的新宠，尤其受到千禧一代的追捧。到 2014 年下半年，点点出行的加盟车辆已经增加到 200 辆，注册用户数量达到 20 万人。点点出行根据客户的真实使用反馈和有效建议对出行 App 进行了有针对性的升级改造。陈点点熟悉资本市场募资规则，他明白，点点出行依靠自有资本根本无法长期进行业务推广，更深知此刻必须乘胜追击才能保留胜利果实。为扩大点点出行的影响力并募集到后续发展资金，陈点点和他的团队随即在资本市场开始募资工作。

点点出行清晰的战略和独特的市场营销方式引起了资本市场的高度关注，加之陈点点出色的资本运作能力，很快获得了第一笔风险投资。资金的成功注入打破了点点出行的资金瓶颈，市场推广得以持续。

(二) 点点出行核心业务介绍

点点出行的核心竞争力在于其平台研发技术，这得益于公司持续的研发投入、充足的人才储备，以及有效的激励政策。点点出行获得风险机构投资后，发展进入快车道，将大部分资金用于研发团队、引入顶尖专业人才、升级硬件设备、挖掘算法、优化产品功能，以从根本上全面提升平台功能并保持其稳定的行业领先地位。点点出行的算法领先性主要体现在乘客与司机匹配准确度、车费报价及时性和合理性等方面。在客户信息保护等安全方面，点点出行在获得风险投资资金后也进行了大量改进，通过软硬件的投入有效提升了公司的信息系统安全性。公司高度重视乘客安全问题，主动研发安全性功能，加大硬件设施投入，以高度的社会责任感回应市场质疑，在危机之下彰显点点出行强烈的社会责任感。点点出行重视环境保护，秉承绿色出行理念发展企业。在加盟司机的选择上向电动汽车加盟司机倾斜，并制定了更优惠的激励措施。公司鼓励司机将燃油车更换为电动汽车，并制定了相关激励政策。

点点出行近年来的快速发展与资本投入有着密不可分的关系。大笔研发费用的不断投入导致点点出行财务报表依然呈现亏损状态，但企业的用户数量、市场口碑及客户对点点出行的信任度不断提升，客户黏性明显提高，点点出行不断攀升的市场占有率就是最好的证明。点点出行越来越被市场所认可，其企业估值也不断上升，因此吸引了更多资本的关注。

二、电动汽车自营项目的投资决策分析

(一) 项目背景介绍

2019 年 3 月 25 日，W 市政府工作会议通过了环保法立法草案，将于 2019 年年末颁布实施。会议同时明确了 W 市环境保护规划及各项工作的时间节点，报道称未来 5 年 W 市将全面淘汰燃油车辆，推广低碳、节能、环保的电动汽车。政府为鼓励环保政策落地，特别设立电动汽车无人驾驶技术政府专项补贴基金，用于扶植无人驾驶汽车生产企业进行技术研发，并将在近期颁布执行。

2019 年 3 月 27 日，点点出行董事会收到外部董事的问询函，外部董事针对点点出行高峰时段运力不足及高峰时段涨价的问题，要求点点出行拿出切实可行的解决方案，并要求点点出行密切关注新闻报道做好应急处理方案。董事长要求总经理针对此议题准备详尽的工作报告。一周后，市场营销部结合市场调研情况给出了一份工作方案，具体内容如下。

1. 运营现状及问题分析

市场营销部认为点点出行饱受诟病的主要原因在于运力不足，高峰时段涨价是缓解运力压力的权宜之计。据了解，对手诺曼底出行正在与大型汽车公司谈判，计划近期在市场上投入一批自营车辆。为应对对手公司的扩张行为，积极响应政府环保新政，彰显点点出行的社会责任感与环保精神，吸引更多环保支持者使用点点出行服务，市场营销部建议公司启动电动车租赁运营项目。具体方案如下。

公司组建新的租赁公司，由新成立的租赁公司负责电动汽车的整体采购、租赁及相关管理工作，鼓励平台司机尽量采用租赁电动汽车的方式营运，并将电动汽车租金定价低于市场租赁价格。通过进一步统一车辆外观、设计车内配置标准，全面提升点点出行的品牌形象，以给客户更好的体验感。预计新投入的电动汽车将有效解决目前运力不足、高峰时段涨价的问题，可显著提升服务品质。此外，租赁业务将开拓新的业务市场，将点点出行的业务拓展至汽车租赁、汽车保险、汽车修理等新的业务领域，预计这些业务将为公司带来持续稳定的经营性现金流，并很有可能成为点点出行新的利润中心。

2. 具体操作方案

经过调研和大数据对比分析，春节期间是用车高峰期。建议以农历新年为投放时间点，以首都在内的 5 个一线城市的人流量密集地段为投放地点投入一批自营汽车。具体操作方案如下。

首先，成立"点点租车公司"子公司及其相关职能部门，招聘专职人员全面负责管理电动汽车。

其次，结合市场的情况，建议首批采购20 000辆电动汽车，预计每辆车的采购价格为5 万元。电动汽车所有权属于点点租车，以出租的方式提供给司机使用。点点租车公司统一为电动汽车购买保险，提供维修保养服务。保险费及维修费按月计收，与月度租金一并从承租司机当月收入中扣除。电动车辆运营满 4 年或运营公里数达到十万公里，满足两者中的一项条件者视为达到报废条件，由点点租车公司负责新车更换及旧车处置等工作。电动汽车运营的核心优势在于其充电成本为车辆加油成本的 40%，加之优于市场的租金和点点出行平台服务，相信一定能吸引足够数量的司机成为租赁电动汽车的加盟商。

3. 项目所需的财务支持

鉴于项目采购需要大笔资金，建议财务部尽快筹措资金采购电动汽车以确保在春节前完成车辆投放工作。点点出行的财务总监审阅了市场部的方案后，要求财务部针对电动汽车租赁方案提出决策建议，并评估电动车辆租赁方案设计中可能存在的风险，从财务角度对此投资方案提出具体建议。

(二) 盈利模式分析

点点出行获得风投资本青睐的主要原因在于其高科技型的企业定位、轻资产互联网+的经营模式。点点出行在经营过程中未投入任何车辆，未占用与车辆相关的运营资金，无须支付司机的人工成本及各类福利、车辆相关的各类维护、保险等相关费用，与经营相关的所有风险全部转移给司机承担。

点点出行依靠自行研发软件的明显优势保持行业领先地位。查阅点点出行近两年的财务报表可以发现，点点出行2018年发生的行政费用为10.23亿元，较2017年的4.99亿元同比增长105%。行政费用中绝大部分是为保障平台技术先进性而发生的研发费用，说明点点出行公司投入了大量人力、物力、财力开展相关研究以保证其核心技术的先进性，进而提升其核心竞争力。

点点出行轻资产的运营方式及企业运营的经营杠杆、财务杠杆明显低于传统出租车行业，较之传统的出租车公司有着明显的成本优势。平台服务将有出行需求的客户与司机相连，先进的平台开发技术为业务开展提供了强有力的支撑，基于大数据精准开展营销拓客，有效地节约了成本费用、增强了客户黏性。新的营运方案下，点点出行将成立租车子公司负责出租电动汽车的运营管理。这种运营方式打破了现有运营模式，除可依托于平台经营外，其经营与传统的出租车企业将无明显区别。点点出行在经营模式转变后经营优势并不明显，在车辆运营、成本管控等方面经验不足，很可能对最终营业结果产生负面影响。

点点出行自有的 20 000 辆电动汽车必须由专门成立的租车公司(即点点租车子公司)运营，这意味着点点出行由轻资产运营模式转变为重资产运营模式。营运模式的变化将伴随着高额运营成本，成立新的租车公司需要投入额外的资金，用于招聘员工、培训、获取办公场所、IT 开发等。此外，车辆的维修、保养及保险等相关业务合同将以点点租车为主体签订，势必进一步增大公司资金压力。车辆折旧费用属于刚性成本，这不仅会导致经营杠杆上升，增加公司的运营风险，而且对公司盈利能力也提出了更高的要求。

(三) 财务风险分析

从存量资金方面来看，2018 年年末点点出行账面资金余额为 4.5 亿元，在不取得外部融资的情况下无法依靠自有资金完成电动汽车的采购，这意味着若开展项目投资必须对外融资。若以负债方式获取资金，预计增加负债 10 亿元，公司的资产负债率将由 2018 年年末的 14%上升到 56.25%。从经营业绩来看，2017 年点点出行当年经营亏损为 2.94 亿元、经营性现金净流量为-2.18 亿元；2018 年点点出行当年经营亏损为 5.67 亿元、经营性现金净流量为-4.07 亿元。上述数据说明，近几年点点出行的经营主要依赖于风投资金，近年来的高速扩张并未实现盈利与有效的经营性现金流，公司运营存在一定的流动性风险。假设支持项目投资且点点出行成立租车公司并以债务方式融资购买车辆，作为借款实体的租车公司必须履行按期还款付息的义务，这将增大点点出行的资金压力，进一步增大公司的流动性风险，固定利息的支付将导致财务杠杆提升。车辆购入后作为点点公司的固定资产管理，将发生折旧、运营维护等相关成本，新业务模式将导致经营杠杆提升。可以预见，租车业务开展后，点点出行的总风险较租车业务开展以前将明显上升，这不利于点点出行 IPO(initial public offering，首次公开募股)工作的推进。

若点点租车公司未来经营稳定，且业务持续达到盈亏平衡点以上，则租赁业务将有可能成为新的收入增长点。在管理效率、招募到足够司机、盈亏平衡点业务得以满足的前提下，未来四年电动汽车产生的各类收入有望弥补保险、租金、维护等各类成本，租赁业务有可能逐步发展成为点点出行新的利润中心。此外，自有电动汽车数量较大，可设计衍生业务(如保险业务、车辆维护业务)获取增量收入和利润。此外，市场部门分析电动汽车的运营成本仅为燃油汽车的40%，若其核算结果准确该成本优势将有助于吸引更多新司机加入运营，进而提高整体收入。

(四) 营运风险分析

能否招募到 20 000 名符合承租条件的司机是点点租车公司成功运作的充要条件。项目启动前应对点点出行现有合作司机中有签约新电动汽车意愿的人数及其实际情况进行充分的调查研究，并充分了解有意向的司机对电动汽车租金、维护费用、保险费运作模式的看法。同时，还需要关注竞争对手司机招募条件的设定、全面评估短期内招募 20 000 名合格司机的可能性，以及大概率完成招募所需要的时间。由于司机招募情况将对电动车的投放带来影响，应根据评估结果对电动汽车的采购数量进行调整，避免出现一方面因采购车辆数量设计不合理而导致占用大量流动资金的情况；另一方面因招募不到足够的司机而无法投放车辆导致投放计划失败的情况。

此外，需要对盈亏平衡点的里程数进行测算。若司机有效驾驶里程低于盈亏平衡点里程，则意味着司机很可能无力支付租金、保险及维护费用，方案落地难度大。点点出行很可能面临巨大经营压力，一方面无法按期取得租金收入，另一方面必须承担各类债务的到期偿还责任，这将加剧点点出行的流动性压力，导致偿债能力持续恶化，并进一步拖累盈利能力。

需要关注车辆处置方面可能存在的不利影响。应深入研究电动汽车寿命及电动车蓄电池老化可能对车辆价值产生的影响，进而合理设定电动车报废残值，以准确估算电动汽车月租金标准，避免因方案设计不严谨导致的车辆处置损失。鉴于电动汽车的物权属于点点租车公司，与车辆相关的维修、保养、保险、交通事故处置等相关经营事宜必须以点点租车公司为法律主体，并由其承担相关法律责任，项目运营后的法律风险也将明显攀升。

点点出行与司机签订租车合同后，双方的合作关系也将发生改变，司机既是加盟商又是债务人。部分司机有可能为逃避债务而选择离开点点出行平台，在拒绝返还车辆的情况下同时拒绝为点点出行工作，甚至可能会有司机驾驶点点出行的电动汽车为对手公司工作。若出现上述情况，点点出行将面临较为严峻的经营风险。在此背景下，科学设计承租司机的评价标准将成为影响投资决策的关键要素。

(五) 投资决策结论

电动汽车租赁方案对于点点出行的发展有利有弊，应全面权衡利弊后结合企业的发展战略做出投资决策。

1. 投资的有利方面

(1) 电动汽车投入运营有助于点点出行收入、现金流的提升，从而提高市场占有率。

(2) 电动汽车投入运营将显著增加平台运力规模，统一的车辆标识和配置将有利于提升客户满意度；有效缓解目前点点出行运力不足、服务质量不佳的问题；有助于吸引更多具有环保理念的客户，提升客户黏性，增加点点出行的收入。

(3) 电动汽车投入运营有利于点点出行与政府之间关系的维系。通过新闻可知当地政府将大力推动环保事业，计划到2024年全面淘汰燃油车辆以改善空气质量。点点出行主动购置大批量电动汽车的行为将有助于维系点点出行与政府的关系，从而在业务合作中争取到更多的优惠政策。

2. 投资的不利方面

(1) 采购20 000辆电动汽车的运营方案存在较大的经营不确定性。项目的盈利能力与合格司机的招募情况、电动汽车运营管理能力、租车方案设计的有效性及车辆报废价值判定等因素密切相关。

(2) 若投资自持20 000辆电动汽车，在提升运力的同时也将导致点点出行由轻资产运营企业转变为重资产运营企业，其盈利模式将完全发生改变。点点出行轻资产平台化的经营方式和与加盟司机分成的运营方式是区别于传统出租车行业的根本，也是吸引风险投资机构的重要原因。运营模式的改变很可能使点点出行丧失吸引力，若盈利能力未达预期，则可能导致风投机构退出点点出行。

(3) 未来经营对企业盈利能力的挑战巨大，可能对上市产生负面影响。若选择投资电动车项目，点点出行未来经营势必面临运营成本剧烈上升的问题。新增收入需要覆盖新增资产产生的折旧费用、运营管理等费用，投资后点点出行的盈利能力将面临严峻的挑战，若业绩下降将拖累点点出行上市进度，则项目很可能无法获得风险投资机构的支持。

3. 相关建议

点点出行应结合实际情况，对司机租赁汽车的意向进行调查研究，了解电动汽车及其电池的可使用年限，结合司机运营大数据明确车辆的盈亏平衡点，进而合理设定电动汽车的租赁费用标准。决策前，点点出行应结合企业经营的实际情况对点点租车公司的运营结果编制全面预算，对各类经营情况进行预测，通过概率分析全面评价方案的成功概率。经营模式的变化对于点点出行而言具有重大影响，风投机构特别关注方案的成功概率，点点租车项目对公司IPO的影响是正向还是负向是风险投资机构表决的关键。

任何投资决策必须以企业实际经营情况、历史数据、市场调研结果为依据，以业务预测为基础编制预算报告，对经营业绩、现金流情况进行合理预测，在搜集相关数据的基础上使用各类项目评估方法对投资进行决策。点点出行需要基于上述利弊分析，针对盈利模式转变所带来的风险开展深入研究，通过调研量化相关指标、编制数据预测，在充分考虑经营可能出现的各种情况后进行决策。

三、投资决策小结

实务中，企业投资决策是常见业务。业财高度融合的当下，单纯从财务角度进行业务评价很可能难以满足业务需求。财务管理中许多决策管理思想应积极应用于实践，但是需要注意实践中数据取得的可能性。例如，按照成本性态对成本进行划分，如何将业务中的成本划分为变动成本、固定成本及半变动成本本身就存在困难。实践中，企业所处的行业不同，业务差异极大，很多时候难以准确区分各类成本性态，一些管理会计常用的投资评价方法也难以真正发挥作用。此外，在进行决策的过程中，结合业务实际情况对比同业水平开展分析决策非常重要，不能犯"刻舟求剑"类的错误——以不变的眼光看待正在变化的事物。例如，在脱离业务的情况下，单纯应用财务比率分析方法所取得的结果若不与同业比较则无法得出有用结论。单一的财务比率结果本身无法揭示企业所面临的实际问题，即便发现了问题也无法提出有效的解决方案。实际上，财务比率分析的目的在于进一步调研和搜集资料，为解决方案提供基础信息。实践中，许多企业由于各种原因，其所采用的会计政策、会计假设并不相同，在不了解项目的实际情况下使用比率分析方法是难以取得正确结论的。

简而言之，在开展投资决策的过程中，财务人员必须立足于业务本身，深入了解业务的实际情况，收集行业相关信息，并关注国家相关产业变化，未雨绸缪地开展投资决策工作。投资决策常用的方法包括贴现现金流法、内部回报率法、净现值法、盈利指数法、回收期法及贴现回收期法等，这些方法各有其特点，所适用的范围也大不相同。对于财务人员而言，必须全面掌握并灵活应用上述投资决策的方法，结合投资业务的实际情况做好基础数据、基本信息的整理工作，无论采用何种方法开展决策，数据的准确性是其必须具备的前提。否则，将无法做出正确的投资决策建议。

实践中，财务数据和财务建议是投资决策的依据，但是许多投资决策并不单纯依赖于财务建议。通过案例我们可以发现，投资决策不仅受点点出行高管的影响，还取决于风险投资机构对此投资方案的态度。点点出行公司的章程规定风险投资机构享有项目一票否决权，但风投机构对项目的判断标准与点点出行管理层的标准并不完全一致。点点出行的管理层致力于企业的长期发展，而风险投资机构则更偏向于方案是否有利于其快速退出，是否有助于点点公司完成上市。对于风险投资机构而言，短期内有利于提升点点出行财务业绩的所有方法、有利于实现其上市退出的所有业务均可开展；反之，则应停止。在本案例中，点点出行公司应充分论证项目后再进行决策，并充分考虑风险投资者的需求，否则不但本投资方案难以落地，更有可能因决策不当而触发对赌条款。风险投资机构对项目的关注点及判断标准与点点出行管理层并不相同，若新项目无法满足风险投资机构的要求，很可能导致风险投资机构要求退出项目、收回资金，这势必引发点点出行的重大风险，必将对未来的发展带来不利影响。

第三节　融资决策分析

一、案例企业初创期融资决策分析

(一) 企业初创期融资渠道分析

点点出行作为科技型企业在其初创期存在较大的经营风险，无论是支持其市场宣传或是保持其研发投入都需要大量的资金投入，初创期企业融资通常较为困难，常见的有效融资渠道有以下两种。

1. 自有资金

自有资金是初创企业融资的直接渠道。对于科技型初创企业，一般来说创始人都是高科技研发人员，拥有专利技术和知识产权，但缺乏资金。大部分科技型初创企业的第一笔资金是创始人投入的资本金，这些资金无法满足企业长期发展需求，需要大量外来资金支持企业发展。点点出行在初创期由四位创始人投入1000万元人民币作为企业资本金启动业务，在第一代研发产品成熟后通过营销政策设计吸引了一批私家车车主加盟运营，解决了固定资产投入问题，这种方式类似于经营性租赁融资。

2. 股权融资

股权融资是企业自愿出让部分股权以吸引新股东投资的方式募资，所吸引的资金作为企业的资本金，没有到期还款付息义务，需要定期根据公司实际盈利支付红利。股权融资会削弱公司原有实际控制人的控制权利，股权分散不利于企业的规划发展。点点出行的两次资本市场募资都属于股权融资，即通过让渡部分股权换取企业发展资金。资本市场募资绝非易事，资本对于项目的挑选有着严苛的条件，"风口"上的创新型企业是资本市场的"宠儿"。

(二) 企业初创期的资本结构

从资本结构的角度来看，由于初创期企业必须进行各类初始投资，往往固定成本大、经营杠杆比较高，因此企业经营风险较大。此时的企业不适宜采取高杠杆负债方式募资，原因在于高负债募资将推高企业的财务杠杆，导致企业的总杠杆大幅提升带来更大的经营风险。融资决策前，充分分析企业所处生命周期、所属行业特点，以及国家相关宏观政策趋势是极为重要的工作，融资方式的选择决定了企业资本结构的合理性并对企业未来经营风险有着重大影响，应谨慎决策。点点出行在初创期采取了资本金加股权融资的方式，成功解决了制约其发展的资金问题，其资本结构的设计充分考虑了初创企业的特点，较为合理。

二、电动汽车自营项目的融资决策分析

(一) 项目背景介绍

3 月末，点点出行召开内部专题会议讨论采购 20 000 辆电动汽车的投资方案，董事长要求财务部针对投资事宜先行启动相关融资方案的设计工作。财务总监要求财务经理尽快制定可行的融资工作方案并上报。接到工作任务后，财务经理陷入了思考，该如何结合点点出行的实际情况设计方案呢？

从点点出行的实际经营情况来看，自成立以来出行市场占有率稳步提升、客户人数与合作司机人数不断增加，增长态势明显。公司将保证平台竞争力、保持无人驾驶技术的先进地位作为发展战略的首要目标，在过去三年间投入了大量研发支出，因此公司的经营成果表现不佳，经营性现金净流量持续为负，经营亏损持续扩大。作为科技型企业，点点出行在固定资产投资方面虽然投入不大，但为保障平台 App 应用的先进性，在研发和算法方面进行了巨大投入。

(二) 融资渠道分析

点点出行作为非上市公司，在资本市场的募资渠道尚未完全打开。点点出行目前可使用的融资方式包括债务类融资、权益类融资，以及经营积累自有资金。点点出行处于快速发展阶段尚未产生有效经营积累，无自有资金，因此可行的融资渠道主要是债务类融资和权益类融资。

1. 债务类融资

债务类融资方式将增大点点出行的流动性风险，融资后必须承担还本付息的刚性责任。债务类融资具有税盾效应，即利息成本可以在税前抵扣，在考虑税盾影响后债务融资成本会更低。融资租赁类业务可以享受双重税盾，一方面支付的利息可以税前扣除，另一方面资产折旧将作为费用列支并在税前扣除。

1) 银行信用贷款方式

在 W 市，向银行申请贷款需要提交与贷款业务相关的各类资料，银行尤其关注申请单位近三年的财务报表。银行信贷信息系统根据申请单位的财务报告数据自动评价申请单位贷款能力并为客户评分，将评分结果作为银行授信依据。银行现行的评价系统特别关注申请企业过往经营性现金流情况和持续盈利能力。点点出行作为轻资互联网软件公司，近年来发展迅速，然而报表数据无法达到银行授信评级的相关要求。资本市场对点点出行的盈利模式极为看好，近年来企业估值持续走高，但在银行信用评价系统中却受到冷遇。备受资本市场热捧的点点出行项目无法获得传统的银行信用贷款支持。

2) 银行抵押贷款

信用贷款的路不通，是不是可以考虑抵押贷款呢？财务经理将公司最近一期报表对应

的固定资产台账、无形资产、应收账款明细账翻开逐一分析。公司现有固定资产、无形资产均与研发相关，固定资产除一栋办公楼外，其他固定资产皆为各类电子设备；无形资产由公司自行研发、外购的各类专有技术及软件使用权组成，绝大部分自行研发的无形资产已经申请专利，少部分专利权属证明正在申办过程中。点点出行拥有的无形资产专有技术特点明显、通用性差，虽然拥有专利证书，但其市场应用前景并不广阔，属于行业专用技术，大部分银行对于此类专有技术价值不认可。点点出行的主要收入来源于司机收入分成，在乘客支付车费时由点点出行平台系统收取现金，公司没有大额应收账款可以满足银行保理业务的要求。

银行对于固定资产抵押贷款的要求较为复杂，并非所有的固定资产都能作为银行的抵押物。银行对于抵押物的要求如下：抵押物必须具备相关的权属证明文件；抵押物必须具备一定流动性，不接受在公开市场上无法流动的资产作为抵押物；特殊行业的专用固定资产需要经过专业机构评估确定后才能作为抵押物。综合上述情况，点点出行可以用作抵押物的只有一栋造价为 2 亿元的办公楼。

通常，银行会聘请专业资产评估机构对各类固定资产进行评估作价，并以评估价格为依据选择相应的折扣率折算相应的贷款额度。一般来说，建筑物权属证明是否完整、有效的使用年限、地理位置、建筑物的新旧程度、建筑材料、内部结构、装修情况等方面因素对评估结果有影响。点点出行账面上的办公楼竣工于 2017 年，由于消防验收问题尚未办理房产证，大楼位于市郊非繁华地段。财务经理与银行就大楼评估的问题进行了交流，银行反馈预计点点出行的办公大楼的抵押率不超过 5 折，考虑房屋未办理权属证书，预计房屋的总估值不超过 1.5 亿元，能够获取的银行贷款不超过 7500 万元。此外，银行强调贷款时限不超过 18 个月，同时贷款利率在基准水平上将上浮 30%，预计年化资金成本为 6%。财务经理向银行提出是否可以用 20 000 辆电动汽车作为担保品进行融资，银行方面反馈必须取得抵押担保品物权后才能启动融资手续。

3) 融资租赁方式

固定资产抵押融资可以获得 7500 万元的资金，但依旧无法满足 2 亿元采购资金的需求。电动汽车生产厂家提供了融资租赁采购方案，具体方案如下：签订合同后支付合同价款的 35%，余下 65% 的款项在提车之日起三年内按年还本付息，年化利率为 7.5%，所有采购车辆的权属必须作为增信并办理相应的质押手续，三年后本息付清解除车辆质押手续。

本融资方案可满足 20 000 辆电动汽车采购资金的需求，但是融资租赁的实际利率水平远高于名义利率水平，原因在于融资租赁方案中还本付息的条件设计较为严格。从提车之日起的三年内按月还本付息，意味着实际占用资金数额在逐期减少，实际贷款利率较名义利率高出很多。对于点点出行而言，若执行此融资计划必须按月偿付到期的本金及利息，那么未来三年点点出行将面临较大的资金压力，资产负债率上升，流动性风险将显著上升。从经营角度来说，此方法将使得经营杠杆和财务杠杆上升，整体经营风险增大，这意味着融资成本将进一步升高。

2. 权益类融资

权益类融资的优点在于募资企业没有还本付息的压力，因此不具备税盾优势。相对而言，股东作为权益类融资的提供者，对企业未来的经营业绩有着明确的要求，通常权益类融资成本远高于债务类融资成本。

点点出行作为资本市场的"宠儿"，在过去几年中凭借着差异化经营战略赢得了风投机构的青睐。点点出行本次转型发展若能得到资本市场的认可，将可从风险投资机构募集到2亿元资金以满足其发展的需要。风投募资的好处在于可以获取资本金，没有还本付息的压力，对于点点出行目前资金紧张的状态而言，此种募资方式将有助于彻底降低财务风险。另外，私募股权投资基金的出资也有许多前置条件，私募基金通常关注被投资企业的商业模式、盈利模式、底层资产可持续盈利的能力。此外，私募基金为防范风险通常还要求与被投资项目签订对赌协议，多以财务业绩条款、上市时间进度安排作为对赌目标。一些私募股权投资机构为有效控制风险，还要求在被投资企业的董事会、监事会上获取相关席位，参与被投资企业的经营管理，以充分了解实际情况，甚至要求对于重大投资事项享有一票否决权。

对于点点出行而言，购买电动汽车后转租赁的经营方式打破了原有商业模式，由轻资产运营转变为重资产运营，经营风险明显上升，企业竞争力下降。与传统出租汽车行业相比，点点出行在车辆运营管理、维修维护，以及司机招聘、培训、管理等方面并没有优势，此种经营模式下的运营成果存在不确定性。此外，出行App市场上诺曼底等同业竞争对手带来的营销压力不断增大，点点出行投资新型电动车辆组建租车公司这一经营决策的合理性、必然性是风投决策的关键，也是点点出行能获得资金的前提。

通常，实际控制人为实现募资往往会让渡一定数量的股权给投资方，投融双方焦点在于股权价值估值的确定，估值将对募资数额和让渡股权数量产生重要影响，对赌协议成为平衡双方利益的重要工具。

从点点出行的实际控制人角度来看，引入风投资金意味着必须出让一部分股权，一方面将降低其对企业的控制权；另一方面将签订各类苛刻的对赌条款，增大企业经营的压力和风险。若不能完成对赌协议，实际控制人很可能完全丧失对企业的控制权和影响力，资本市场上类似的案例比比皆是。

此外，从业务流程上而言，私募股权投资基金的投资流程一般较长，从项目立项、尽职调查、双方谈判、完成私募公司内部审批决策流程，到各类协议签订并拨付投资款，通常需要较长时间。从时效性来看，是否能满足项目需求也是进行融资决策必须考虑的问题。最后，股权募资通常以权益性资金形式存在而不具税盾效应，形式上没有明确的还本付息安排，该方式可缓解企业还本付息的资金压力。

(三) 资本结构决策分析

企业资本结构是指企业债务融资和权益融资的比重。理性的财务管理者都希望能够找到一个最佳的资本结构，即现行企业最佳的债务与权益比重，它能使企业加权资本成本最小化和企业价值最大化。

债务结构的设计应结合投资项目的选择，一般来说，长期项目匹配长期融资，短期项目匹配短期融资，短贷长投类的资本结构存在较大风险应予以避免。相同期限下债务类融资的资本成本低于权益类融资成本；而长期融资成本高于短期融资成本。最佳资本结构的安排可以帮助企业实现成本最低和企业价值最大。从成本角度而言，短期债权类融资比重越大综合资金成本越低，企业到期还本付息的压力也越大。一般而言，长期类股权融资成本远高于短期债权成本，这类融资不但没有到期还本付息的压力，还能满足企业长期发展的需求。企业在进行资本结构决策时应结合主业的行业特点、经营特点，充分权衡项目本身的盈利能力和风险水平做出决策。

1. 项目资金成本测算

点点出行新投资方案的标的物为自行运营的 20 000 辆电动汽车，项目属于固定资产类长期投资。电动汽车项目运营结果受诸多市场因素影响，存在不确定性。项目产生持续、稳定、可靠的现金流的能力有待进一步论证。可行的两个融资方案中，银行抵押贷款期限为 18 个月、预计成本为 6%、总融资规模达 7500 万元，考虑债务融资的税盾效应的影响后，项目实际融资成本为 4.5% [计算过程：6%×(1-25%)]。总体而言，抵押贷款方案的资金成本较低、期限较短、融资规模较少，虽然无法覆盖项目 2 亿元的资金需求，但能满足融资租赁方案的首付款需求。融资租赁方案的资金成本为 7.5%、期限为 3 年、规模达 1.25 亿元，还本付息条件为按年结算利息。融资租赁方式下的资金成本可以在税前抵扣，实际融资成本为 5.625% [计算过程：7.5%×(1-25%)]。若点点出行决定投资电动汽车项目，两个融资方案的组合可以满足整体资金需求，运用加权平均资金成本计算公式计算组合融资的成本为 5.21%[计算过程：WACC(加权平均资本成本)=4.5%×7500÷20 000+5.625%×12 500÷20 000=1.69%+3.52%=5.21%]。

从权益融资角度来看，由于点点出行尚未上市，其最为成熟的融资渠道是风险投资机构。以私募股权投资基金最低年化资金成本要求为例，其要求收益不低于8%，作为权益类投资资金成本的支付不能在税前扣除。若项目全部采用权益类资金，则成本为8%。若7500万元采取银行抵押贷款，1.25亿元采取私募投资，则项目的加权平均资金成本为6.69%[计算过程：WACC=4.5%×7500÷20 000+8%×12 500÷20 000=1.69%+5%=6.69%]。

2. 项目融资分析

从上述计算可以看到，若点点出行决定投资电动汽车项目采取债务方式融资，则成本最低为 5.21%；一部分债权一部分股权融资成本次之为 6.69%；全部使用股权方式融资成本最高为 8%。因此，从成本角度来看，全部采取债务方式融资的方案对于公司最为有利。

从流动性风险角度来看，银行抵押融资的期限为 1.5 年；融资租赁期限为 4 年；私募股权投资基金以股权方式开展投资活动，名义上没有具体的还本付息期限要求。一般来说，私募投资方通常会与被投资方签订包含业绩、上市等对赌条件的对赌协议，若未能达标，则要求募资方承担回购责任。综上，项目募资方式中，流动性压力最小的是私募股权投资，若选择此方式融资通常需要与风险投资方签订条件严苛的对赌协议。若触发相关条款，将导致回购发生，进而引发更大的流动性风险。采取私募股权投资方式融资必须对未来企业的业绩、上市可能性进行充分估计，以免触发对赌带来风险。

除资金成本、流动性问题外，点点出行还需要关注电动汽车项目的内含报酬率、项目投资的净现值和项目的投资回报期。一般来说，项目的内含报酬率水平必须高于融资成本才能考虑为项目融资，否则意味着项目未来的收益无法覆盖资金成本，项目不具有投资价值，也没有必要募资。点点出行是否应该为电动汽车项目融资取决于项目未来的营运能力、经营效率和效果。

三、融资决策小结

(一) 科学地选择适当的融资方式

从上述案例可以看出，融资作为企业经营的常规业务，其融资方式的选择应以自身特点与发展状况为根据，企业要对自身业务特点与企业发展所处阶段有清楚的认识。随着国内金融市场的快速发展，融资方式也日益多样化。充分地了解业务、融入业务是所谓的"知己"，充分地了解各类融资方式是所谓的"知彼"，这些是进行科学融资决策的前提。此外，企业的生命周期理论是融资中要特别考虑的重点。例如，初创期企业通常需要大量发展资金，但抵押物品少，申请银行贷款就相对困难，这时可以选择权益性融资方式缓解其资金压力；成长期企业业务日趋稳定，抵押担保体系健全，信誉较好，具备向银行申请贷款的条件，考虑到债务融资的税盾效应，采用债务融资是较为适合的方式；处于成熟期的企业大部分资金实力雄厚，可以通过应用前期经营积累或引入战略投资者的方式进行融资。本案例中的点点出行属于成长期企业，其项目融资规模较大且单一，融资方式无法满足项目需求，可以采取组合融资的方式获取资金。从融资成本的角度来看，应尽可能多地采取低成本的债务方式融资，缺口部分采用高成本权益方式融资。从流动性风险角度来看，权益融资没有到期还本压力，可以给点点出行提供充裕的发展资金以满足其快速发展的需要。归根结底，企业的盈利能力是否足够、经营性净现金流量是否稳定是核心要素，任何一种融资方式都有利有弊，进行融资决策必须充分考虑企业未来的经营情况。

(二) 科学地确定最佳融资期限

企业创立、生存、发展的过程也是其融资、投资、再融资的过程，选择最佳融资期限是优化企业融资决策的重要内容，也是降低企业融资成本的重要途径。一般融资期限的选择需要从资金用途、资金占用时间、风险偏好三个方面综合考虑。资金用途是企业进行融资活动的目的，如本案例中点点出行融资的目的是购买电动汽车，汽车属于固定资产，因此应考虑固定资产周转慢、占用时间长的特点，选择相对长期的各类资金。资金占用时间(即融资期限的匹配问题)应结合资金用途，选择匹配的长期融资或短期融资。本案例中采购电动汽车具有资金占用时间长、资金数额大的特点，为避免短贷长投的风险，企业应选择租赁融资、发行股票、引进战略投资者或风险投资等长期融资方式。风险偏好是指企业在进行融资决策时应尽量减少融资成本，选择收益大、风险小的融资方式。本案例中，点点出行融资租赁方式下的资金成本最高，其次为银行抵押贷款业务的资金成本。从融资期限角度来看，点点出行募集资金用途为采购电动汽车，为避免短贷长投所带来的流动性风险，应尽量选择期限较长的融资方案，如融资租赁或引入风投。

(三) 考虑融资方式可能带来的税盾效应

不同的融资方式下产生的利息费用在所得税处理上完全不同，在进行筹资方案决策时应充分考虑融资方案的选择对所得税带来的影响。一般而言，债务方式融资在取得发票的前提下均可以作为利息费用在报表上列支，按照我国税法可以在税前抵扣。权益性方式融资下发生的利息费用，一般而言不能在税前列支。例如，以发行优先股方式募集资金所产生的优先股股息不能在税前扣除。

本案例中点点出行的融资目的是采购电动汽车，债务融资方式下所发生的利息费用符合资本化条件的可计入电动车成本，不符合资本化条件的则计入利息费用，计入利息费用的利息支出可以税前抵扣并发挥税盾作用。权益性融资的利息费用则不可税前抵扣。

融资决策通常配合投资决策来做，企业投资项目实际需要的融资规模、具体用途、期限需求、成本要求、税盾影响等都对融资决策有着重要影响。需要强调的是，首先，融资决策作为财务战略的一部分服务于企业的发展战略，决策要以发展战略成功落地为第一要务。其次，必须清楚融资决策的服务对象，资金的用途、期限要求、成本要求、纳税筹划也是选择融资方式要考虑的因素，而对业务的充分熟悉是开展融资决策的前提。任何时候，不充分了解业务的前提下开展融资决策是极为冒险的行为，应予以杜绝。再次，为保障融资决策的有效开展应做好资金预算的编制工作，认真收集、落实各类业务对资金的需求情况并编制资金预算，充分完整地披露资金缺口，以进行正确决策。最后，实际业务中，融资业务的发展随着市场环境的变化而变化，在变化的市场环境中进行融资决策应当以当下融资方案最优为决策标准。通常，融资方案从策划到落地的实施时间较长，而客观环境变化极大，许多时候融资决策实际落地的条件与融资决策时的条件并不完全一致。因此，要求决策者关注宏观经济环境及国家近期的融资政策、货币政策、所处行业政策，以便对后续市场行业做出充分判断，提前做好准备。评价融资方案的有效性不能单纯评价融资成本的高低、期限的长短，应在充分考虑融资时点的宏观经济环境、微观企业实际情况下进行评判。一些看似不合理的融资方案，若还原到其实施的当时，很可能会发现那其实是当时条件下所能做出的最佳选择。

第四节　公司上市决策分析

一、背景介绍

　　点点出行以其创新型经营模式受到资本市场的青睐，其拟投资的电动汽车投资方案受到风投机构的高度关注。风险投资机构要求点点出行完善电动汽车投资方案的可行性研究报告，充分论证转变商业模式后点点出行盈利的可能性及主要风险，并提出应对措施。风投机构认为短期内对点点出行上市造成不利影响的投资事项应不予支持，并再次明确了上市时间，要求必须在 2020 年 12 月 31 日前启动 IPO 手续并报送上市申请。企业能否上市的核心在于企业盈利水平的高低和取得自由现金流量能力的大小，以及未来可持续发展能力。点点出行若要上市势必需要对股权价值进行估值，同时企业的经营管理层需要深入思考如何有效提升公司估值。

二、估值问题

(一) 常用的估值方法

　　资本市场中的估值方法有很多，每种估值方法的适用范围、特点不尽相同。常用的估值方法主要包括市盈率法、净资产估值法、股利估值法、未来自由现金流量估值法等。

1. 市盈率法(P/E估值法)

　　P/E 表示每股市价与每股盈利的比率，其计算方法是以拟上市公司税后利润乘以与拟上市公司类似的上市企业市盈率倍数来估算首次公开募股时的股权价值。目前，我国资本市场上尚无与点点出行经营模式相似的科技企业，难以找到规模相近、主业相似的对标上市企业，无法取到合理的 P/E 值参考，故该估值方式的应用存在难度。市场上与点点出行经营模式最为相似的诺曼底出行在北国市场上市，其在经营规模、经营范围上与点点出行有着明显差异。诺曼底出行的经营成熟程度远超过点点出行，并在全球范围开展业务，因此，以诺曼底出行作为对标企业开展估值工作参考意义不大。

2. 净资产估值法

　　净资产估值法是指以被估值对象的净资产作为估值结果的方法，即股权价值等于拟上市企业的总资产价值减去总负债价值。该方法没有考虑企业资产的潜在增值，如企业的商誉、市场份额、市场影响力等因素。点点出行在平台专有技术、无人驾驶等方面开展了大量的研发，培养了一批专业人员，在算法技术、定位技术方面取得了重大技术突破，点点出行在国内北方市场颇有口碑。上述对点点出行经营构成重大影响的要素资源在其财务报表中未有体现，实际上许多资产真实价值并未在账面上完整体现或未体现。因此，净资产估值方法不适合点点出行公司。

3. 股利估值法

股利估值法是以未来股利的现值作为基数进行估值。点点出行是处于快速成长期的企业，大量的研发投入是保证公司竞争力的前提，公司将在发展过程中投入大笔资金，在短期内无法实现盈利，并将长期采取零股利政策，即不对股东分红。在此情况下，运用股利估值法无法开展估值工作。

4. 未来自由现金流量估值法

理论界将未来自由现金流量估值法看作最科学的估值方法，将该方法视为有效市场采用的估值方法，它是以企业未来经营所产生的自由现金流量为基础，按照资本成本率折现为现值的方法(资本成本率充分反映了行业风险和收购风险)。从点点出行的财务报表情况来看，其经营数据并不理想，经营结果呈现亏损，经营性现金流持续为负。市场外部环境和企业内部环境变化较大，一方面，准确预测点点出行未来的经营数据存在困难；另一方面，点点出行近几年的自由现金净流量持续为负。因此，该估值方法并不适合点点出行公司。

(二) 点点出行估值方法的决策分析

点点出行现有经营模式为轻资产平台运营，其核心竞争力在于其平台软件提供的撮合服务。从经营模式角度来看，点点出行与传统出租车公司运营有较大区别，其运营以大数据为背景并基于互联网方式开展，客户通过手机 App 下单，客户和司机两大群体是点点出行经营的关键要素。点点出行与大多数互联网企业相似，在上市前净利润和净现金流均为负，因此上述四种传统财务估值模型均不适用。

对于互联网企业而言，影响其估值的重要因素是活跃用户数量及可持续增长率、客户黏性，以及互联网平台单用户收入水平。互联网企业的资源价值体现在用户创造的网络效应上。实际工作中，这类企业通常使用梅特卡夫定律进行估值。应用梅特卡夫定律估值的基础是企业价值等于用户价值，而用户价值等于单用户价值乘以用户数。点点出行作为互联网企业，其收入与单用户收入(ARPU)和月活跃用户数量(MAU)密切相关，并呈正相关关系。简而言之，点点出行的有效活跃用户数量越多，其每次乘坐车辆的单用户消费水平越高，点点出行的企业价值越大。对于点点出行而言，应密切关注单用户收入和新用户数量的增速水平。整个出行市场的份额和总体市场消费额度既定，点点出行的活跃用户数量和单用户收入若保持持续上升水平则意味着企业价值不断增长，反之则说明所在市场竞争激烈，存在强有力的竞争对手，且对方正在以有效手段争夺客户。点点出行的核心是其运营平台，其经营特点满足梅特卡夫定律的应用前提，故应选择该方法进行估值(建模取数过程较为复杂，具体计算方法不是本节重点，故省略计算过程)。

综上，企业在进行估值方法决策时应结合企业的实际情况和所属行业的特点选择估值方法。对同一标的企业而言，选用不同的估值方法会得到完全不同的估值结果，故应谨慎选择估值方法。

【本章小结】

本章以案例为载体介绍企业经营中投资决策、融资决策、上市决策的过程，通过案例的呈现，帮助学生了解企业日常经营中财务决策工作的流程，以对财务决策形成客观的认识。

【关键词】

企业经营决策　企业财务决策

【思考题】

1. 什么是融资决策？结合案例思考是否有更好的融资模式可供选择，并谈一谈具体想法。

2. 什么是投资决策？结合案例思考是否有更好的投资模式可供选择，并谈一谈具体想法。

3. 结合案例谈一谈企业经营决策与财务决策的区别与联系，本案例中影响企业经营决策的因素及影响因素内在的关系是怎样的？

第四章

企业经营决策模拟实训概述

【学习目标】

1. 了解企业经营决策模拟的概念、意义，以及思考方法；

2. 了解企业经营决策模拟平台的特点，掌握企业经营决策模拟实训的流程与步骤，并明确各环节的作用与分析方法。

第一节　企业经营决策模拟的概念与方法

一、企业经营决策模拟的概念和意义

(一) 企业经营决策模拟的概念

模拟是对真实事物或过程的虚拟，它在经济管理中的应用已是相当广泛，通过模拟的方式可以解决复杂的、带有随机因素的、用其他方法不易解决的企业经营决策的学习问题。企业经营决策模拟包含两方面内容：一方面"模拟"企业管理者如何面对竞争性市场环境在企业战略的指导下制定生产、营销、财务、人力资源等企业经营决策；另一方面通过"模拟"变化多端的经营环境，观察、分析、评价不同企业经营策略的结果优劣，进而做出决策。每一场企业经营决策模拟实训都体现了"模拟"的这两方面内容。

(二) 企业经营决策模拟的意义

由军事沙盘引入商业领域的企业经营决策模拟于 20 世纪 50 年代在美国兴起，此后在经济管理专业教学中得到了迅猛发展。20 世纪 80 年代，企业经营模拟的教学方法引入中国。进入 21 世纪后，企业经营决策模拟相关课程在我国高校得到了迅速推广，近年来已成为各高校实践教学的热门课程，而且每年相关比赛也举办得热火朝天，吸引了全国各大高

等院校和职业院校的关注。

"企业经营决策模拟实训"是一门综合性很强的演练课程,它以学生直接参加企业经营决策模拟实战为主要形式来增强学生的学习兴趣,是对授课加案例教学的一个有效补充。它采用体验式教学方式,在体验教学过程中让学生融会贯通所学知识,学会在其中统筹安排、长远规划,实现对所学知识的巩固、扩展与应用,因而在教学过程中得到普遍应用。学生在学习了多门管理类课程理论和方法的基础上,通过"企业经营决策模拟实训"全面地掌握、整合管理学科各方面的知识,并加强对这些知识的深刻理解与用数据驱动的逻辑思维,提高实战经验。"企业经营决策模拟实训"对训练学生在变化多端的经营环境里,面对多个竞争对手,分析判断市场环境,以财务为核心制定企业决策,从而达到企业战略目标具有极大的帮助,它是一种让学生从自己所犯的错误中学习,却又不遭受任何经济损失的绝妙方法。

二、企业经营决策模拟实训的方法

(一) 平台设计的技术方法

20世纪80年代,在乔治·柯文的倡导下开启了空前规模的跨学科、跨文化的复杂性研究,超越了机械的还原论认知方法,提出了耗散结构理论、自组织理论、突变理论、混沌理论、不确定性理论、复杂适应系统理论等,使系统科学进入一个新的阶段,并带来了一场方法论或思维方式的变革。方法论上的重大突破和创新不仅给科学研究带来了巨大的变革,也给企业经营决策模拟带来了极大的帮助。当前,人类生存的世界变得越来越复杂,全球化浪潮使得个人和企业的行为牵一发而动全身,因此,各种经济管理现象产生了复杂的系统联系,用过去机械的还原论理论和实证模型难以得到清晰的结论,需要采用复杂、系统的研究方法进行研究。基于主体的建模与模拟正是这样一种新的研究思想和方法的体现。从企业经营决策模拟平台设计来说,采用的就是新兴的模拟技术——基于主体的模拟技术,其基本思想是,模拟是由相互作用、相互影响的自主主体构成的系统,在文献中常被称为基于主体的建模。这种新兴的模拟技术进入21世纪后在模拟证券市场、供应链、消费者行为、金融危机等经济管理方面得到广泛应用。基于主体的建模与模拟被称为是在演绎和归纳这两种基本科学推理工具之外的"第三种科学研究方法"。对于"主体"目前还没有一个被人们普遍接受的精确定义,有的学者认为只要是系统中独立的组件就可以视为一个主体,独立主体的行为可以是简单的,也可以是复杂的;有的学者认为只有具有适应性(根据环境和经验的不同而发生变化)的组件才能是主体。从研究实践来看,主体是开放的并能根据环境及其他主体之间的交互影响做出行动选择,具有自主的行为选择模式。

(二) 企业经营决策模拟的思考方法

企业经营决策模拟的思考方法主要是指,在模拟过程中每位参与成员要突破自身分工的局限,立足自己的角色岗位,站在全局的高度,考虑当前着眼未来地进行谋划的战略思维方式，是对自己所承担角色的长远的、根本性问题的分析、综合、判断的思维方法，是以下思维方式的综合运用。

(1) 系统性思维的方法。系统性思维是企业经营决策模拟中必须学习和掌握的基本思维方式。事物都是普遍联系的，现代社会中，经济、科技、教育、政治、军事等活动都越来越趋于系统化，企业经营决策模拟过程中同样是每个相关影响因素之间相互联系、相互影响、环环相扣。因此，制定任何一个决策方案都不能单方面考虑自己承担的角色，而需要用系统性思维方式站在全局的角度，从整体中思考局部。系统性思维方式具有全方位整体性、时空统一性和协同性三大特点。

(2) 超前性思维的方法。超前性思维是指面向未来，超越客观事物实际发展进程的思维，其特点是在思维对象实际发生变化之前，就考察其未来可能出现的各种趋势、状态和结果。这种特点决定了超前思维是企业经营决策(特别是战略决策)思维的一种重要方式。决策者的空间越开阔，所涉及的因素越多，变化幅度越大，影响越深远，就越需要加强超前思考。在模拟实训中，起始决策时就要超前思考后面几期的生存与发展，不能做到哪儿算到哪儿。

(3) 开放性思维的方法。开放性思维是指客观事物或系统同其周围环境(即其他事物或系统)相互联系、相互作用，进行着物质、能量或信息的交换和转换。企业经营模拟同样需要决策者的思维活动在一种大开放的思维状态下展开。思维活动有广度、有跨度才能看得更远、更全，并灵活应变。

(4) 创造性思维的方法。企业经营决策模拟不是书本知识的固化运用，在经营决策过程中会对企业未来发展进行思考，会发现没有遇到过的新矛盾、新问题，因此，其思维活动绝不能囿于陈旧的、教条的框架，而应当敢于创新、有所创新，在复杂的环境下勇于开拓局面。只有超越常规思维，突破思维禁区，勇于求异，才不会被一种模式或一种思路所束缚，不断开创发展的新局面。

(5) 复杂性思维的方法。复杂性思维是指对于复杂的事物应复杂性地对待与处理，不能简单化。传统的认知方法依据的是机械的还原论，忽略了事物的非线性关系，以及事物之间所构成的系统演化的复杂内在机制，不适于人类复杂的经济现象与企业经营中的决策分析。现实经济管理世界也并非如经济管理理论中假设般是完全竞争和充分信息下的市场，以及完全理性的消费者行为，还存在着不完全信息和非完全理性。企业在不断变化的、充满许多不确定性因素的内外环境中经营，存在诸多不确定性因素与复杂关系，需要学会看清事物间微小的(包括隐性的)关联，用复杂性思维方式对待与处理。模拟系统虽然对现实复杂系统进行了简化，但仍不乏需要读者在参与模拟训练时注意培养和运用复杂性思维。

(6) 自觉性思维的方法。企业经营决策模拟不是一种盲目的思维活动，而是需要发挥主观能动性、积极性和创造性的自觉思维活动。企业经营决策模拟中，决策者只有自觉地把握和运用所学的理论、方法和手段才能把问题的思考引向更深层次；也只有自觉地遵守一定的科学的思维规则，才能保证对问题的思考不犯逻辑错误；也只有自觉地把思维成果转化为决策方案，才能付诸实施。

第二节　企业经营决策模拟平台概述

一、企业经营决策模拟平台的作用与特点

企业经营决策模拟平台是用于企业经营决策过程模拟的一种软件。它通过构建一个仿真的企业环境，涵盖企业运营的战略规划、资金筹集、市场营销、产品研发、生产组织、物资采购、设备投资与改造、财务核算与管理等所有关键环节，模拟真实企业的生产经营活动，集知识性、趣味性、对抗性于一体，让参与者利用平台提供的各种工具、规则及运行的数据，通过角色扮演、情景演练及对企业经营管理的模拟达到全方位训练、提升企业经营管理者能力的目的。

企业经营决策模拟平台把参与者分成多个小组，每组管理一个企业，以示市场中多企业的博弈与竞争；企业内外环境被平台抽象成了一系列规则；小组各成员分别代表了企业的各职能部门，各司其职，分工合作完成企业的经营活动。模拟过程分多期进行，各"企业"按期在规定的时间内完成相应的投资、生产、市场营销、财务管理、人力资源管理等决策与经营活动，并在模拟的市场上销售产品，当各期模拟都结束之后，按多项指标对各模拟企业进行评估并排名，选出优胜"企业"。

虽然是企业经营决策的模拟，却有着相当复杂的决策过程，其复杂性主要体现在一些随机因素的作用和竞争对手的策略(或竞争环境)变化莫测上。企业经营决策模拟是多期、多人参与的竞争博弈：既需要每个参与者或多个部门管理者的积极投入，又需要每个参与者或各部门之间的相互协调、默契配合；既需要对当前期的决策仔细斟酌，又需要对以后多期的规划认真考量。无论哪个模拟平台，都会提供企业经营的相关背景与环境、规则、工具、初始数据和运行数据，以及常用的信息，信息量也比较适中，都要求各模拟企业在有限的时间内，将零散的信息分析加工组成一个有机的整体，并做出良好的决策。这就需要模拟企业遵循一个合理的决策流程，有条不紊，忙而不乱，不能"胡子眉毛一把抓"，不分主次，乱了方寸。

受平台开发的局限，不同的企业经营决策模拟平台除了有上述共同的功能，也有其各自不同的特点，侧重于不同的训练。本书随后在介绍企业经营决策模拟的通用决策流程基础上，选择了几个有代表性的常用平台进行训练，以期读者在学习完"以财务决策为中心的企业经营决策"方法的基础上触类旁通。

二、大数据的应用对企业经营决策模拟的影响

在当今数字化时代，大数据应用在企业经营决策中发挥着至关重要的作用，为企业经营决策提供了有力的支持，帮助企业在复杂多变的市场环境中做出更明智、更准确的决策，

实现可持续发展。

在企业经营决策模拟教学中，大数据的应用也产生了较为广泛的影响。第一，数据驱动的决策基础更加坚实。在企业经营决策模拟中，大数据提供了海量且多样化的数据来源。传统的模拟往往依赖于有限的历史数据或假设数据，而大数据可以整合企业内部的生产数据、销售数据、财务数据，以及外部的市场趋势数据、竞争对手数据和消费者行为数据等。第二，大数据的应用使模拟场景的精准性和动态性大大提升。大数据能够实时或近实时地更新数据，使企业经营决策模拟场景更贴近现实的动态市场环节。借助大数据技术，可以对市场变化、消费者需求变化、竞争对手动态等因素进行实时监测和分析。第三，大数据应用有助于优化资源配置决策。通过对企业内外部资源(包括人力资源、物力资源、财力资源等)的分析，可以确定最优的资源配置方案。例如，通过分析生产线上设备的运行数据、工人的工作效率数据及订单需求数据，能够精确计算出每个生产环节所需的人力和物力，避免资源浪费。第四，大数据应用能提升企业的风险预测与应对能力。通过分析大量的历史数据和实时数据，可以识别出潜在的风险因素，如市场需求波动、原材料价格上涨、政策变化等。同时，可以利用大数据构建风险预警模型，提前发出风险预警信号。第五，大数据应用促进个性化营销与客户管理决策。通过收集和分析消费者的个人信息、购买行为、偏好等数据，可以将消费者划分为不同的细分群体，为每个群体制定个性化的营销方案。

三、常见的企业经营决策模拟平台介绍

目前，国内常见的企业经营决策模拟平台有北京大学光华管理学院开发的 BIZSIM 企业竞争模拟平台、用友的 ERP 企业经营模拟平台、贝腾的创业之星企业经营模拟平台、网中网的财务决策平台、网中网的 EVC 企业价值创造平台、SAP 电子沙盘模拟平台等。它们都是根据制造型企业建立的物理沙盘或电子沙盘。

(一) 北京大学BIZSIM企业竞争模拟平台

在北京大学光华管理学院开发的 BIZSIM 企业竞争模拟平台中，各企业在期初要制定本期的生产、运输、市场营销、财务管理、人力资源等决策计划，并在规定的时间内将决策数据输入计算机。软件将根据各企业的决策和状况，依据模拟的市场运营机制决定各企业的销售量，并评价一系列经营指标，对各企业的经营绩效做出综合评价。经多期模拟后，按综合绩效排名。竞争可分为 9 个等级的复杂度，最多可包括 4 种产品和 4 个市场。目前，该软件为每种复杂度设置了多种情景。该平台将商科的各种知识通过软件进行变量控制，变量较多，主要应用于 MBA 教学层次。

(二) 用友的ERP企业经营模拟平台

用友网络科技股份有限公司开发的ERP 企业经营模拟平台经历了实物沙盘到实物沙盘+软件的发展历程。该平台综合反映企业的经营状况，需要参与者将管理学、市场营销学、

物流管理、财务管理、会计等课程的理论进行综合运用。该平台的实训可以帮助参与者对企业经营决策有基本的了解。该平台适合本专科及高职学生学习与运用。

(三) 贝腾的创业之星企业经营模拟平台

该平台的特点是既可单人也可组建小组完成企业规划、创建、运营、管理等所有决策，全面体验创业的全过程。每个小组在其创业运营管理过程中要针对不同消费群体设计品牌、研发产品，通过分布在各个区域市场的营销网络销售产品，完成企业的战略、营销、财务、研发、生产、人力资源等各项管理工作，以实现企业的战略目标。该平台适合本专科及高职学生学习与运用。

(四) 网中网的财务决策平台

该平台是厦门网中网软件有限公司面向财会专业学生开发的一款仿真模拟企业运营实务的教学软件。该平台围绕财务管理和业务核算两个核心环节，通过企业运营、账务处理、电子报税、税务稽查四大操作模块，着重训练参与者从 CFO 角度综合运用企业管理、财务管理、会计、税法、市场营销等理论知识的能力。该平台适合本专科及高职学生学习与运用。

(五) 网中网的EVC企业价值创造平台

该平台是厦门网中网软件有限公司研发的EVC财务决策实战平台，侧重于从宏观经济指标、微观市场分析、经营战略制定、投资筹资决策、生产运营决策、股利分配决策等方面模拟企业经营，让参与者亲身体验企业价值创造的全过程。该平台适合本专科及高职学生学习与运用。

(六) SAP电子沙盘模拟平台

SAP 是全球第三大独立软件供应商，也是全球最大的企业应用软件供应商。SAP 电子沙盘模拟(SAP ERPsim)是基于 ERPsim Dairy 数据集的实验平台，基于大量实时数据，在一个真实的 ERP 系统中去模拟经营一家企业，有助于参与者了解通过一套整合的系统去经营一家企业的必要条件，而非只关注模拟环境中的战略设定，更有助于参与者利用 SAP 提供的标准化和定制化报表分析交易数据，从而制定商业决策，以保障营运的利润最大化。

第三节 企业经营决策模拟实训流程

一、企业经营决策模拟实训的流程图

企业经营决策模拟实训的流程图如图 4-1 所示。

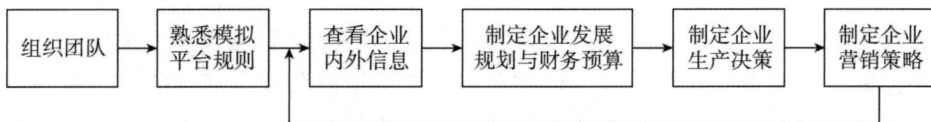

```
┌────────┐   ┌────────┐   ┌────────┐   ┌──────────┐   ┌────────┐   ┌────────┐
│ 组织团队 │→│ 熟悉模拟 │→│ 查看企业 │→│ 制定企业发展 │→│ 制定企业 │→│ 制定企业 │
│        │   │ 平台规则 │   │ 内外信息 │   │ 规划与财务预算 │   │ 生产决策 │   │ 营销策略 │
└────────┘   └────────┘   └────────┘   └──────────┘   └────────┘   └────────┘
```

图4-1　企业经营决策模拟实训的流程图

其中，组织团队即创建企业；熟悉模拟平台规则是为了了解游戏规则；查看企业内外信息即了解企业经营的环境；制定企业发展规划即规划企业发展方向；制定企业生产决策是企业开始组织生产；制定企业营销策略是为了实现企业的营销目标。企业经营决策模拟的过程中每一个环节都需要财务的决策支持。

二、企业经营决策模拟实训的步骤

(一) 组织团队

无论哪款企业经营决策模拟平台都需要将参与者分为3～6人一组的不同小组，分别代表不同的企业，以营造博弈竞争的市场环境。因平台训练的侧重点不同，每个平台有不同的职能部门设置，分别由小组成员担任。因此，组织团队就是模拟企业组织架构的第一步。

团队成员之间能否较好地相互沟通与协作不仅影响企业的决策与运作，而且影响团队中每个成员潜能的发挥。组队时，应尽量采用自愿组合原则，每个团队成员都会担当不同的角色，每个角色也都有其他角色不可替代的作用。因此，团队分工要尽量符合个人特长，让合适的人做合适的事。对于团队领导者的选取也一定要认真商讨，确保团队有凝聚力，使其成员既能听从指挥，又能各抒己见、彼此尊重。人和工作的合理分工与密切配合是正确执行战略、获取竞争胜利的基础。除此之外，团队成员还要注意整体合作与交流。由于每一个决策都关系到全局，影响企业的发展，因此，团队成员之间的及时沟通尤为重要。例如，营销经理能投多少广告费需要询问财务经理，最多能拿多少订单需要询问生产经理；生产经理能否扩大生产线、能生产多少产品需要咨询财务经理能给多少资金，询问营销经理拿了多少订单；等等。在企业经营决策模拟实训中，每个职务对于企业都是至关重要的，企业的成长需要适度的营销策略和生产规模合理扩张的有机结合，也需要财务的有效支持与配合。现金流是企业运营的"血液"，因而财务安全与可持续性是企业健康发展的保障。在一些模拟决策的实例中，经常有一些企业在比赛初期雄心勃勃，过度扩张，没有关注资金流的可持续性，导致后期财务状况陷入困境，甚至因资金断流而破产，结果事与愿违。因此，企业经营模拟过程中的每一个环节，都需要团队成员相互协调，以财务决策为核心，从企业战略的角度协同运作。鉴于不同时期企业发展战略对企业在竞争规模中表现的重要作用，团队负责人应该带领团队成员在比赛开始前确定一个合理的总战略，并根据比赛进展情况及时进行合理的战术调整。

(二) 熟悉模拟平台规则

为运行方便，企业经营决策模拟平台将企业的内外环境简化成了一系列的规则，了解模拟规则也就是了解企业内外环境，这是企业经营决策前必须弄清楚的。只有懂得规则才能做好决策，才能在经营中游刃有余。规则不是一成不变的，不同的企业经营决策模拟实训有各自不同的规则，同一平台在不同竞赛场中制定的规则也不同。正式决策之前充分熟悉规则不仅是团队取得良好成绩的关键，也是利用规则提供的机会为企业创造更多价值的前提。如果在实训中感到时间紧张，团队成员至少要按职务分工熟悉自己分管工作的相关规则，并对其他方面的规则有所了解。实训一旦开始，所有环节都不可逆，需要极为谨慎，而这种谨慎建立在对规则熟悉的基础上。另外，所有的企业经营决策模拟都不是一期见胜负，而是要经过多期时间，因此，决策时不能只考虑当期，还要考虑以后多期，特别是在模拟实训初始，长远的战略思考尤其重要，而企业战略的制定也不能脱离规则。此外，要想取得好的综合评价成绩，还会牵扯许多细节，需要在熟悉规则的基础上在操作过程中进行把控。

总之，熟悉企业经营决策模拟规则十分重要，在熟悉与运用规则时要关注：利用规则制定企业发展战略；利用规则使决策优化；准确把握规则中会影响企业运营成本与可能盈利状况的重要参数或数字信息，使业绩最优。由于对模拟实训成绩的最终评价不是单项指标，而是多项指标的综合，因此，决策者在竞争模拟中还要注意根据综合指标评分标准与评价方法运用规则，从多方面权衡考量，对企业的状况进行资源的优化配置，以提高最终的综合得分。

(三) 查看企业内外信息

每个模拟实训参与者都想在竞争中取胜，都想在产品选择、定价、广告和营销策略上出奇制胜。然而，一个策略的效果如何还依赖竞争对手的策略(或竞争环境的变化)，一个策略在某种情形下会取胜，在另一种情形下未必能取胜，因此，查看企业内外信息十分关键与重要，是制定合理决策的先决条件。

企业内部信息主要是模拟实训的初始数据与条件或当期的盘面情况，它反映了企业自身全方位的状况，包括会计项目、期初或期末净资产、期初或期末产品状况、期初或期末的企业状况等。其中，企业的会计项目提供了企业的现金状况或收支的详细数据，在非初期还包括企业的收入、成本费用的细目，财务经理可以根据上期的收支情况考虑企业规模扩大的因素，对下期的财务收支做好预算，避免运营中途资金短缺；期末的企业状况包括企业的多项具体指标和相对排名，对企业后续的生产、产品研发、市场开拓、财务决策等都特别重要；期末的产品状况是生产和营销特别需要关注的，它提供了各种产品相应的存货和每一个市场的订单等信息，为下期的接单提供了依据。

企业的外部信息包括很多方面，在起始阶段，最重要的外部信息就是市场预测信息，也是各团队能够得到的关于产品市场需求唯一可参考的有价值的信息。在市场预测中会发布每期关于该行业产品市场的预测资料，包括各市场各产品的总需求量、价格情况、客户关于技术及产品质量的要求等，对市场情况的预测与企业战略的制定和规划，以及企业营销方案的制定等都息息相关。除起始年外，企业的外部信息还包括市场订单的分配、公布的各企业的多项指标和相对排名，以及竞争对手的信息等，这是企业后续战略调整的重要依据。

(四) 制定企业发展规划与财务预算

前面章节已介绍了企业战略对企业生存与成功有着重要的意义，因此，企业经营决策模拟实训中，企业的发展规划与统筹安排是实战的核心，它主要解决企业作为一个整体的发展方向，以及通过产品参与竞争的产业和市场问题，要求团队通盘考虑多期决策，将企业的生产、市场、财务决策有机地整合起来，按照企业的发展战略统筹规划、协调发展。就如同下棋一样要做好全盘规划，每走一步不仅要看当前的一步，还要心存目标想到未来的几步，前面的每一步都在为后面埋下伏笔，后面的每一步也要与先前的相呼应。

制定企业发展规划时，要在详细了解市场信息与模拟规则的基础上，结合企业现有资源进行企业战略选择，考虑以下问题：使企业成为什么样的企业，规模如何，包括厂房的选择、初期生产线的筹建及数量，以及后期生产线的规划、产品的选择、研发的计划等；在资源有限的情况下，开拓什么样的市场，是全面铺开还是重点出击，各市场的产品组合方案如何，是做市场的领导者还是追随者；采用什么样的融资策略，以保证企业的正常运转，并控制资金成本；等等。企业每一期经营下来都要检验战略的实施情况，根据以后年度的市场趋势预测企业内外环境的变化和竞争对手的发展情况，结合企业自身优势和劣势，调整既定战略。同时，团队要对所做的决策进行分析、总结与评价，在成败分析的基础上，归纳总结决策经验，提炼有效的决策技巧，以调整后面经营的决策，或者检查原始决策的不完善之处，特别是要注意从评分规则的角度来评价决策，这不仅可以为制定后期决策提供借鉴，还可以靠近最终的综合成绩评定。这个环节要能看到整个组织中不同的、相互依存的各部分的情况，知道企业的源泉在哪，能够确认哪些业务蕴藏着丰富的机会，按照战略配置资源。制定企业发展规划不能事无巨细，要抓重点或事物的主要矛盾，如生产线布局、市场选择、产品和资金筹划等。

规划中财务预算十分重要，其主要任务是根据企业的总体规划与职能规划要求，对企业资金需求的时间和金额进行判断，确定融资渠道和方式，保证所筹资金能够满足企业经营活动的正常开展，并提高资金的使用效率，保障企业经营目标的顺利实现。企业经营离不开资金流动，现金流量是企业的"脉搏"，是企业生存的关键信号。财务预算要考虑使企业的经营现金流入量与经营现金流出量保持平衡。为此，模拟过程中，财务要根据订单做好销售收入入账前的收支计算、预估销售收入及之后的收支情况、为下期决策模拟预留足够现金、避免出现现金断流、利用规则做好融资，要考虑短期借款和长期借款的还款日期，避免借款到期出现资金断流而破产的情况，发现资金紧张时应该适度调整方案。总之，企业经营的所有规划决策都要以现金流量为基础，现金流量是一切的关键，企业资金运作过程中要确保资金链不能断裂，发现短板并进行风险控制是团队水平的体现。

对于是否扩大规模要看情况，切忌盲目。市场比较宽松或容易赚钱时，扩大规模比较有利，如果竞争激烈，盈利空间小，扩大规模就不一定有利；同样的市场环境，竞争对手保守，扩大规模也比较有利，如果大家都扩大规模，偏于保守反而可能领先；另外，扩大规模与企业的管理能力也密切相关，即使是在同一个竞争市场上，面对同样的市场环境和竞争对手，同样的扩张规模，会因生产管理、营销管理、财务管理方面的差异而胜负各异。总之，具体情况具体分析，无论采用哪一种规划，都要从财务的角度做好现金流的预测，并对资金的盈利能力与筹资成本进行比较，以财务为中心做好规划与决策。

(五) 制定企业生产决策

对于生产决策，需根据是订单驱动方式还是生产之后运往市场定价销售的方式来制定，不同的规则下，处理的方式不同。目前，常见的模拟实训大都采用的是订单方式。无论哪种方式，企业所制定的生产策略都要与企业总体战略保持一致。

订单方式的模拟生产受企业战略、资金、市场需求的制约，企业根据订单进行生产，并按照订单的要求进行交货，是以"销售"为龙头，以"销"定"产"。它体现了三个隐含的规则：一是产能的扩张以市场销售量的预测为前提，生产出来的产品必须确保能够全部卖出，否则会面临亏损；二是企业产品的定价以市场价格的预测为前提，不同的市场对同一产品的价格需求不同，同一种产品在不同市场的卖价不一样；三是组织生产以订单要求为前提。因此，企业生产需要根据市场的需求进行计划、组织，否则企业将难以生存下去。

由于生产线性能不同，生产的效率不同，其产能不同，因此，产能分析在模拟实训中很重要，既关系到营销的广告抢单，也关系到生产的组织安排，是生产决策的基础。厂房的购与租、原材料的采购、产品的研发、市场的开拓、资金保证等都是生产得以进行的保障。生产的计划与安排要与企业的发展战略、销售、库存结合起来。生产是否扩张，是快速扩张还是稳健扩张等，每一个决策都要以财务为中心，做好现金流量的预算，判断是否存在资金断流的风险，使筹资能力和市场运作能力得以保证。模拟过程中最致命的失误就是现金流断裂，一旦出现现金流断裂，企业的发展战略必将被打乱，甚至陷入破产的困境。如果出现现金短缺且银行贷款的手段已经用完，企业就需要在贴现和节约开支上想办法，如减少或停止研发费用、减少或停止市场开拓与规模扩张等，但这些方法都是在不得已的情况下采用的，不是制胜之道。此外，生产安排中的产品结构要与企业的规模扩张策略相匹配。在决定产品结构时，产品的盈利能力是需要考虑的重要因素，应该全面周密地通过计算协助思考，同时还要考虑竞争对手的情况，在多个竞争对手都增加了某种产品产量的情况下，销售就会遇到困难。企业要根据自己的资源情况，采用较为合适的产品结构，在未来生产的产品品种不确定，资金安排可以支持的情况下，可选用柔性生产线，转产方便，避免未来生产线不易调整的情况。在企业生产资源不符合企业所设想的产品结构时，企业需要采取一些变通方法，允许出现生产资源闲置的情况。当产品结构确定后，有必要仔细考虑通过生产安排实现产能的充分利用和生产成本最小化。

由于生产线的投入与转产不易，在进行生产决策时，除了考虑本期生产安排，还需要考虑下期及下下期的生产结构，要考虑生产规模与产能的合理增长。在决定本期生产结构前，至少还要对下期和下下期的生产安排做一个预案，不能"东一榔头西一棒子"。

总之，企业的生产要站在企业发展战略的高度有计划、有步骤地展开，企业的每一个生产决策都要以财务决策为中心，避免资金断流的财务风险；要做好团队成员的沟通，避免出现大量库存或是接了订单却无法生产的情况。生产的管理通过行使计划、组织、控制等管理职能，使企业内部"投入—转换—产出"的转换过程高效、有序进行，最后实现价值增值。

(六) 制定企业营销策略

企业经营决策模拟实训的营销环节包括分析市场机会(发掘、评估市场机会)、选择目标市场(市场预测、目标市场选择、市场定位)、拟定特定的市场营销组合，以及组织、执行和控制等部分，这是企业经营决策模拟中最具变化性的部分，也是最不容易把握的内容。

模拟中的营销策略可分为长期销售策略和短期销售策略。长期销售策略是一个营销的总体规划，与企业战略紧密相连，它在企业战略决策制定后完成，主要确定企业生产什么产品、产品未来的基本发展方向及目标市场，并分析不同产品在各市场上的竞争优势，根据目标市场的不同特点制定产品组合策略。短期销售策略主要是当期的广告方案。长期销售策略是短期销售策略的方向和依据，短期销售策略是长期销售策略的细化和调整。在企业经营决策模拟中，企业需要制定详尽的策略和多种方案，市场是瞬息万变的，还需要根据实际情况随时加以调整和应变。在制定营销策略过程中要遵循稳健性原则、收益最大化原则、全面性原则、争取市场领导地位原则、排他性原则、零库存原则。此外，还需要考虑本期利润、市场情况、资金状况等各项指标，综合各种影响因素进行统筹安排。

总之，营销策略的制定也要根据企业总体战略有计划、有步骤地展开，并以财务决策为中心，避免过度投入市场开拓、广告费用等导致资金短缺，在做出决策前，需要对每个方案进行现金流预算，以确保企业的健康生存与可持续发展。

【本章小结】

本章通过对企业经营决策模拟概念、方法，以及平台与其操作流程的介绍，旨在让学生通过对前面章节的理论学习，掌握企业经营决策模拟的实操方法，培养学生在企业经营决策模拟中"以不变应万变"的能力，使其无论遇到哪种模拟平台，都能灵活运用所学知识，轻松应对各种企业经营决策模拟平台的演练。

【关键词】

企业经营决策模拟　企业经营决策模拟平台　企业经营决策模拟平台规则

【思考题】

1. 什么是企业经营决策模拟？在企业经营决策模拟的思考方法上需要注意什么？
2. 企业经营决策模拟实训的步骤中，需要注意哪些事项？

第五章

"网中网" 财务决策实训

【学习目标】

1. 了解网中网财务决策实训平台的概况，熟悉平台实训规则，包括实训企业基本要求、市场运营规则、产品规则、费用规则、投资规则、筹资规则，以及与决策相关的其他事项规则；

2. 团队合作、共同决策，综合运用专业知识，分角色对实训企业各项业务进行分析，完成企业运营、财务共享服务中心各项账务处理，以及运营结果分析，从税务稽查的角度对实训各环节操作进行数据稽查比对，编写稽查报告；

3. 重点训练学生从 CFO 角度，综合考虑企业内、外部环境，选择不同的财务决策方案运营企业，以更好地实现企业目标，并能对运营的成果进行分析总结，提高决策能力。

第一节　财务决策实训概述

一、实训平台简介

(一) 财务决策平台概况

本章是基于厦门网中网财务决策平台的实训。该平台分为业务管理、信息管理和外部事务管理三个模块，将企业预算管理、物资管理、数据处理、数据查询、外部事项处理等融为一体，财务决策贯穿于企业预算、采购、生产、销售、物资、人力资源管理等环节。在本平台操作中，系统设置了运营管理、资金管理、成本管理和财务总监四个角色，各角色在独立操作之余还需关注企业生产运营的其他方面，如采购要考虑价格波动及供应商情况，生产要考虑产能匹配、研发、广告投放，人员招聘要考虑企业实际需要等。本平台是基于财会类专业综合运用相关理论及技能的实训平台，需要学员具备出纳实务、基础会计、财务会计、成本会计、税务会计、财务管理、会计电算化、管理学基础、管理会计、市场营销学、金融学等相关知识。

财务决策平台具有以下特色：①每个环节都体现资金成本、时间成本、企业信誉、机会成本；②从CFO的角度进行企业运营，充分体现财务决策的重要地位；③引入市场机制，使参与者体验市场调控功能和市场风险；④加入企业风险，使参与者体验风险控制对决策的影响；⑤创设企业运营的真实环境，使参与者体验企业运营到财务核算的全过程；⑥真实再现企业纳税申报场景，提高参与者的纳税筹划意识；⑦建立稽查平台，提供企业税务自查功能，多角度审核企业账务，锻炼参与者的审计和查账能力。

(二) 财务决策平台功能结构图

财务决策实训平台集企业运营、财务共享服务中心、外部办事机构于一体，涉及企业运营中各种内外环境下的财务决策、税收筹划、会计核算、财务管理、企业管理等业务，将财务决策理念贯穿始终，培养学生的决策、管控、筹划、协作能力。财务决策平台功能结构如图 5-1 所示。

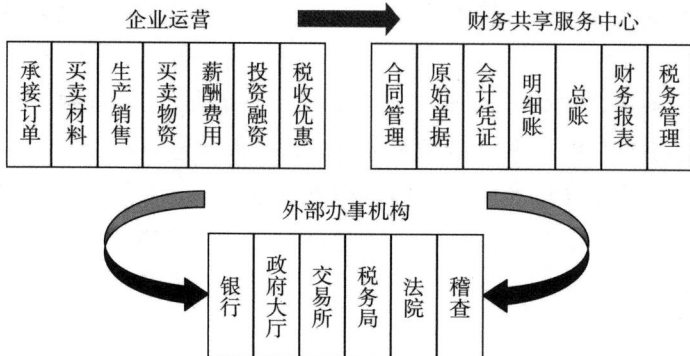

图5-1　财务决策平台功能结构

二、实训平台规则

(一) 企业经营的基本要求

企业经营的基本要求是生存、发展和盈利。在财务决策平台中，企业以生产经营为主，并根据企业的经营状况合理地进行投融资。如果企业无法偿还到期债务或没有足够的资金持续经营，则会破产。因此，企业在生存的基础上，应当努力寻求发展，包括开拓新市场、积极投入研发、扩大生产规模、投资其他业务、不断扩大销售和降低成本，实现价值最大化。企业不能清偿到期债务时宣告破产。本实训平台规定的破产条件如下：①债权人向法院提起诉讼，企业无法付款，即刻破产；②企业在当日应支付款项而无银行存款或现金支付时，即刻破产。

(二) 市场营销规则

(1) 平台中企业通过投放广告费来获取一定的市场份额，市场份额体现为可选的"业务订单"数量。

(2) 市场分为国内初级市场、国内中级市场及国内高级市场，平台初始设置的"市场范围"为"一类低级"，要达到不同等级的市场需分别投入 50 万～500 万元不等的广告费。

(三) 产品规则

1. 原材料采购及出售

(1) 平台中企业可以在"采购管理"界面采购原材料，采购时自主选择供应商、采购数量及付款方式。

(2) 产品品种与原材料配比。

① 微波炉所需要的原材料：发热材料、面板、辅助材料各一套。

② 抽油烟机所需要的原材料：电机、辅助材料各一套。

③ 电视机需要的原材料：显示屏、辅助材料各一套。

(3) 原材料采购完 1～5 天内到货，具体时间随机。

(4) 企业采购原材料可获得商业折扣和现金折扣。

① 商业折扣方面：采购数量满 1000 套享受货款总额 1%的商业折扣；采购数量满 2000 套享受货款总额 1.5%的商业折扣；采购数量满 3000 套享受货款总额 2%的商业折扣；采购数量满 5000 套享受货款总额 2.5%的商业折扣。

② 现金折扣方面：平台中当企业采取"货到付款"方式时，如果选择一次性付款可享受现金折扣，标准为 2/10,1/20,n/30。

(5) "付款方式"有两种：货到付款和款到发货。

① 企业信誉值>60 分的情况下，可以选择货到付款的方式。货到付款又分为以下三种情况。

- 一次性付款。30天内付清可享受现金折扣。付款期过后10天内应支付滞纳金(合同总金额的0.05%/天)，每天扣减信誉值0.2分，直至付清货款为止。10天后仍未付款，有30天违约期，应一次性支付违约金(合同总金额的30%)，每天扣除信誉值0.2分，违约期到期日仍未支付，进入法院程序，在法院的诉讼期内可支付相应款项(包括货款、滞纳金、违约金)，如果企业不支付，法院则会出具最终的判决书，强制执行。
- 首三余七。滞纳金计算：首付30%，10天内付清，超过付款期19天内，应支付滞纳金(合同一期金额的0.05%/天)，每天扣减信誉值0.2分；二期付款70%，30天内付清，超过付款期10天内，应支付滞纳金(合同总金额的0.05%/天)，每天扣除信誉值0.2分。违约金计算：超过最终付款期限未付款的，滞纳金罚期10日后，按合同金额(不含税金额)的30%支付违约金，并每天加扣信誉值0.2分，不支付违约金的，进入法院程序，在法院的诉讼期内可支付相应款项(包括货款、滞纳金、违约金)，如果企业不支付，法院则会出具最终的判决书，强制执行。

● 首六余四。滞纳金计算：首付60%，10天内付清，超过付款期19天内，应支付滞纳金(合同一期金额的0.05%/天)，每天扣减信誉值0.2分；二期付款40%，30天内付清，超过付款期10天内，应支付滞纳金(合同总金额的0.05%/天)，每天扣除信誉值0.2分。违约金计算：超过最终付款期限未付款的，滞纳金罚期10日后，按合同金额(不含税金额)的30%支付违约金，并每天加扣信誉值0.2分，不支付违约金的，进入法院程序，在法院的诉讼期内可支付相应款项(包括货款、滞纳金、违约金)，如果企业不支付，法院则会出具最终的判决书，强制执行。

② 企业信誉值≤60分的情况下，只能选择款到发货的方式。

(6) 运费。采购运费分为固定部分和变动部分。固定部分与供应商所在地区远近有关，变动部分与采购的原材料数量有关。

(7) 原材料供应商类型。供应商分为一般纳税人和小规模纳税人。选择不同类型的供应商，不仅会影响采购价格，而且会影响企业当期缴纳的增值税税额等。

(8) 原材料库存下限为10套，生产和研发领料不可使库存低于库存下限。企业多余的原材料可以按照当时的市场价格进行销售。

2. 产品生产

平台中的实训企业只生产三种主营产品，即微波炉、抽油烟机和电视机。企业承接了主营业务订单后，厂房、生产线、原材料、生产人员、生产线管理人员配备齐全即可投入生产。生产周期(工时)与生产线、生产人员有关。

$$生产耗用实际工时 = 生产耗用标准工时 \div 实际生产人员数量$$
$$生产耗用标准工时 = 生产数量 \times 单位耗时$$

注意：

"单位耗时"(生产线信息中查看)指一个生产人员生产一件产品所耗用的天数。

"实际生产人员数量"指企业实际投入的一条生产线上进行生产的人员数量。生产线信息中的"人数上限"指一条生产线可容纳的最多"生产人员"人数，但企业投入生产的实际生产人员数量可以低于人数上限。

3. 产品成本

(1) 产品成本由直接材料、直接人工及制造费用构成。

(2) 产品成本在月末计算和结转。完工产品出库时成本结转采用全月一次加权平均法。完工产品和在产品成本分配的方法为约当产量法。约当产量比例根据平台界面下方的"信息管理"→"业务信息"→"生产信息"中的产成品比例(产成品比例=1-废品率)计算，如图5-2所示。

(3) 直接材料由投入生产的原材料构成。

$$直接材料 = 投入生产的原材料领用数量 \times 移动加权单价$$

图5-2 生产信息图

原材料入库成本采用实际成本法计算。原材料领用成本采用移动加权平均法计算，原材料在生产开始时一次性投入，完工产品与在产品所耗的原材料成本是相等的，原材料成本按照完工产品和在产品数量分配。

(4) 直接人工由员工工资薪酬构成。工资薪酬归集到各类产品中，并在完工产品及在产品中分配。按照月底获得的工时汇总表、工资汇总表和薪酬类费用表计算并填写工资费用分配表。

(5) 制造费用包括低值易耗品、劳保费、生产用电费、生产用水费、生产设备及厂房租金(折旧)、维护费、生产线管理人员的工资薪酬等。月末，根据工时汇总表，归集各类产品的制造费用，计算并填写制造费用分配表，并在完工产品及在产品中分配。

低值易耗品每月采购一次，一次性投入，劳保用品每季度采购一次，一次性投入，直接计入当期制造费用。

$$当月生产用电费 = 当月完工产品数量 \times 2元(含税)$$
$$当月生产用水费 = 当月完工产品数量 \times 1.5元(含税)$$

(6) 产品仓储。本平台无须购买或租赁仓库，没有库存上限。每月 15 日支付上月 15 日至当月 14 日的仓储费用(初始月份支付当月 1~14 日的仓储费用)。

$$仓储费用 = 日仓储费用 \times 结算期天数$$
$$日仓储费用 = 原材料数量 \times 0.02元/天 + 完工产品数量 \times 0.06元/天$$

原材料数量和完工产品数量根据当日留存数计算，当日入库并出库则不计算。

4. 产品销售

(1) 订单单价为不含税价格，平台会自动根据研发等级进行单价加成。

(2) 付款方式分为货到付款和款到发货。

(3) 货到付款的规则有三种：一次性付款、首三余七、首六余四。

(4) 付款天数根据订单的付款规则而有所区别。

(5) 承接订单后应在发货期内按时发货。应根据订单中的产品数量进行发货，禁止部分发货。发货期到期前，如果预期库存数量无法达到订单中的产品数量，可选择终止发货，合同即终止。合同终止后，会扣减企业信誉值(终止发货日到发货期到期日的天数×0.2 分)。

如果选择款到发货的方式，则应退还已收取的款项。

(6) 款到发货。实训企业根据销售订单选择结算方式，系统随机付款。如果企业在收到钱后不发货，超过发货时间 20 天内，系统扣减企业的信誉值，每天 0.2 分，20 天后还未发货的，按违约处理。企业需要支付的违约金为合同总金额的 30%，违约金作为当天的待办事项，必须支付。待办事项可以申请延期，延期天数为 10 天，延期内扣除信誉值 0.3分/天。支付违约金的同时，退回收到款项，合同终止。不退款不支付违约金的，交法院处理，法院判决后由系统自动扣除违约金和货款(诉讼费先由原告垫付，败诉者最终承担；受理日至判决日期间，继续履行合同发货及支付违约金的，法律程序终止，诉讼费还要支付)，金额不足扣除视同现金流断裂，做破产处理。

(7) 先发货后收款。①分期收款。签订合同后，企业在合同规定发货期间内先发货。系统根据合同所选客户信誉值付款，客户信誉值低于 50 分的，系统可随机不付款(不付款的概率为 5 %)，企业做坏账处理。分期收款方式为：若第一期 10 日内收 60%，则第二期 30日内收 40%；若第一期 10 日内收 30%，则第二期 30 日内收 70%。②一次性收款。签订合同后，企业在合同规定发货期内先发货。超过发货时间 20 天内，系统扣减信誉值，每天0.2 分，20 天后还未发货的，按违约处理。企业需要支付的违约金为合同总金额的 30%，违约金作为当天的待办事项，必须支付。待办事项可以申请延期，延期天数为 10 天，延期内扣减信誉值 0.3 分/天。

5. 产品研发

(1) 本实训企业的研发项目包括微波炉、抽油烟机及电视机的研发。

(2) 当累计投入的研发费用达到一定的研发等级后，能相应提高产品的技术含量，主营业务订单中的产品单价会相应上涨，如图 5-3 所示。

级别	阶段类型	研发等级	投入费用（¥）	单价上张（%）
一级	研究阶段	研究调研	500000.00	1.00
二级	开发阶段	开发一级	1000000.00	2.00
三级	开发阶段	开发二级	2000000.00	3.00
四级	开发阶段	开发三级	3000000.00	4.00

图5-3　研发等级图

(3) 研发"投入费用"由"投入材料经费"和"工资薪酬"构成。其中，"投入材料经费"由原材料领用数量与移动加权单价的乘积确定。研发和生产同类产品所需的原材料及其配比关系相同。"工资薪酬"根据研发人员的工资汇总计算。

(4) "投入费用"计算节点。原材料领用日就是计算"投入材料经费"的时点。每月 1日系统自动将上月研发人员工资薪酬计入"投入费用"，15 日前计算上月研发人员的工资费用。

(5) 研发人员在同一研发等级内不可解聘。

(6) 研发可以中途停止，无须连续投入，不影响累计投入研发费用，投入费用等下次再进行研发时继续累加。每月的 15 日之前才能投入研发，每月 20 日之后才能终止研发。

(7) 开发阶段投入的研发费用全部形成无形资产。

(8) 研发项目累计投入费用达到年销售收入6%以上(年收入5000万元以内)，且研发人员达到当年员工总数的10%，可以申请高新企业资格。

(四) 日常费用规则

日常费用规则包括：①差旅费按月支付，每月 40 000 元；②办公费按月支付，每月 10 000 元；③招待费按月支付，根据当月收入总额的 2%计算；④办公用水费按月支付，每月 2000 元；⑤办公用电费按月支付，每月 1400 元；⑥通信费按月支付，每月 6000 元；⑦固定费用系统会随机波动，每月不同。

(五) 投资规则

1. 生产线、经营用房、其他资产投资

(1) 购买。本平台中实训企业可以根据需要购买生产线、经营用房和其他资产，购置生产线和其他资产必须一次性付款，购置房产可以选择一次性付款或按揭贷款。需要为管理人员和销售人员配置笔记本电脑，一人一台。配置打印机和复印机各一台。笔记本电脑、打印机和复印机需要在初始月份 10 日内购买。

(2) 租赁。本平台中实训企业可以根据需要以租赁的形式取得生产线和房产。租赁周期一般为一年，租赁开始日支付 4 个月的租金，第 4 个月开始之后每个季度的第一个月支付一次租金，第二、三季度支付 3 个月租金，第四季度支付 2 个月租金。

租赁合同未到期可退租，退回的租金系统自动支付，资金管理确认。

退租规则：退租的前提是固定资产为空闲状态，随时可以退租。退租的范围如下：生产线、厂房、办公用房、餐饮操作间。退租的原则如下：以一个月的租金作为违约金。月租金计算节点为租赁合同签订后满一个月的第二天。第一个月多交的押金，若提前退租，则不予退还。每个季度付款当天需选择是否季度续租，若续租则要支付季度租金；若不续租，则可退租。退租后，不用支付季度租金。被退租的资产不可再用，租赁合同终止。

(3) 到货及安装。生产线购买或租赁后第二天到货，生产线的安装时间是 10 天。房产购买或租赁时可马上投入使用，无须安装。其他资产购买后 1～5 日内到货，无须安装。面积是影响房产、生产线和其他资产安装的重要因素。

(4) 维护。无论生产线是否在用，企业每个季度必须支付 5 万元左右的维修费用。房产和其他资产无须支付维修费用。

(5) 折旧。本平台中实训企业拥有的生产线、房产和其他资产应当采用直线法按月计提折旧，折旧年限及净残值率根据企业具体情况设置，超过税法规定的标准，年终应当进行纳税调整。

(6) 处置。本平台中实训企业拥有的生产线、房产和其他资产只有处于"空闲"状态才能被处置，处于"按揭"状态的房产不可处置。处置时的供应商与初始购买时的供应商

为同一家企业，按照处置时的市场价做固定资产清理，并缴纳相关税费。

2. 股票投资

股票投资上限为 10 万手，每手 100 股。股票在月初和月末才可购买，购买信息在"资金管理"界面显示。资产负债表日需调整公允价值变动损益。

3. 国债投资

(1) 国债分三年期国债和五年期国债两种，都在二级市场购入，持有不以持有至到期为目的。国债可随时购买。

(2) 国债购入金额＝当期价格×购买数量，购入时没有相关费用。

(3) 国债未到期可以出售，出售国债金额＝当期价格×卖出数量×(1-相关费用率)，当期价格每月变动一次。

(4) 国债到期价格＝国债面值×(1＋利率×债券期限)，国债到期出售没有相关费用。

4. 委托贷款

企业有充足资金时可以委托银行放贷，每月收取利息作为企业的收入，在其他流动资产——委托贷款科目中核算。收到利息时作为其他业务收入处理。

委托贷款的前提是短期贷款余额为零。①贷款的额度分为 100 万元、300 万元、500 万元三档；②贷款期限按月算，最长不能超过 1 年；③贷款利率为 15%(年利率)；④银行手续费为 2‰(按照贷款余额)；⑤罚息为 6%(不按时还款应支付的费用，按照本金计算)，其中一半归银行，一半归企业；⑥延期还贷时，利息按月支付不延期，只延期本金。本金延期 1 个月后，利息继续收取，并且加收 6% 的罚息；⑦进行委托贷款需先设置委托贷款专户，并保证专户中有足够的可用资金。

(六) 筹资规则

1. 筹资方式

本平台中实训企业的筹资方式有短期贷款、抵押贷款、按揭贷款 3 种。

(1) 短期贷款规则。

① 信誉值在 80～100 分可以进行短期贷款。

② 贷款最高限额额度＝实收资本×信誉值比例，信誉值比例＝信誉值÷100。

③ 贷款利率每年变动，已贷款项不受影响，贷款期限不超过 1 年。

④ 按月支付利息，到期一次还本。

⑤ 可以提前还贷，利息按照使用资金天数计算，提前还款，借款合同终止。

⑥ 利息需当期支付，不能延迟支付。

(2) 抵押贷款规则。

① 抵押贷款额度上限为抵押资产净值的70%，且抵押资产是企业拥有所有权且不存在按揭贷款的房屋。

② 贷款利率每年变动，已贷款项不受影响，贷款期限为 1～3 年。

③ 按季度支付利息，到期一次还本。

④ 可以提前还贷，利息按照使用资金天数计算。提前还款，贷款合同终止。

⑤ 利息需当期支付，不能延迟支付。

(3) 按揭贷款规则。

① 按揭贷款只适用于购买房产，贷款最高限额为房产价值的 70%。

② 贷款利率每年变动，已贷款项不受影响，贷款期限为 1～3 年。

③ 按月归还固定本息。

④ 按揭贷款应缴纳保险费，保险费＝贷款金额×0.5% 。

2. 贷款资金到账日期

短期贷款 3 天内到账，抵押贷款和按揭贷款 5 天内到账，具体时间随机。

(七) 或有事项规则

1. 产品质量保证金

平台中企业需按月收入额的 3.5%预提产品质量保证金，计入预计负债。需要在季度末支付产品质量保证金，根据"季度收入额×3%"计算。

2. 未决诉讼

平台中企业在经营过程中，可能会遇到未决诉讼，在资产负债表日，应根据律师意见判断是否计入预计负债，根据法院判决书，做相关账务处理。诉讼过程中会产生受理费用每次 500 元，诉讼费用根据诉讼金额的 1%计算。

(八) 非货币性资产交换规则

(1) 平台中企业可以进行易货贸易，用企业生产的完工产品在交易市场交换所需的原材料，但不可用原材料交换完工产品。

(2) 不允许用完工产品交换生产该产品的原材料。例如，不可用空调交换空调的压缩机。

(3) 所支付的补价不能超过交换总金额(含税)的 5%(该比率为系统设置)。

(4) 双方结算方式为非货币资产交换，互开发票，其中一方支付补价。

(九) 人力资源规则

(1) 员工工资为固定工资＋绩效工资(只有销售人员根据收入提成绩效工资)，员工在同一个月中无论哪天入职都要支付全月工资薪酬。员工的工资薪酬由工资、福利费、工会经费、职工教育经费构成。

(2) 生产每种产品需要生产线管理人员 5 人，每人每月工资 4000 元，系统自行配置，无须招聘。

(3) 生产人员每人每月工资 3000 元，研发人员每人每月工资 5000 元，需自行招聘。

(4) 销售人员 10 人，每人每月 2000 元(底薪)＋销售提成(根据销售收入确定)；管理人员 5 人，每人每月 4000 元，系统自行配置，无须招聘。

(5) 厨师、司机每人每月 3500 元，每间餐饮操作间需要 3 名厨师，每辆货车需要 2 名司机，需自行招聘。

(6) 生产人员和生产线管理人员不占用办公用房面积。销售人员、管理人员和研发人员需占用办公用房面积，每人占用 3 平方米。若移入办公用房的员工总数超过房屋面积，则不能完成入职。

(7) 公司招聘的生产人员和研发人员总人数的上限是 600 人。

(8) 生产人员、研发人员、厨师、司机在一定条件下可以解雇。生产人员在生产过程完成后，研发人员在跨越研发等级后并处于"闲置"状态可以解雇。厨师和司机处于"闲置"状态可以解雇。解雇需多支付一个月工资作为补偿。

(十) 信誉规则

(1) 平台中企业的初始信誉值为 100 分。

(2) 采购原材料时，应付滞纳金期间，每天扣减信誉值 0.2 分；违约期，每天扣减信誉值 0.2 分。

(3) 销售发货期到期前可选择终止发货，合同即终止。合同终止后，应扣减信誉值(终止发货日到发货期到期日的天数×0.2 分)。

超过发货时间 20 天内，系统扣减企业的信誉值，每天 0.2 分，20 天后还未发货的，按违约处理。企业需要支付的违约金为合同总金额的 30%，违约金作为当天的待办事项，必须支付。待办事项可以申请延期，延期天数为 10 天，延期内每天扣除信誉值 0.3 分。

(4) 供应商、客户信誉值会对经营产生相应的风险。

(十一) 工作规则

(1) 日常运营：运营管理申请→财务总监审批→运营管理执行。

(2) 付款流程：运营管理执行→成本管理审批→资金管理付款。若待审批的金额≥100 万元，则需经过财务总监审批。

(3) 财务总监需关注"审批单"栏显示的事项，运营需关注"审批单"和"今日事项"栏显示的事项，资金管理和成本管理需关注"待办事项"和"今日事项"栏显示的事项，"待办事项"栏主要涉及的是付款业务，"今日事项"栏涉及的是除付款外的其他业务。

(4) "审批单"中的决策需当天进行审批。"待办事项"栏不需要当天全部完成，但红字部分标注的事项必须当天完成。

(5) 运营管理、成本管理、资金管理单击"下班"后，财务总监才可单击"下一天"完成下班任务，进入下一天的操作。财务总监在下班前可根据工作需要单击"加班"，要求其他角色当天返回工作。其他角色下班后也可单击"加班"自行加班。财务总监可一次性连续多日下班。

(十二) 评价指标

本平台为了激发学生的竞争意识，分别从经营、核算、决策、稽查四个方面考核学生的企业全面经营、日常业务处理、财务决策、电子报税等能力。具体评价指标有：①销售净利率。销售净利率＝净利润÷主营业务收入；②流动比率。流动比率＝流动资产÷流动负债；③净现金流。净现金流＝银行存款期末余额＋库存现金期末余额；④总资产报酬率。总资产报酬率＝息税前利润÷平均资产总额；⑤总资产周转率。总资产周转率＝营业收入÷平均资产总额；⑥现金毛利率。现金毛利率＝经营活动净现金流量÷经营活动现金流入量；⑦存货周转率。存货周转率＝营业成本÷平均存货；⑧评估收益。根据系统中的市场价格，评估企业全部资产和负债，计算出净资产市值，并扣除其净增加额应缴纳的企业所得税，得出税后净资产与企业注册资本的比值；⑨企业信誉值。这是从企业运营界面取数，考核企业信用情况。

每个指标所占的权重不同，其分值随其权重而变化，满分为100分。通过以上指标的设置，系统每月根据该实训企业的账户余额、财务报表数据、对账单等资料数据计算分析，并依据各项评价指标权重得出实训企业成绩总分。各企业小组每个月都可以看到自己的总成绩及排行榜。

在实际评价时，也可以根据考核重点的不同而选择不同的评价指标。

(十三) 规则说明

实际工作中，企业为了实现经营目标，若需要扩大经营规模和经营范围，则可以选择从事其他业务，如兼营"餐饮业务"和"运输业务"等。在从事其他业务时，要做好市场调查、可行性分析及预算决策，还需要依次办理有关事项(申请认证资格，如运输行业需要申请道路运输许可证、餐饮行业需要申请卫生经营许可证；办理工商变更；等等)，然后购置相关资产，招聘相关人员后进行具体业务经营。

三、实训设计与准备

(一) 教学设计

教学设计是根据教学对象和教学目标，确定合适的教学起点与终点，将教学诸要素有序、优化地进行安排，形成教学方案的过程，目的是提高教学效率和教学质量，使学生在单位时间内能够学到更多的知识，更大幅度地提高学生各方面的能力，从而使学生获得良好的发展。

教师在授课前需对本财务决策软件平台有一个全面且深刻的认识，尤其是平台的设计理念、各子系统功能结构、平台中整合的知识体系等。教师在进行教学设计时应立足于整体，每个子系统应协调于整个教学系统中，做到整体与部分辩证地统一，系统分析与系统综合应用有机地结合，最终达到教学系统的整体优化。

1. 教学目标

(1) 知识和技能目标。知识和技能目标包括：①基础层面。掌握企业运作的基本流程及各环节的基本关系。②技术层面。掌握企业的业务流、物流、信息流和现金流及其周转变化的特点与核算。③决策层面。掌握企业不断提高竞争力的战略规划、执行效率和细节安排。

(2) 能力目标。能力目标包括：①迅速处理信息的能力。②准确把握关键问题的能力。③发现归纳、基本规律的能力。④合理运用竞争策略的能力。⑤评估、控制风险的能力。⑥妥善处理团队关系的能力。⑦深入思考和创新的思维能力。

2. 教学要求

(1) 掌握流程化管理的理念并实践。①教学要点：业务衔接流程、工作执行流程、战略决策流程。②教学难点：企业战略决策流程的制定与执行，采购计划与产能、产量、库存的匹配管控，资金的计划与控制，财务管理服务业务发展的需求。

(2) 理解效率化管理的理念，掌握资源管理与规划的理念和基本方法。①教学要点：资产结构及其变化、资金周转与效率、资金规划与控制、权益控制、企业效率。②教学难点：资产结构的规划，资金的规划与控制，资金运用效率的提升。

(3) 体验职位工作关系，了解团队管理理念，掌握分工与协作的理念和基本方法。①教学要点：关键岗位职责，工作分工与任务分配，工作衔接与沟通，员工绩效。②教学难点：员工工作效率的提升，绩效的考核与员工激励机制，人力资源成本的控制。

(4) 理解制定战略的理念和基本方法，掌握战略与效率之间的关系。①教学要点：战略性思维，战略定位与战略性风险，策略制定与策略性风险，决策执行与执行性风险。②教学难点：以战略性思维运作企业；经营风险的预计与防范，决策方案的评估与选择。

(5) 要求不断改进工作方法。①教学要点：了解完成什么任务和完成任务的过程，掌握准确完成任务的方法、提高工作效率的方法、妥善储存经营决策数据的方法、数据共享与沟通的方法，改进工作流程。②教学难点：明确工作流程，提高数据信息管理功效，改进工作流程。

(6) 要求进行创新工具设计。①教学要点：操作工具设计(操作记录；计算用的表单，如排产记录)，分析工具设计(如市场、成本分析的表单)，决策工具设计(如现金预算与控制的表单)。②教学难点：根据企业运营及资金管理控制、成本计算的需要，进行系统工具集成设计，提高工作效率。

(二) 教师准备

平台设有专门的教师管理界面，在实训课程开始之前，教师熟悉管理界面的各功能菜单及操作后，在实训过程中方可根据需要进行相应操作。教师在组织实训教学之前，应做好相应的前期准备工作，以保证实训课程的顺利进行，教师最好能提前进行课程内容的体验，比学生先行一步，发现问题，解决问题，优化教学。教师前期准备工作主要包括实训班级创建及管理、学生实训账号的创建与管理、实训批次的组织管理等。

(三) 教学实施

财务决策平台具有跨学科、跨专业配合的综合特点，传统的教学组织形式不符合这一新型课程的要求。教学的实施可以从教师的组织、学生的组织和教学过程的组织三个方面进行。

1. 教师的组织

传统的一位专业教师对应一个专业教学班的一门专业课程的教学模式，无法适用新型的平台综合模拟教学，必须采用新的教学组织形式，成立专门的相关专业教师组成的综合性课题教学小组。采用"协作式"教学，通过共同设计、集体备课、交流协作等方式，共同承担财务决策平台的教学任务，只有这样才能有良好的教学效果。

2. 学生的组织

在教学中需将常规班级的学生按平台规则进行分组；条件许可的情况下也可将不同专业的学生混合编组，每个小组都是一个具有相对完整知识结构的学习群体。这样可以为模拟公司行为提供多重角色资源，为自主式、协作式学习提供必要的组织保障。按企业角色岗位设置各小组的成员，使每个学生既能全面把握企业的运作和工作流程，又能在连接相关专业知识的环境下深化专业知识与专业技能的学习，从而将专业知识学习与相关知识学习、专业技能培养与基本技能培养有机结合起来。

3. 教学过程的组织

教学过程可采用阶段性教学，使学生在完全了解财务决策平台的前提下有足够的时间对所学知识进行梳理和归纳。教学过程可分为两个阶段：情景模拟阶段和知识重建阶段。

在进入情景模拟阶段前，学生已经掌握了专业基础知识，但其掌握的知识是零散的。通过第一阶段情景模拟，学生需将所学知识进行系统化整理，这不仅有利于把零散的知识整合起来，而且有利于未来新知识的吸收和整体知识的系统构架。通过第一阶段情景的模拟、教师的点评、问题的提出还可促进学生第二阶段的专业知识学习。学生在第二阶段可以轮换角色，每个学生都可以得到完整的决策体验，进而深刻体会决策在企业经营成败中的重要作用。采用的小组学习方式还可促进学生的相互学习，优势互补，提高他们探索知识和自主学习的能力。

4. 教学计划进度

各校可根据教学实际情况，安排教学计划进度，如表5-1所示。

表5-1　财务决策实训教学计划进度

序号	实训内容	课时安排	实训说明
1	实战企业概况	2	清楚实训目的；了解整体实训课程安排；每个团队选出一个负责人；明确各自的职责和实训课堂纪律；清楚成绩考核构成；熟悉企业内外部环境；熟悉企业不同角色的岗位职责；熟悉企业的内部规则
2	企业实战(第1个月)	15	实训讲解并完成第1个月的企业运营、账务处理、纳税申报等事项
3	企业实战(第2个月)	6	完成第2个月的企业运营、账务处理、纳税申报等事项
4	企业实战(第3个月)	6	完成第3个月的企业运营、账务处理、纳税申报等事项
5	企业季度所得税实战	1	实训讲解并完成企业季度所得税申报
6	企业年度所得税汇算清缴实战	5	实训讲解并完成企业年度所得税申报
7	企业全面预算讲解(可选)	2	实训讲解并进行全面预算表格填制
8	财务共享版本介绍	1	了解财务共享版本
9	实训小结	2	第一轮实训结束总结经验教训
10	第二轮训练(可选)	16	重置数据开始新一轮训练
11	考试	14	规定时间内完成平台3个月的运营、财税业务处理；该成绩作为最终实训成绩的一部分
		2	各自制作PPT并以团队的形式或团队派代表的形式上台进行企业经营结果的分析和经验感受。同时要求每个人必须完成800字以上的实习报告。可参照配套资料"经营结果分析PPT"和"财务决策实训总结"，该成绩作为最终实训成绩的一部分

课时统计：①完全课时合计72课时；②标准课时(扣除可选)合计54课时

5. 教学实施建议

本实训要求完成一个主体实训(即一个虚拟企业经营运作的完整操作)和各分项实训(即研究如何处理企业经营竞争过程中的关键问题)。教学中以学生自主学习、亲历实践为主，教师负责指导、核查、评判、解析。学生在平台使用中通过完成虚拟企业设置的工作任务来加深对理论知识的理解和反思，不断通过复习、拓展理论知识来指导虚拟企业的运作，最终实现知识和能力的融会贯通。教师也不再单纯地采用知识灌输的教学方式，而是做一名导师，给予学生运作企业的思路；做一名咨询师，帮助学生分析、解决企业运作的难题；做一名裁判，评判学生企业面临的内外部矛盾。具体安排可参考如下方案。

(1) 教学分成两个阶段：第一阶段(1～12 周)为情景模拟阶段，由教师按照教材的实战案例操作，帮助学生熟悉平台规则；第二阶段(13～18 周)为知识重建阶段，学生分组自行完成平台操作，详见表 5-1。

(2) 期末成绩由分组操作成绩(平台自动打分)、实战经验总结和教师稽查组成。

(3) 表 5-1 中的课时分配为教师课堂指导和学生课堂实训时间，学校网络条件允许的情况下，可开放平台，鼓励学生在课后多次重复进行平台实战操作。运营规划不同，实际执行的情况不同，随机事件的出现都会让每次的实战有不同的收获。

(4) 学生可以季度为一个实战周期，也可以半年、一年为实战周期，所能经历的经营情况会有所不同。完成一年的实战操作还可以体验年度企业所得税汇算清缴业务的操作流程。平台设置最长的运作周期是三年。

第二节   财务决策案例实训操作

一、实训企业概况

(一) 背景信息

北京飞龙电器有限公司坐落于北京市朝阳区，注册资本为 500 万元人民币，经营范围为电子产品的生产与销售。该公司本着"诚信为本，顾客至上"的销售理念，携手同仁致力打造一个以家用电器为龙头，结合多种电子产品，并兼营其他业务的现代化企业。现阶段可生产的产品是抽油烟机、电视机、微波炉(限于篇幅，本节实训业务操作仅以生产微波炉为例，实际操作中可根据小组预算决策同时开展多种产品生产经营)。

(二) 角色分工、职责与权限

本公司根据经营情况共设置四个角色：运营管理、资金管理、成本管理、财务总监，根据实训分工，学生可选择对应的角色，也可单击角色名称进行角色切换。

1. 各角色具体的职责

(1) 运营管理。运营管理负责：企业采购、生产、承接订单、人员招聘、研发投入、广告费投入等日常生产运营工作；业务数据收集与分析；日常业务职业判断。执行每个运营动作时需要财务总监做决策审批。

(2) 资金管理。资金管理负责：现金收付、银行存款收付、银行转账等资金管理；短期贷款、股票业务等筹资投资业务；期末核算业务处理、月末成本账务处理及非日常业务凭证录入。

(3) 成本管理。成本管理负责：索取发票、开具发票、成本计算表的填制、工资薪酬确认、企业日常业务付款审批、财务共享服务中心处理及电子报税等财务事项的处理。

(4) 财务总监。财务总监负责：创建企业、全面财务管理、预算编制、运营决策审批、电子报税的审批等企业全盘财务运营的统筹，以及会计凭证审核、过账、结转损益、出具财务报表等电算化业务的处理。

2. 各角色权限分配

(1) 外部单位操作权限如表 5-2 所示。

表5-2 外部单位操作权限

外部单位	运营管理	资金管理	成本管理	财务总监
税务局			✓	✓
办事大厅	✓			✓
法院				✓
采购市场	✓			
银行		✓	✓(查看)	✓(贷款审批)

(2) 企业内部单位操作权限如表 5-3 所示。

表5-3 企业内部单位操作权限

内部单位	业务模块	运营管理	资金管理	成本管理	财务总监
财务共享服务中心	合同管理	✓	✓	✓	✓
	原始单据查询	✓	✓	✓	✓
	会计核算	✓(总账)	✓(总账)	✓(成本核算、凭证查询)	✓(总账)
	发票管理				
	报账审核	✓	✓		
	税务管理			✓	✓
人力资源	我的员工	✓			
	招聘员工	✓			
	员工流动记录	✓			
	员工入职	✓			
	办公场所内员工迁移	✓			
销售管理	产品信息查询	✓			
	承接订单	✓			
	合同清单及发货	✓			
	投放广告	✓			

(续表)

内部单位	业务模块	运营管理	资金管理	成本管理	财务总监
物资管理	固定资产管理	✓		✓	✓
	固定资产交易记录	✓		✓	✓
生产管理	生产线安装或移出	✓			✓
	操作间内资产迁移	✓			✓
	产品生产	✓			✓
	产品研发	✓			✓
	产品研发历史记录	✓			✓
	生产查询	✓			✓
信息查询	企业基本信息	✓	✓	✓	✓
	财务信息		✓	✓	✓
	资产信息	✓		✓	✓
	库存信息	✓		✓	✓
	人力资源信息	✓		✓	✓
	业务信息	✓		✓	✓

(三) 运营系统主界面简介

1. 角色登录

实训学生在平台注册后，加入自己的学校，通过账号密码登录，即输入注册时登记的账号、手机号或邮箱号及密码登录系统，进入学校，进入课程"开始学习"，选择进入角色主界面后对企业各项业务进行运营与决策。

2. 小组信息

各角色主功能界面左上角显示的是小组成员信息，单击即可查看各角色的工作状态为"完成"或"未完成"，如图5-4所示。

提示：

在具体操作过程中，可随时单击屏幕上的提示图标 ❓，查看该操作的相关说明。

3. 运营系统主界面

学生登录运营系统主界面，可以看到主界面分为3个区域：最上面是角色信息、成员信息、系统当前时间等；中间是待办事项、审批单、各角色关注的信息、各角色常用操作快捷入口等；下方为企业经营相关的操作，在实训中，根据业务流程进行运营操作。

图5-5至图5-7依次为业务管理、信息管理、外部机构界面内容，实训时可根据运营需要进入相关界面操作。

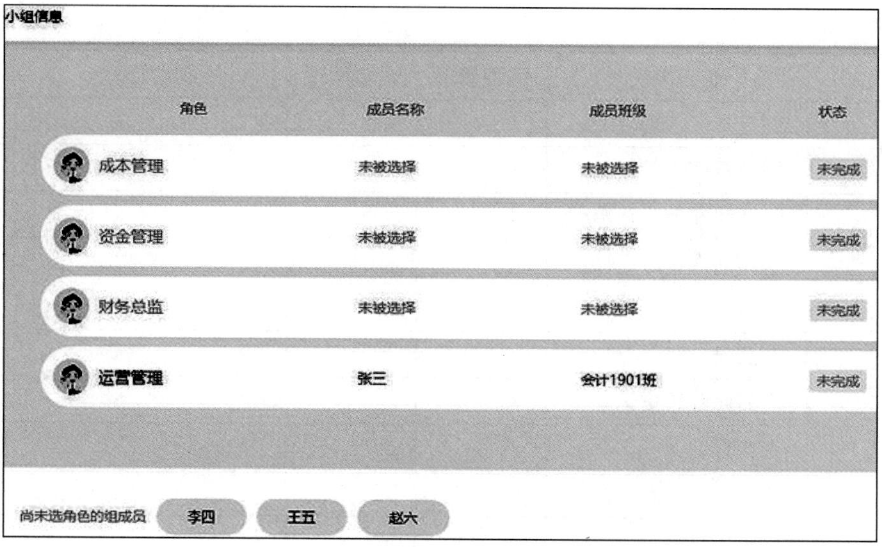

图5-4　小组信息

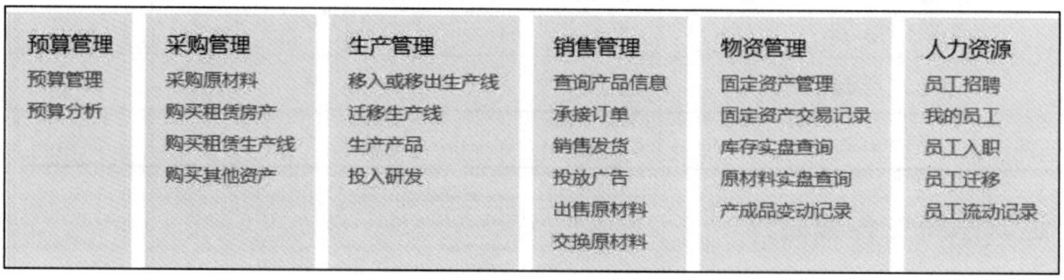

图5-5　业务管理界面内容

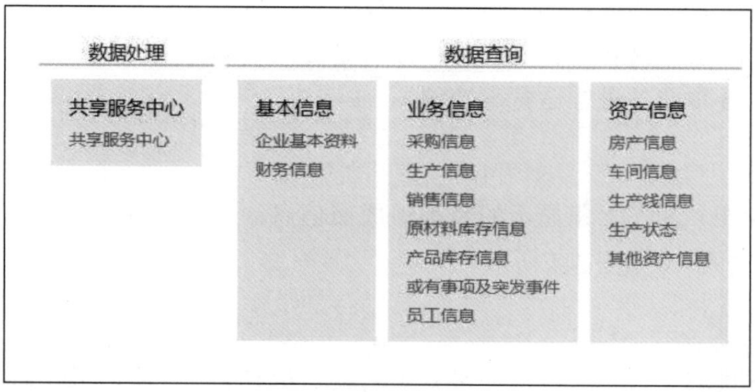

图5-6　信息管理界面内容

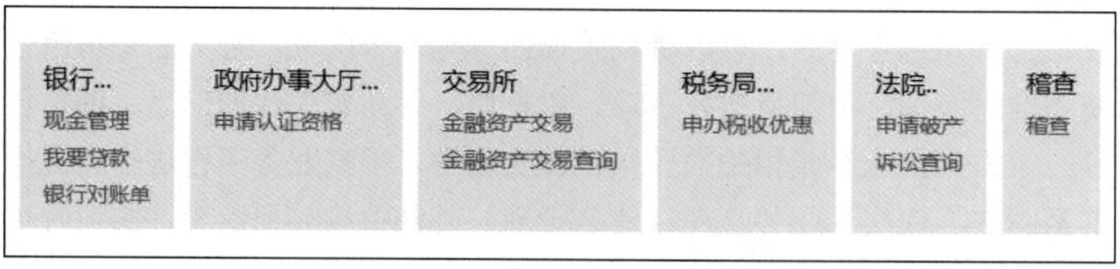

图5-7　外部机构界面内容

4. 下班操作与系统当前时间

当天事情处理完毕可以下班，各角色均下班后财务总监可以控制进入下一天或下几天。财务决策平台中，只有财务总监可以选择一次下 2 天或 2 天以上的班，可加速运作的时间。财务总监单击"下一天"右侧的下拉按钮⬇，可以选择一次下几天班，其他角色完成当天任务后，单击"下班"，最后由财务总监来结束当天任务，执行进入下一天或一次下几天班的操作。一次下班几天时，若中间有需操作的事项系统会提示，并不能继续下班，需按提示操作完成后方可下班。

5. 快速开始

依据每个角色的不同操作需求，系统设有快速开始的访问入口，实训过程中直接单击相应图标即可快速进入，节约操作时间。

6. 创建企业

实训过程中首次操作时，需要创建企业，系统设定只有财务总监才能创建企业，并且创建后企业名称不能再修改，在操作中以财务总监身份，根据系统提示输入企业名称，单击"创建企业"，完成相应操作。

7. 今日任务、审批单、待办事项、系统事项

财务总监要关注"今日任务"，今日任务所列事项为当日必须完成的事项。"审批单"列示所有经过财务总监审批并已执行的事项；"待办事项"显示应经财务总监审批的申请同意事项，只有经财务总监审批通过后，运营管理、资金管理等相关角色才可进行进一步操作，如图5-8所示。

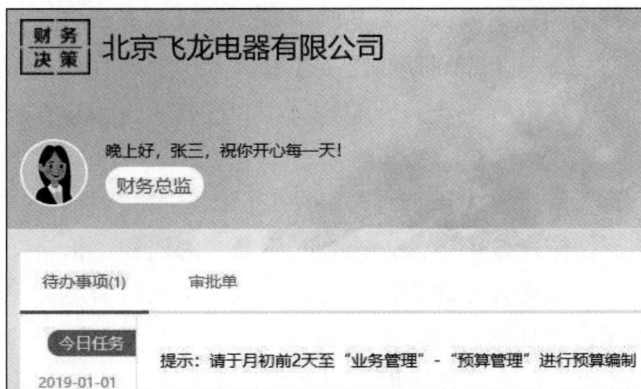

图5-8　待办事项

财务总监可单击屏幕右上方的所有信息查询按钮，进行相应信息的任务列表查看等，如图5-9所示。

8. 市场资讯

财务决策平台模拟企业市场化运作，财务总监必须时时关注市场的变化，包括宏观经

济政策、专家预测、证券市场的涨跌等，把握企业经营的良好时机，审时度势地制定切实可行的符合市场运作的企业规划，控制企业经营风险。

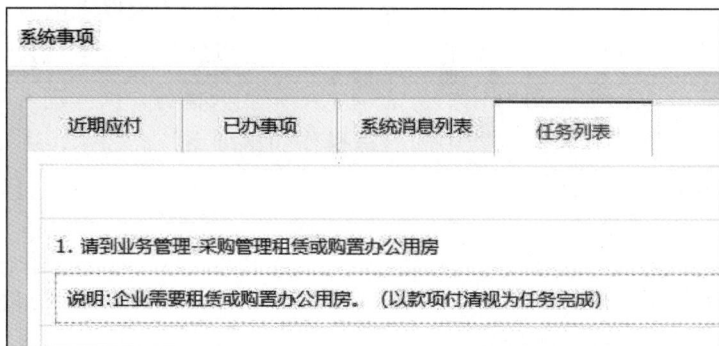

图5-9　任务列表

二、实训业务处理

(一) 企业运营

1. 业务1：租赁办公用房、厂房、生产线

【决策提示】

企业购买或租赁办公用房、厂房和生产线均属于生产运营管理的决策内容。平台提供了租赁和购买两种方式，各小组可根据自己企业的战略规划和平台规则进行选择。厂房的选址很重要，好的选址有助于企业提高竞争力。影响厂房选址的因素主要有国家政策、市场需求、资源情况、气候、地质，以及产品制造业、原料动力能源供应及位置、劳动力条件等直接影响企业生产成本与生产周期的相关配套因素。选址时，要充分考虑影响选址的因素并采用科学的选址方法进行决策。企业购置生产线属于设备布置决策，要考虑设备的类型及布置方式等。

在具体操作上，运营管理首先需查看财务总监已制定发布的预算，根据预算中的投资筹资规划选择取得房产及生产线的方式，选择时主要考虑面积、价格、付款方式、对成本的影响等因素，其中生产线必须考虑产能并与厂房匹配，同时需遵循平台投资规则，提出方案。财务总监根据运营管理提交的方案，结合月初制定的预算、经营成本、资金现状和未来计划等因素进行审批。运营管理根据方案执行，成本管理根据合同进行付款审批(按规则超过 100 万元还需要财务总监进行审批)，资金管理执行付款。

【关键点】

(1) 不仅要重视生产运作的物质准备，还应重视技术准备和组织准备。

(2) 强化预算控制观念，对生产运作所需设施的初始投资进行科学决策。

【决策流程】

租赁办公用房、厂房、生产线决策流程如表 5-4 所示。

表5-4 租赁办公用房、厂房、生产线决策流程

角色	运营管理	资金管理	成本管理	财务总监
具体执行	开始 1. 查看预算(可省略) 2. 提交租赁计划 4. 执行租赁计划 7. 资产到货确认	6. 支付租赁款项	8. 索取单据,账务处理结束	3. 审批租赁计划 5. 审批付款

【决策案例 1-1】

2019 年 1 月 1 日,北京飞龙电器有限公司租赁办公用房 A 一套,办公用房原价 1 000 000 元。该办公用房由北京景深房地产有限公司提供,租赁办公用房面积为 50 平方米。年租金 99 996 元,每月租金 83 333 元,租金按季度结算,付款方式选择"一次性付款",首付金额为 33 332 元(含一个月押金)。

【决策事项说明】

(1) 关注市场规则。在决策过程中应关注房产市场提供的厂房、办公用房等多种房产类型,并考虑房价、租金会随市场的变化而变化。

(2) 租赁一般租期为 1 年。租金采用预付的方式,第一期支付 4 个月租金,最后一期支付 2 个月租金,按季结算。

(3) 购买房产可一次性付清,也可采用按揭贷款方式,首付价格为房产总价的 30%,具体内容可查看按揭贷款合同。

(4) 购买房产时,应注意填写折旧月数、净残值比率(不能为空,可以填 0)。在购买和租赁房产时,房产面积应与生产线占用面积相匹配。

【实训操作 1-1】

(1) 运营管理单击"业务管理"→"购买租赁房产",进入运营规划界面,选择需要租赁的厂房(选择前可单击 🛈 按钮查看规则),如图 5-10 所示。

图5-10 购买租赁房产

(2) 运营管理单击"租赁"按钮，进入"租赁房产"对话框，填写租赁单(见图 5-11)，单击"下一步"按钮，填写决策单。

图5-11　填写租赁单

(3) 财务总监在"审批单"中查看待审批的事项——租赁办公用房，并可单击左上角的 ⊕ 按钮查看辅助决策的信息，单击"通过"按钮完成审批，如图 5-12 所示。

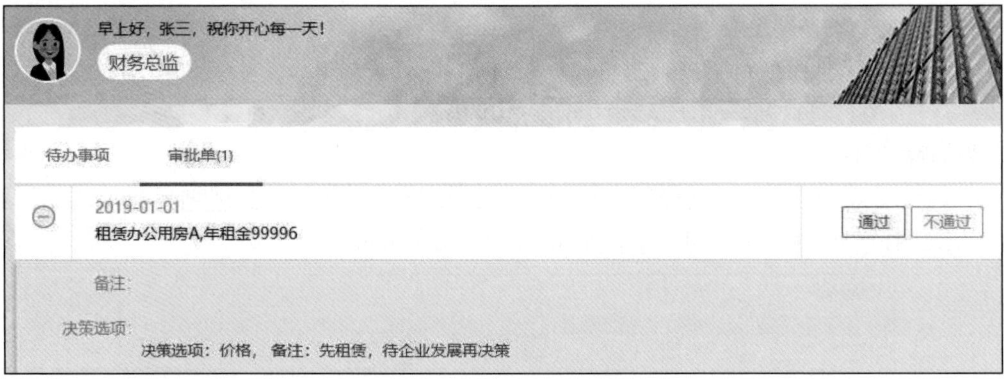

图5-12　财务总监审批界面

(4) 运营管理在"审批单"中单击"执行"按钮，如图 5-13 所示。

图5-13　运营管理执行操作界面

执行后代表租赁合同已生效,根据提示信息操作,完成后如图 5-14 所示。

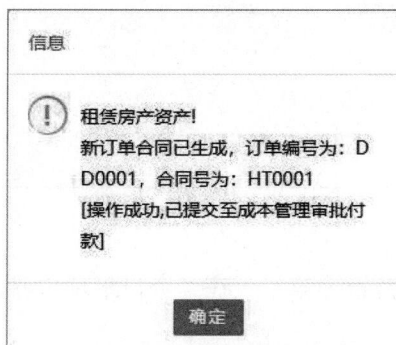

图5-14 租赁房产操作完成提示

运营管理"执行"后,财务总监可在自己的工作界面查看执行状态,如图 5-15 所示。

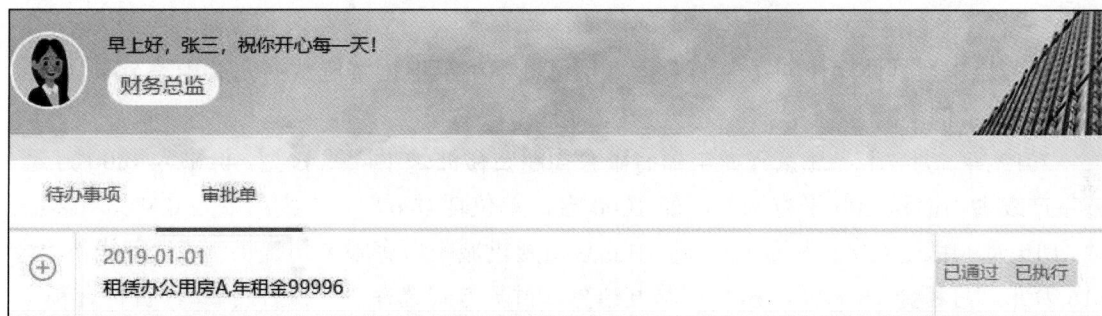

图5-15 审批单执行情况

(5) 成本管理收到待办事项提示,审核无误后单击"审批通过"按钮,如图 5-16 所示。

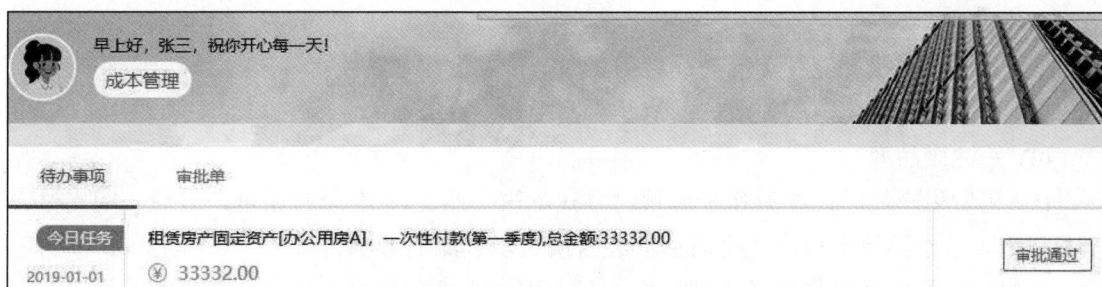

图5-16 成本管理审批

(6) 资金管理在付款前查看企业是否收到股东投入的投资款,先进行收款操作,再根据"待办事项"提示,审核无误后按付款流程办理支付。符合支付要求时单击"银行支付"按钮,不符合支付条件或企业资金不足无款支付时,单击"拒绝支付"按钮,如图 5-17 所示。

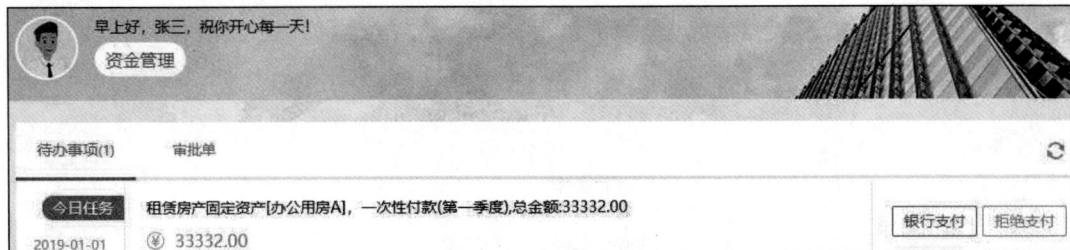

图 5-17　款项支付

(7) 资金管理付款后，运营管理第二天在"今日事项"界面对办公用房进行到货确认。

【决策案例 1-2】

2019 年 1 月 1 日，北京飞龙电器有限公司租赁厂房 A 一套，厂房原价 4 000 000 元。该厂房由北京宏远地产股份有限公司提供，租赁厂房面积为 400 平方米。年租金 399 996 元，每月租金 33 333 元，租金按季度结算，付款方式选择"一次性付款"，首付金额为 133 332 元(含一个月押金)。

决策流程及具体操作同【实训操作 1-1】，请各小组根据案例数据完成相关工作。

【决策案例 1-3】

2019 年 1 月 1 日，北京飞龙电器有限公司租赁微波炉生产线 B 型，价格为 1800 万元。该生产线占用面积 400 平方米，产能 1000 台，单位耗时 0.8 天，废品率为 0.3%，安装天数为 10 天，用工人数上限为 160 人，由北京裕隆机械制造有限公司提供。该生产线年租金 216 万元，月租金 18 万元，租金按季度结算，付款方式选择"一次性付款"，首付金额 72 万元(含一个月押金)。

【决策事项说明】

(1) 在进行生产线的购买或租赁决策时，需注意购买时折旧月份、净残值率需要自己填写且不能为空。

(2) 关注生产线产能和单位产品耗用工时。

(3) 关注占用面积与所使用的厂房是否匹配。

(4) 关注废品率。

(5) 租赁生产线时，注意租金为预付方式，第一期支付 4 个月租金，最后一期支付 2 个月租金，按季结算支付，注意对后续经营所需现金流的影响。

决策流程及具体操作同【实训操作 1-1】，请各小组根据案例数据完成相关工作。

【思考与练习】

如果业务 1 中的资产取得方式由租赁改为购买，那么对企业现金流及后期经营有什么影响？

2. 业务2：员工招聘入职业务

【决策提示】

运营管理应在生产线安装期间，根据人力资源需求计划招聘生产人员，为产品生产做好准备。招聘时应先关注每条生产线的生产工人上限人数规定，超过上限，系统会提示不允许继续招聘。需要招聘的人员有研发人员、生产工人、司机(运输业务)、厨师(餐饮业务)，其中厨师和司机只有在执行相关业务时才需要招聘。人员招聘后需办理入职手续。入职必须在相关办公场所及生产线配置完成后方可进行，并需注意人均占用面积。若移入员工数超过可占用的房屋面积，则不能完成入职。

【关键点】

(1) 根据人力资源需求计划进行招聘，涉及薪酬费用纳入预算并实施控制。

(2) 根据企业人力资源管理制度办理人员离职，如对员工实施辞退处罚应当符合国家有关劳动保护的法律法规。

【决策流程】

员工招聘入职业务流程如表5-5所示。

表5-5 员工招聘入职业务流程

角色	运营管理	资金管理	成本管理	财务总监
具体执行	开始 1. 查看预算(可省略) 2. 提交生产人员招聘计划 4. 执行人员招聘计划 5. 办理人员入职	—	—	3. 审批招聘业务计划

【决策案例2】

2019年1月2日，北京飞龙电器有限公司人力资源部根据公司规划进行员工招聘，具体招聘情况如下：生产人员160人，研发人员6人。另外，公司的管理人员、销售人员及车间管理人员均为平台自动配置，不需要招聘。

【决策事项说明】

(1) 企业管理部门、销售部门的员工由系统自动配置，每个公司配置 5 个管理人员和10 个销售人员；生产线的管理人员和生产线挂钩，每种产品的生产线系统配置5个管理人员。

(2) 需要招聘的人员有研发人员、生产工人。公司员工人数设有上限，招聘如果超过企业人员上限，系统会提示不允许继续招聘。

(3) 鉴于现有公司规模和注册资本，公司规定招聘员工上限为600人(不包括系统自动配置的管理人员、销售人员及生产线管理人员)，生产线管理人员由系统自动配置，每新增一种产品的生产线，则自动配置5人，人均占用面积为3平方米。请注意，管理人员、研发人员、销售人员需要占用办公场所，其他工种不需要。

(4) 招聘完员工后，需执行员工入职程序。选择已购买或租赁的办公用房，把系统自动配置或招聘的员工移入办公用房内(生产人员不需要执行入职程序)。注意人均占用面积，若移入员工数超过可占用的房屋面积，则不能完成入职。

【实训操作2】

(1) 运营管理单击"业务管理"→"员工招聘",进入运营规划界面,输入招聘人数,单击"确认招聘"→"提交"。系统提示填写决策单,填写完毕,单击"确认提交"按钮,交给财务总监审核,如图5-18所示。

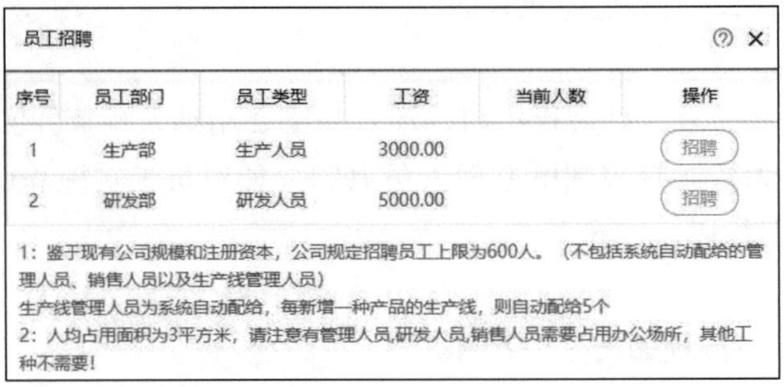

图5-18　员工招聘

(2) 财务总监在"审批单"中查看待审批的事项——招聘生产人员,并可单击左上角的 ⊕ 按钮查看辅助决策的信息,单击"通过"按钮完成审批,如图5-19所示。

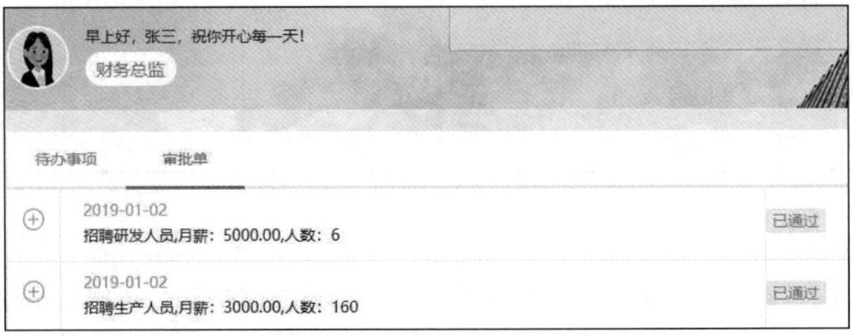

图5-19　审批员工招聘

(3) 运营管理根据系统消息提醒,将之前租赁的房产单击"确认收货"。在"审批单"中单击"执行"按钮,通过后,人员招聘成功,如图5-20所示。

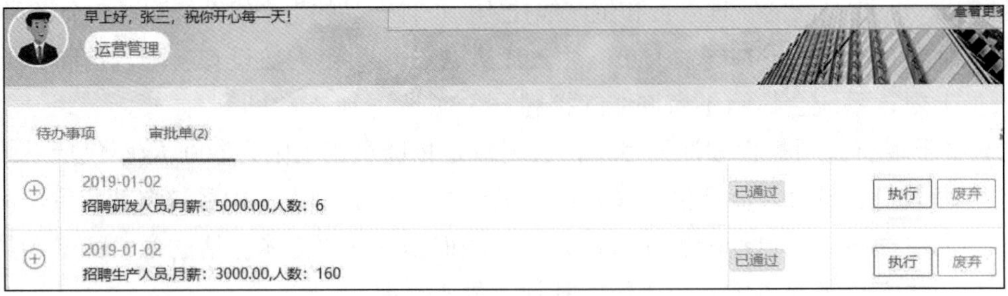

图5-20　执行招聘员工

(4) 运营管理单击"业务管理"→"人力资源"→"员工入职",进入"员工入职"界面,通过下拉菜单选择办公场所,选中要移入的员工,输入移入人数后单击"移入"按钮,系统提示"操作成功"，单击"确定"按钮完成操作，如图 5-21 所示。

图5-21　员工入职

【思考与练习】

企业的办公面积能容纳此次招聘的全部员工吗？会导致什么后果？本决策是否妥当？

3. 业务3：购买原材料

【决策提示】

运营选择购买原材料主料时，应考虑市场价格波动对原材料价格的影响、供应商的信誉值、纳税人规模等，以便权衡企业的采购风险和成本。在采购原材料时，要查看购买信息中的供应商信息、原材料价格走势图、材料与产品配比、现金折扣条件、商业折扣条件、付款方式、运费等相关信息，根据需求选择原材料主料。

企业存货请购前应根据仓储计划、资金筹措计划、生产计划、销售计划等制订采购计划，并对存货的采购实行预算管理，合理确定材料、在产品、产成品等存货的比例。存货的采购时机和采购批量应结合企业需求、市场状况、行业特征、实际情况综合考虑。具体采购时要在供应商选择、采购方式选择、验收程序及计量方法选择方面进行平衡。

在选择供应商方面，供应商是否为增值税一般纳税人对企业的净利润及现金流量均有影响，采购时需对这些影响进行判断。具体操作时可根据两类不同纳税人的净利润无差别点进行选择。

在选择采购方式方面，企业应从商品性质和供求情况考虑。一般物品或劳务等的采购可以采用订单采购或合同订货等方式，小额零星物品或劳务等的采购可以采用直接购买等方式。

【关键点】

(1) 根据存货采购计划进行采购，并对采购进行预算管理，有效控制采购成本。

(2) 建立存货采购与验收环节的管理制度，对采购方式、供应商选择、验收程序及计量方法等做出明确规定，确保采购过程的透明化。

(3) 采购付款时应按采购合同约定的付款条件付款，并对采购发票、结算凭证、检验报告、计量报告和验收证明等相关凭证的真实性、完整性、合法性及合规性进行严格审核。

【决策流程】

原材料采购决策流程如表 5-6 所示。

表5-6　原材料采购决策流程

角色	运营管理	资金管理	成本管理	财务总监
具体执行	开始 1. 查看预算(可省略) 2. 提交购买计划 4. 执行购买计划 5. 材料到货确认	7. 支付	6. 审批付款 8. 索取单据 9. 账务处理 结束	3. 审批购买计划

【决策案例 3-1】

2019 年 1 月 2 日，北京飞龙电器有限公司选择购买北京宝创电子有限公司的微波炉发热材料(编号：W001)。该原料不含税单价为397.11 元，购买数量1020套，货款金额465 893.25元，已享受商业折扣 1%，运费共计 710 元，其中固定运费 200 元，浮动运费 510 元。北京飞龙电器有限公司选择货到付款发货方式，付款方式选择"一次性付款"。

【实训操作 3-1】

(1) 运营管理单击"业务管理"→"预算管理"→"直接材料预算"中的原材料购买计划。打开"采购原材料"对话框，根据预算需求选择对应的原材料，单击"购买"按钮进行采购，如图 5-22 所示。

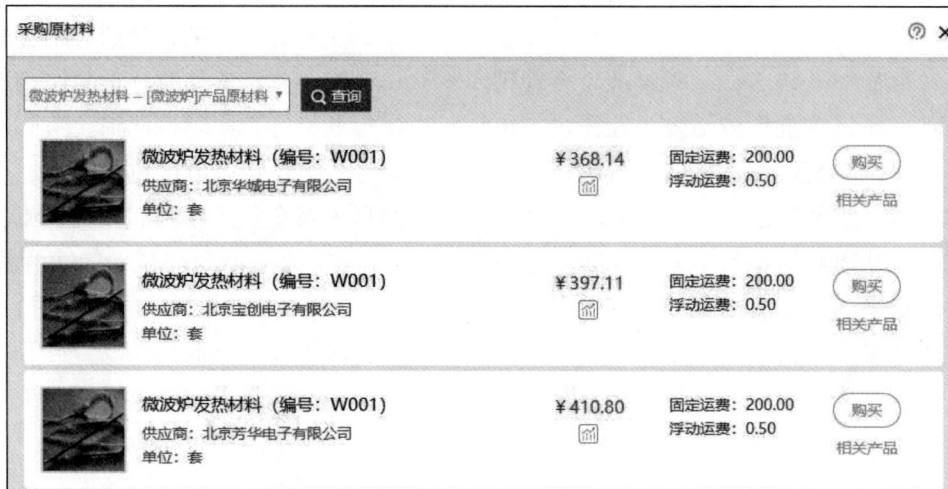

图5-22　采购原材料

(2) 运营管理填写购买数量、发货方式、付款方式等信息,单击"下一步"按钮,如图 5-23 所示。接着填写"决策单",确认后提交给财务总监审批。

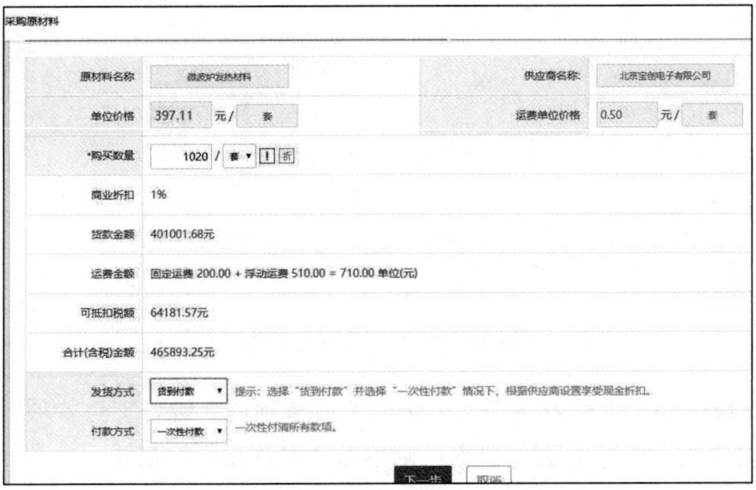

图5-23 填写采购原材料信息

(3) 财务总监在"审批单"中查看待审批的事项——采购原材料,并可单击左上角的 ⊕ 按钮查看辅助决策的信息,单击"通过"按钮完成审批,如图 5-24 所示。

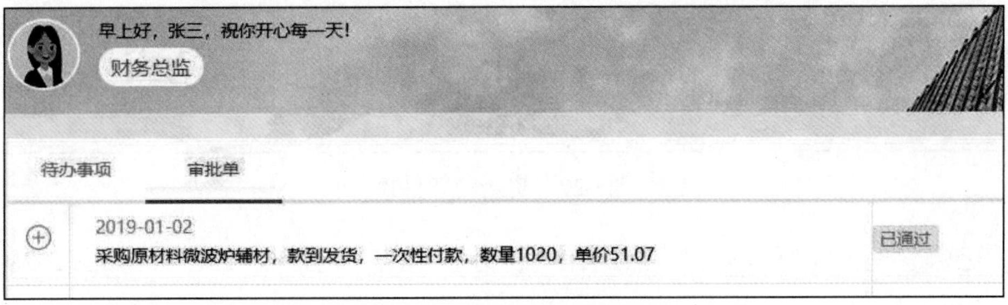

图5-24 审批原材料采购单

(4) 审批通过后,运营管理在"审批单"中单击"执行"按钮。执行完毕,系统提示操作成功,如图 5-25 所示。采购完后可以到财务共享服务中心索取发票。

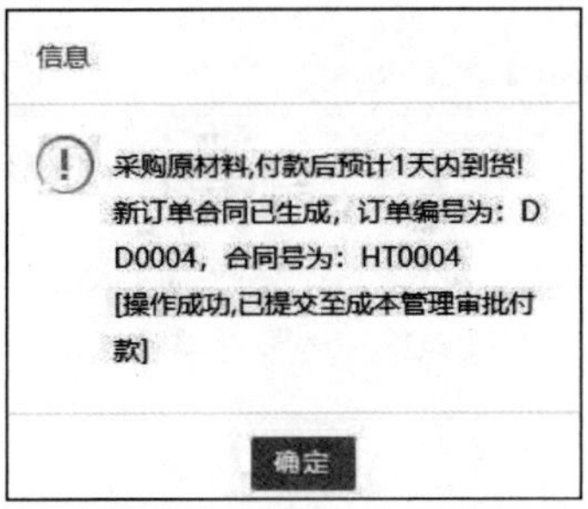

图5-25 完成审批采购申请

(5) 成本管理在"待办事项"中单击"审批通过"按钮，查看企业运营规划中的"生产运营规划"；然后进入"待办事项"界面，单击"待办事项"中的"审批通过"按钮，如图 5-26 所示。

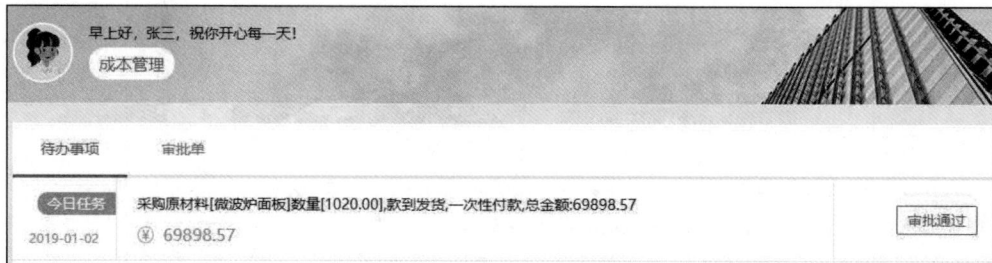

图5-26　成本管理审批采购单

(6) 资金管理需要在"待办事项"中按应待办事项逐一进行支付款项的审核，无误时按付款流程办理支付，若符合支付要求，则单击"银行支付"按钮，如图 5-27 所示。

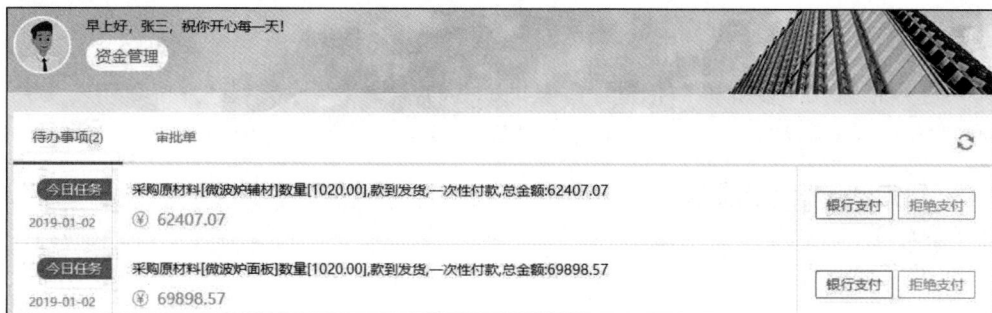

图5-27　资金管理付款

(7) 运营管理需在原材料到货后，在"待办事项"中进行收货确认，如图 5-28 所示。

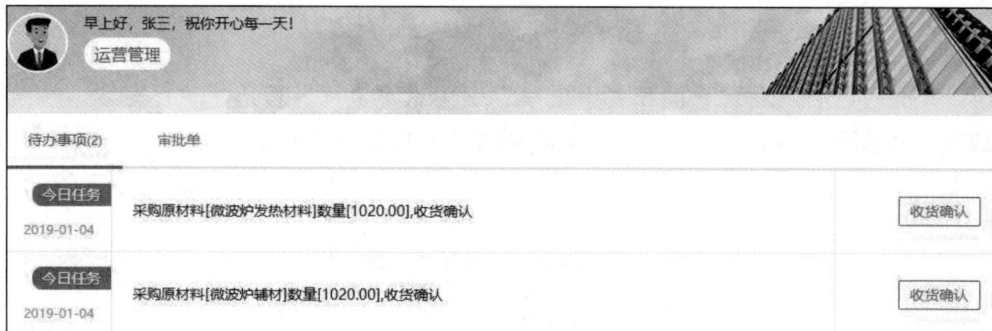

图5-28　运营管理收货

【决策案例 3-2】

2019 年 1 月 2 日，北京飞龙电器有限公司选择购买杭州光复电子有限公司的微波炉面板(编号：W002)。该原料不含税单价为 66.15 元，购买数量 1020 套，货款金额 69 898.57

元,已享受商业折扣1%,运费共计3010元,其中固定运费2500元,浮动运费510元。北京飞龙电器有限公司选择货到付款发货方式,付款方式选择"一次性付款"。

决策流程及具体操作同【实训操作3-1】,请同学根据案例数据自行完成。

【决策案例3-3】

2019年1月2日,北京飞龙电器有限公司选择购买武汉民众电子有限公司的微波炉辅材(编号:W003)。该原料不含税单价为51.07元,购买数量1020套,货款金额62 407.07元,已享受商业折扣1%,运费共计2510元,其中固定运费2000元,浮动运费510元。北京飞龙电器有限公司选择货到付款发货方式,付款方式选择"一次性付款"。

决策流程及具体操作同【实训操作3-1】,请同学根据案例数据自行完成。

【思考与练习】

在选择材料供应商时应考虑哪些因素?如果换一家供应商对企业有什么影响?

4. 业务4:生产线安装调试

【决策提示】

企业的生产线及厂房等资产到货后需安装。安装工作的内容主要是将生产线移入厂房,并安装调试。系统设定生产线安装调试的时间是10天,当生产线安装完毕后,系统会自动提示,此时才可投入生产。在此期间,运营可以考虑安排生产的其他相关准备工作,如招聘工人、采购材料等。企业在进行生产线布局时要综合考虑物料搬运、生产作业与制程编排、人力资源配置及建筑空间利用等因素,确保工厂的各种作业和附属设施都能依照制造程序进行最适当的编排与布置,从而提高生产线的运作效率和使用效果。另外,在生产线安装中要考虑技术工艺、成本和安全性要求等约束因素,也要为未来的生产线改造及产能提升预留空间。

【关键点】

(1) 结合企业的整体规划及未来的生产计划制定生产线布局规划。

(2) 优化生产线布局,改善人机工程,优化操作流程和物料搬运流程,缩短生产线节拍,减少生产线占地面积,控制成本,提高效率。

(3) 注重维持生产作业与制程编排的弹性化,以便于根据产能变化做相应调整。

【决策流程】

生产线安装调试流程如表5-7所示。

表5-7 生产线安装调试流程

角色	运营管理	资金管理	成本管理	财务总监
具体执行	开始 将生产线移入厂房安装调试 结束	—	—	—

【决策案例 4】

2019 年 1 月 3 日,北京飞龙电器有限公司将已经到货的微波炉生产线 B 型移入厂房 A,进行安装调试,安装调试期限为 10 天。

【决策事项说明】

企业在租赁或购买厂房和生产线后需要进行生产线安装调试。选择需要移入厂房的生产线,将其移入已选择好的厂房;也可将不再用的生产线移出厂房。

【实训操作 4】

(1) 运营管理单击"业务管理"→"生产管理"→"移入或移出生产线",选择生产线及移入的厂房后,单击"确定"按钮,如图 5-29 所示。如果不需要该项资产,可以在该界面单击"退租"按钮。

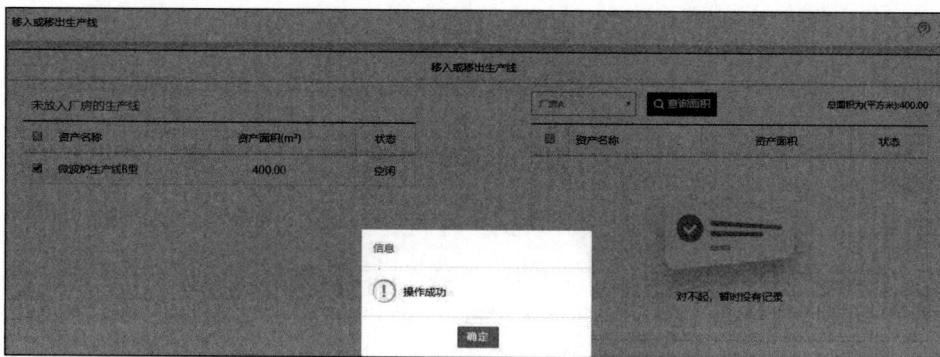

图5-29　移入生产线

(2) 在"物资管理"→"固定资产管理"中,可查看固定资产情况、生产线安装信息等,重点关注安装结束时间,如图 5-30 所示。安装工作在规定时间内结束后,运营管理应在"今日任务"栏单击"安装完成确认"按钮。

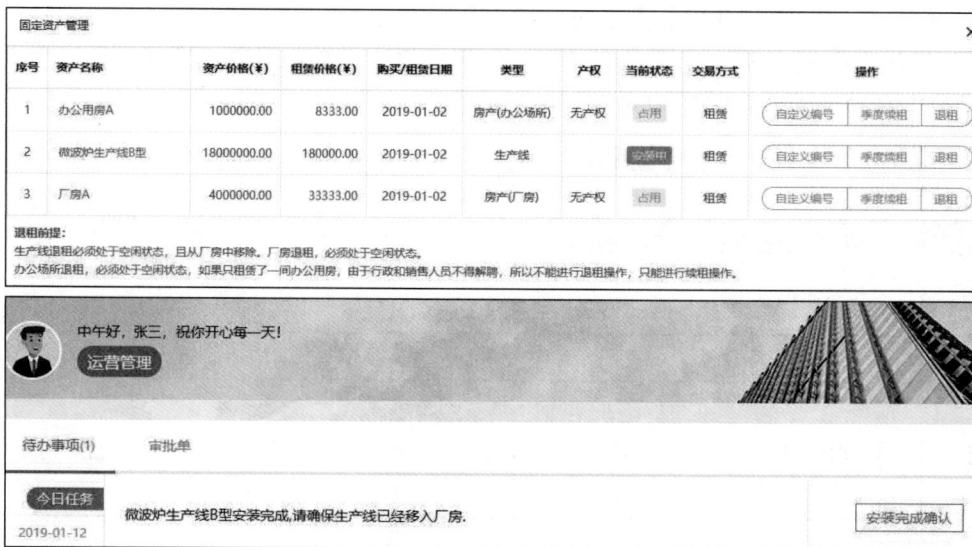

图5-30　固定资产状态

【思考与练习】

企业生产线在安装调试阶段可做哪些准备工作？

5. 业务5：投放广告费

【决策提示】

运营在投入广告费前，企业应根据生产线计算当年的产能，这样才能对广告的投入做到心中有数，在接订单时有的放矢。企业投入的广告费和每个月所能承接的订单有直接的关系。初级市场只能承接一些小订单，到了中级和高级市场则会接到大额订单。订单的数量会随市场级别的升高而相应增加。企业经营过程中，遇到大额支出时，应先查看企业目前的现金余额，根据余额情况选择支付或拒绝支付，如果大额支付对未来现金流支出造成较大影响，应提醒企业相关人员及时进行资金筹集。

【关键点】

根据企业的促销策略确定广告目标，制定广告预算，恰当进行媒介的评估与选择，关注广告投放的支出与收益比。

【决策流程】

投放广告费决策流程如表5-8所示。

表5-8 投放广告费决策流程

角色	运营管理	资金管理	成本管理	财务总监
具体执行	开始 1. 查看预算规划 2. 提交广告投放计划 4. 执行广告投放计划	6. 付款	5. 审批付款 7. 索取单据 账务处理 结束	3. 审批投放计划

【决策案例5】

2019年1月8日，北京飞龙电器有限公司投放35万元广告费，用于获取一类高级市场微波炉订单。

【实训操作5】

(1) 运营管理单击"业务管理"→"销售管理"→"投放广告"，进入投放广告费管理界面，打开"投放广告费"选项卡，选中要投放广告费的产品，输入投放的金额，如图5-31所示。提交后进入"决策单"页面，输入决策选项，提交给财务总监审批。

图5-31 投放广告

(2) 财务总监接到"系统消息"提示后,在"审批单"中可查看待办事项——广告投入,单击"通过"按钮完成审批,如图 5-32 所示。

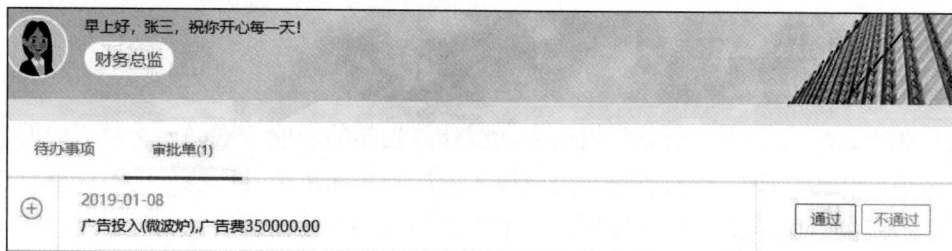

图5-32　审批广告投入计划

(3) 运营管理可在"审批单"中查看并执行广告投入计划,如图 5-33 所示。

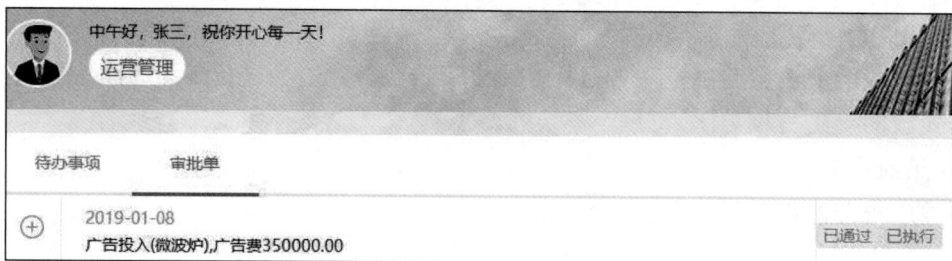

图5-33　执行广告投入计划

(4) 成本管理可在"待办事项"中查看广告投入计划,审批通过后待资金管理付款,如图 5-34 所示。

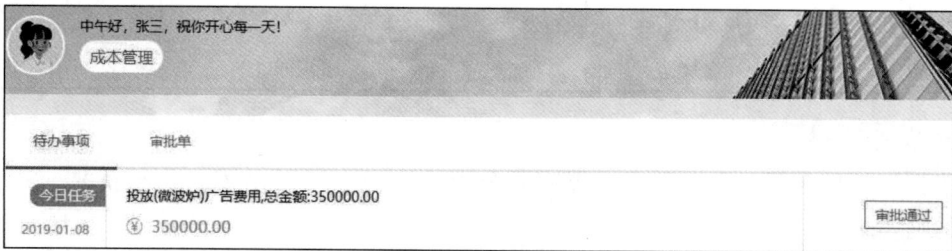

图5-34　审批广告资金

(5) 资金管理根据银行余额进行操作,在余额充足的情况下进入"待办事项",进行支付款项的审核,无误后按付款流程办理支付,若符合支付要求,则单击"银行支付"按钮,如图 5-35 所示。

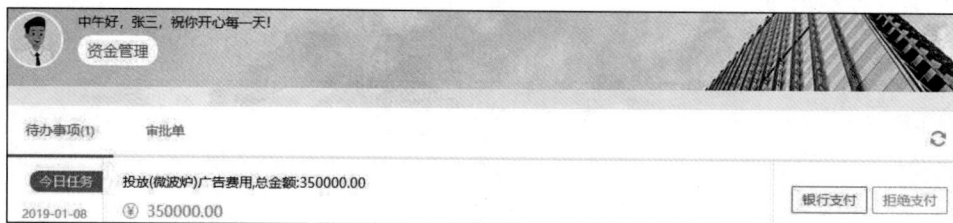

图5-35　支付广告款

(6) 成本管理索取发票，采购原材料和采购固定资产都在"财务共享服务中心"索取发票，索取发票的时间由学生自己选择，可月末一次索取。如果不索取发票，做账时将无法查看这张单据，如图5-36所示。

对当月取得的发票，需在月末集中认证，提交报账，如图5-37和图5-38所示。

操作类型	合同名称	交易日期	到货日期	开票日期	状态	操作
购买原材料	采购原材料[微波炉铺材]数量[2000.00]	2019-01-13	2019-01-15		已完成	索取发票 查看发票
购买原材料	采购原材料[微波炉面板]数量[2000.00]	2019-01-13	2019-01-14		已完成	索取发票 查看发票
购买原材料	采购原材料[微波炉发热材料]数量[2000.00]	2019-01-13	2019-01-17		已完成	索取发票 查看发票
购买固定资产	购买其他固定资产[复印机]	2019-01-09	2019-01-10	2019-01-10	已完成	索取发票 查看发票
购买固定资产	购买其他固定资产[打印机]	2019-01-09	2019-01-10	2019-01-10	已完成	索取发票 查看发票
购买固定资产	购买其他固定资产[笔记本电脑]	2019-01-09	2019-01-10	2019-01-10	已完成	索取发票 查看发票
购买原材料	采购原材料[微波炉铺材]数量[1020.00]	2019-01-02	2019-01-04		已完成	索取发票 查看发票
购买原材料	采购原材料[微波炉面板]数量[1020.00]	2019-01-02	2019-01-06		已完成	索取发票 查看发票
购买原材料	采购原材料[微波炉发热材料]数量[1020.00]	2019-01-02	2019-01-04		已完成	索取发票 查看发票
租赁固定资产	租赁房产固定资产[办公用房A]	2019-01-01	2019-01-02	2019-01-02	未完成	索取发票 查看发票

图5-36 索取发票

集中认证

所属时期：20190101 至 20190131

序号	发票名称	开票日期	供应商	金额	税额	操作	状态
1	增值税专用发票	2019-01-02	北京宏远地产股份有限公司	￥121210.91	￥12121.09	查看	未认证
2	增值税专用发票	2019-01-02	北京兴隆机械制造有限公司	￥620689.66	￥99310.34	查看	未认证
3	增值税专用发票	2019-01-02	北京景深房地产有限公司	￥30301.82	￥3030.18	查看	未认证
4	增值税专用发票	2019-01-08	北京创美广告有限公司	￥330188.68	￥19811.32	查看	未认证
5	增值税专用发票	2019-01-10	北京美丰电器商场	￥2933.00	￥469.28	查看	未认证
6	增值税专用发票	2019-01-10	北京美丰电器商场	￥5076.00	￥812.16	查看	未认证
7	增值税专用发票	2019-01-10	北京美丰电器商场	￥64695.00	￥10351.20	查看	未认证
8	增值税专用发票	2019-01-15	北京高伦仓储有限公司	￥464.53	￥27.87	查看	未认证

图5-37 发票认证

图5-38 提交报账

【思考与练习】

企业投放广告费进行宣传，会对企业产生哪些方面的影响？

6. 业务6：购置办公设备

【决策提示】

运营管理应在企业开业初期及时配置计算机、打印机、复印机等办公用品，办公用品的购买数量应依据企业管理人员的数量及管理工作的具体要求来确定，同时也要考虑对企业成本费用的影响。购买的办公用品如果符合企业固定资产确认标准，则要根据企业会计政策要求确定该资产折旧年限及净残值率。运营购置计划确定完毕，财务经理根据合同审批付款申请，出纳执行付款。企业应遵循"方便工作、合理配置、降低成本"的原则建立办公设备请购制度，针对需要购置的办公设备种类、金额及批量选择合适的购置方式，大宗办公设备可采用招投标方式进行。采购办公设备也要在供应商选择、付款方式选择、验收程序及计量方法选择等方面进行平衡，购置后要建立相应的管理制度，对办公设备的资产分类、领用、保管、维修、报废等事宜做出明确规定。

【关键点】

(1) 明确办公设备购置的决策、审批流程及相关管理的岗位职责和权限，建立办公设备购置预算制度，控制其成本开支。

(2) 严格执行办公设备资产的取得、验收、使用、维护和处置转移等控制流程，保护资产的安全完整。

【决策流程】

购置办公设备决策流程如表 5-9 所示。

表5-9 购置办公设备决策流程

角色	运营管理	资金管理	成本管理	财务总监
具体执行	开始 1. 提交办公设备购买计划 4. 确认收货	3. 付款	2. 审批计划 5. 索取单据 账务处理 结束	—

【决策案例 6】

2019 年 1 月 9 日，北京飞龙电器有限公司从北京美丰电器商场购买办公设备。购买笔记本电脑 15 台，不含税单价为 4313 元；购买打印机 1 台，不含税单价为 2933 元，购买复印机 1 台，不含税单价为 5076 元，款项一次性支付。

【决策事项说明】

(1) 固定资产市场提供办公用品，办公用品是开业初期就需要采购的，系统会在开业的第一个月份的 10 号提示用户进行采购。

(2) 购买时要注意，需要填写折旧月份和净残值率。

【实训操作 6】

(1) 运营管理单击"业务管理"→"采购管理"→"购买其他资产"，进入"购买其他资产"界面,在该界面搜索相应的办公用品,单击"购买"按钮,进入"采购其他资产合同信息"对话框。在该对话框中输入选择好的资产的折旧月份、净残值率、购买数量,单击"提交"按钮,等待成本管理审核,如图 5-39 所示。

图5-39 其他资产采购

(2) 成本管理接到"系统消息"提示后,在"待办事项"中可查看待审批的事项——购买相关资产,单击"审批通过"按钮完成付款审批程序,如图 5-40 所示。

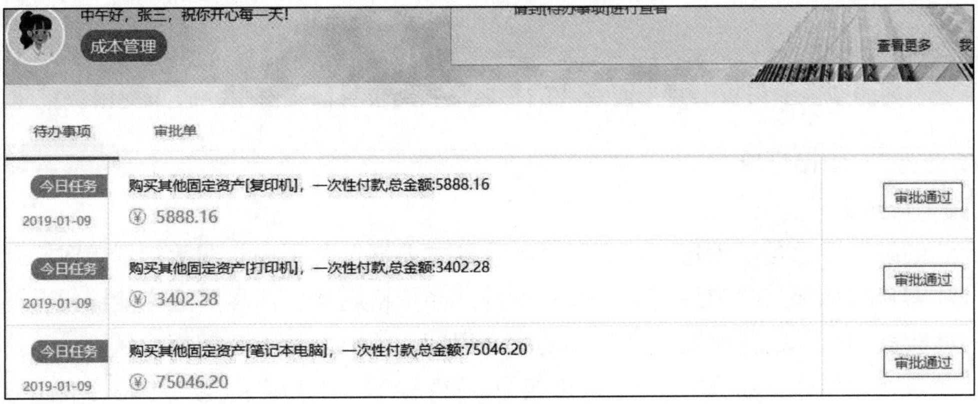

图5-40 采购审批

(3) 资金管理根据成本管理已审批事项,办理款项支付业务。在"待办事项"中,按应待办事项逐一进行支付款项的审核,无误时按付款流程办理支付。若符合支付要求,则单击"银行支付"按钮,如图 5-41 所示。

(4) 运营管理在资金管理付款后,在"待办事项"中可以看到资产已到货,单击"确认"按钮，如图5-42所示。

图5-41　其他资产购置付款

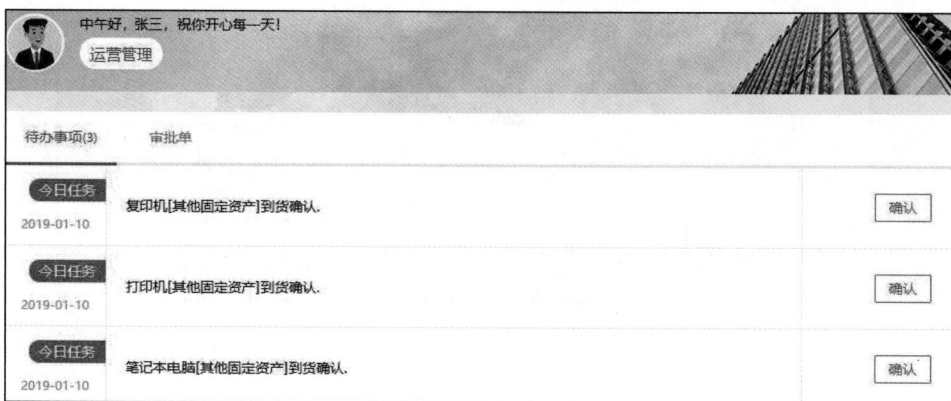

图5-42　资产收货确认

【思考与练习】

分析不同的残值率与折旧月份对企业的影响，并结合目前国家财税政策提出决策建议。

7. 业务7：承接订单

【决策提示】

企业的经营理念是以销定产，有了订单企业才能够运营下去。在承接订单时，运营首先要关注客户信息和产品信息，查询平台中的产品价格趋势图，尽量选择能够提升销售毛利、价格较高的订单；其次要关注产品的生产周期，防范未完工延期交货风险；再次要考虑订单数量，如生产1000套不一定可以接1000件订单，因为产品生产过程中有一定的废品率。在选择订单客户时，要关注每个客户的付款方式和发货时间。承接到订单后企业要能保证按时发货，及时收款。

【关键点】

(1) 企业应通过多种渠道获得订单信息，对订单相关信息进行分析后再进行订单决策。

(2) 关注订单产品的数量、批次、交货时间及价格等，确保订单产品与企业生产能力匹配。

(3) 关注企业外部环境变化，尤其要关注订单客户的经营状况、资金状况、信用状况等，建立相应风险防控机制。

【决策流程】

承接订单业务决策流程如表5-10所示。

表5-10 承接订单业务决策流程

角色	运营管理	资金管理	成本管理	财务总监
具体执行	开始 1. 查看预算，承接订单 3. 执行订单，结束	—	—	2. 审批订单

【决策案例7】

2019年1月10日，北京飞龙电器有限公司承接微波炉订单两笔，详细情况如下。

(1) 承接订单计划审批单，承接订单：产品名称为微波炉，数量为600台，金额为544 074元，客户为上海易德电器批发有限公司，需要处理。

(2) 承接订单计划审批单，承接订单：产品名称为微波炉，数量为200台，金额为181 358元，客户为天津住友电器批发有限公司，需要处理。

【决策事项说明】

(1) 决策时要注意查看客户信息和产品信息中的产品价格趋势图，单价随市场波动。承接订单时，请选择客户，每个客户的付款方式不同。

(2) 企业开展研发活动，在达到一定技术标准后，能相应提高产品的技术含量，从而提升产品价格，承接订单时要注意研发对产品的单价影响。

(3) 决策时应注意付款天数和发货时间，保证企业按时发货，及时收款。

【实训操作7】

(1) 运营管理单击查看企业"生产预算"中的预计生产数量后，单击"业务管理"→"销售管理"→"承接订单"，搜索到合适的订单，查看并决策，如图5-43所示。

图5-43 承接订单

(2) 运营管理查看订单后，根据显示的合同详情，充分比较进行决策，单击"承接订单"按钮，确定后填写承接单，如图 5-44 所示。单击"下一步"按钮，提交决策单给财务总监审核。

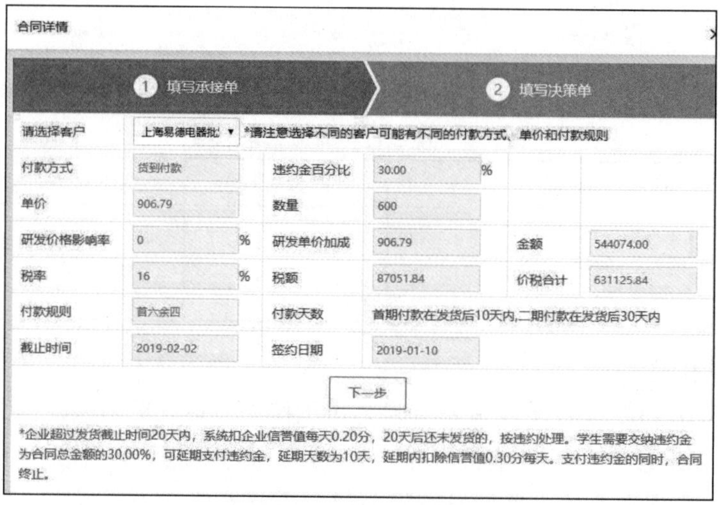

图5-44　填写承接单

(3) 财务总监在"审批单"中查看待审批的事项——承接订单，查看辅助决策的信息，单击"通过"按钮完成审批，如图 5-45 所示。

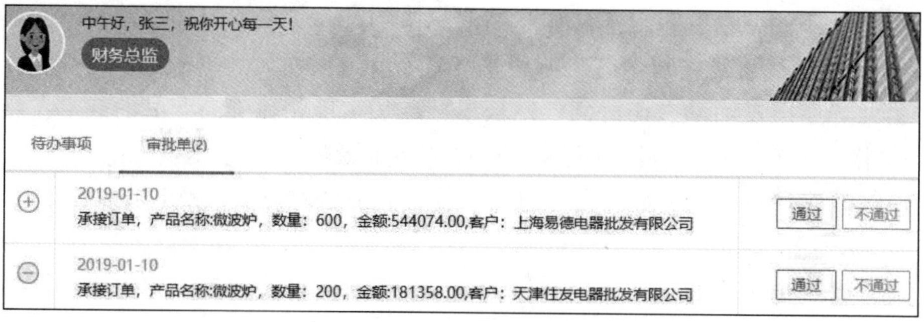

图5-45　订单审核

(4) 运营管理在财务总监审批通过后，在"审批单"中单击该任务的"执行"按钮，订单承接成功，如图 5-46 所示。

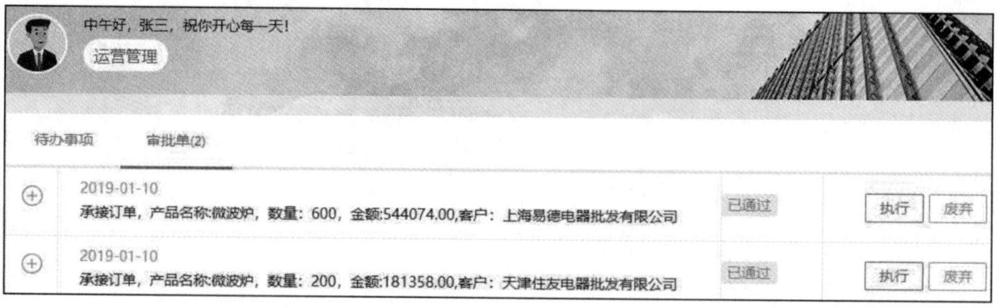

图5-46　执行订单

【思考与练习】

承接订单时是价格越高越好吗？

8. 业务8：组织产品生产

【决策提示】

生产决策是指企业短期内，对生产什么、生产多少及如何生产等问题做出决策，具体包括新产品开发决策、最优产品数量和批量决策、产品工艺决策、零部件取得方式决策、剩余生产能力如何运用、亏损产品如何处理等。企业购置了相关设备、原材料并招聘了人员后，就可以投入生产。在生产时，运营要及时查看原材料的相关配比信息，生产数量不能超过生产线的产能；每条生产线废品率不同，投入数量不一定等于完工数量。原料和辅助材料的库存要足够生产使用并且要保留保险储备量。生产人员数量在生产线规模内自主选择，不能超过生产线的上限。生产工时和工人数量决定了产品的完工期限。如果在操作过程中无法选择生产线，则是因为生产线安装调试周期是10天，没有安装调试完成的生产线无法进入生产环节。

【关键点】

(1) 根据企业的经营战略方案及企业的内外经营环境确定企业的生产方向、生产目标、生产方针及生产方案。

(2) 采用科学的方法对企业产品生产的成本费用进行预测，并对产品生产费用方案进行决策，建立产品生产费用预算制度，加强产品生产成本控制。

【决策流程】

组织产品生产决策流程如表5-11所示。

表5-11　组织产品生产决策流程

角色	运营管理	资金管理	成本管理	财务总监
具体执行	开始 1. 提交生产计划 3. 执行计划 4. 产品完工确认，结束	—	—	2. 审批

【决策案例8】

2019年1月13日，北京飞龙电器有限公司生产线安装调试完毕，原辅料都已经到货，进行产品生产。按生产线的最大产能投料，投放原料微波炉面板、辅材、发热材料各1000套，生产工人为160人。

【决策事项说明】

企业在进行生产时，应查看原材料的相关配比信息，生产数量不能超过生产线的产能，生产人员数量在生产线规模内由学生自主选择，请注意生产工时和生产线的状况。

【实训操作8】

(1) 运营管理单击"业务管理"→"生产管理"→"产品生产",进入"生产产品"界面(见图5-47),该界面中显示可用的原料和可生产的产品,在可生产的产品项下单击"立即生产"按钮,打开"产品生产"对话框。

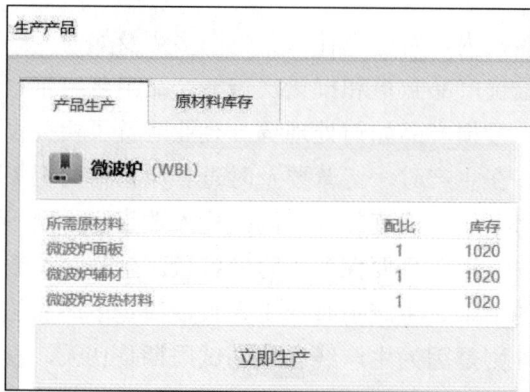

图5-47　"生产产品"界面

运营管理在"产品生产"对话框中填写生产数量、生产人员数量,并通过下拉菜单选择生产线,单击"下一步"按钮即可完成生产投料,如图5-48所示。接着填写决策单,填写好决策相关信息后,单击"提交"按钮,待财务总监审批。

图5-48　生产单详情

(2) 财务总监在"审批单"中可查看待审批的事项——生产产品微波炉,并可单击左上角的 ⊕ 按钮查看辅助决策的信息,单击"通过"按钮完成审批,如图 5-49 所示。

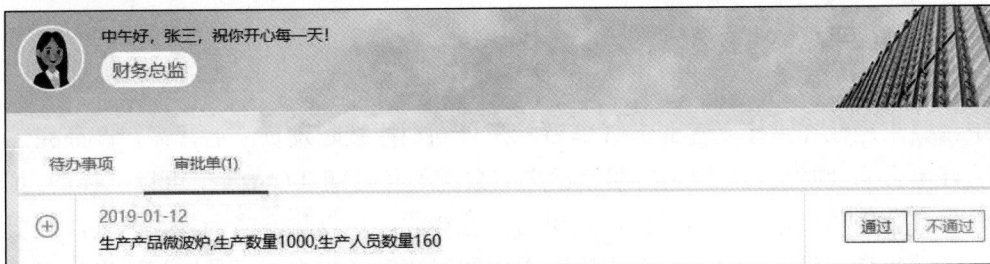

图5-49 审批生产单

(3) 在财务总监审批通过后,"审批单"中有"执行"和"废弃"两种选择,运营管理单击"执行"按钮,再单击"确定"按钮完成执行,如图 5-50 所示。

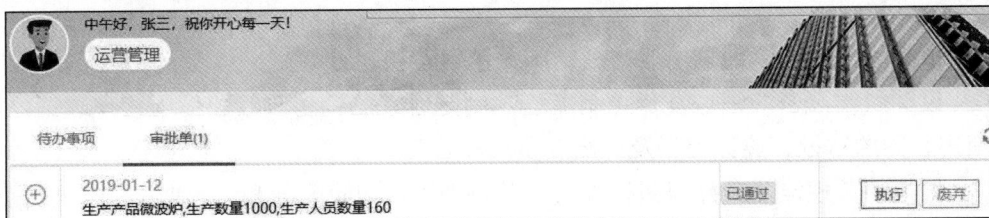

图5-50 执行生产单

(4) 产品投产后,单击在"信息管理"→"业务信息"→"生产信息",可查看产品生产的相关信息与生产状态,如图 5-51 所示。

产品编号	产品名称	批次号	生产线	废品率	生产数量	生产人员	开始日期	结束日期	已生产天数	剩余天数	产成品比例
WBL	微波炉	WBL-20190112-001	微波炉生产线B型	0.30%	1000	160	2019-01-12	2019-01-17	0	5	0.00%

图5-51 生产信息查询

(5) 产品生产完工后,"待办事项"中会有提示,单击"生产完成确认"按钮,完成产品生产,如图 5-52 所示。

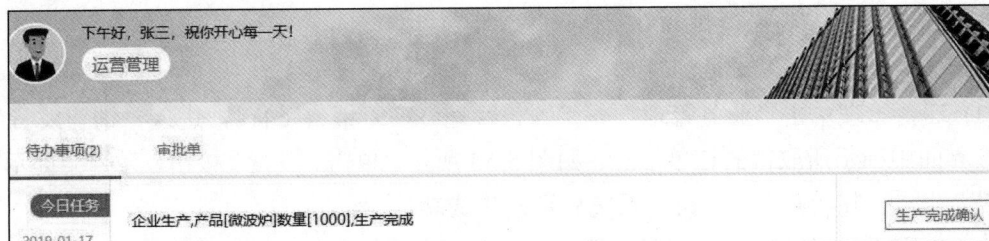

图5-52 完工确认

【思考与练习】

组织生产时应注意哪些事项？

9. 业务9：产品销售及发货

【决策提示】

平台要求企业在承接主营业务订单后，在合同期内按时发货。运营需在产品完工后根据相关订单合同及时发货，如果当期库存产品数量不及当期订单数量，可以选择终止发货，但此时平台会自动扣除企业信誉值。如果前期选择的客户收款方式为款到发货，则要先退还款项，发货合同将自动终止。成本管理需要在运营发货完成并开具增值税专用发票后，再根据企业的会计政策对当期销售的产品提取质保金。销售完成后，出纳根据订单合同约定的收款方式执行收款。企业销售时应根据订单承接情况编制销售计划、制定销售政策、签订销售合同、进行销售发货及收款，并完成销售的会计账务处理工作。

【关键点】

(1) 根据企业市场营销总体战略制定产品销售策略与计划。

(2) 设计科学严密的销售发货控制流程，制定合理的销售政策和信用管理政策，严格遵守销售合同的审批、签订程序及产品发货程序。

(3) 根据相关规定及时办理销售收款，并特别关注应收账款和应收票据的管理。

【决策流程】

产品销售及发货决策流程如表5-12所示。

表5-12 产品销售及发货决策流程

角色	运营管理	资金管理	成本管理	财务总监
具体执行	开始 1. 根据销售合同发货	4. 按合同约定收款	3. 开具发票 5. 月末计提质保金 6. 账务处理	2. 审批发货单

【决策案例9】

2019年1月18日，北京飞龙电器有限公司根据已承接的微波炉订单200-02，向天津住友电器批发有限公司销售微波炉200套，根据已承接的微波炉订单600-02，向上海易德电器批发有限公司销售微波炉600套。

【实训操作9】

(1) 运营管理单击"业务管理"→"销售管理"→"销售发货"，进入"销售发货"界面，该界面中列示所取得的订单信息，如图5-53所示。单击"发货"按钮，系统会提示"确认发货？"，单击"确认"按钮，系统显示发货成功。

(2) 单击"信息管理"→"共享服务中心"，即可查看企业相关业务信息，如图5-54所示。

图5-53 销售发货

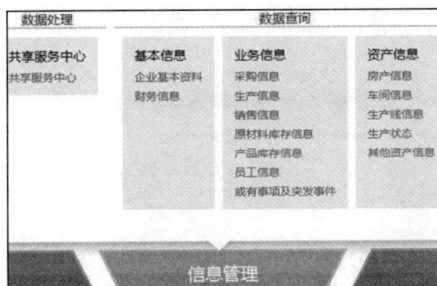

图5-54 信息管理

单击"提交报账"按钮(见图 5-55),即可将单据传递到报账审核模块。

图5-55 提交报账

(3) 成本管理打开"待办事项",系统提示提取产品质保金,单击"确认"按钮,提示"操作成功",单击"确定"按钮,如图 5-56 所示。

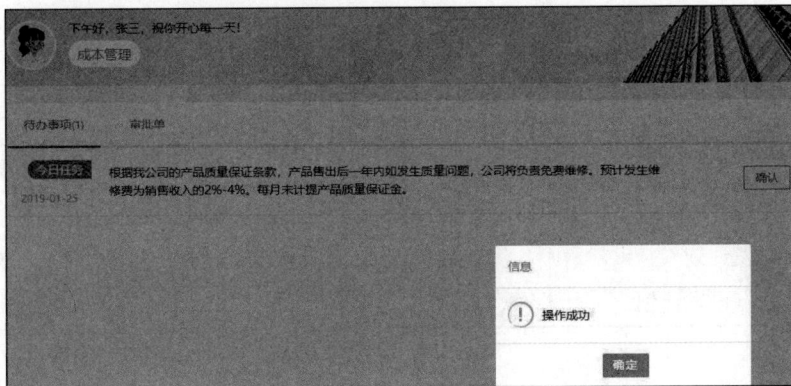

图5-56 计提产品质量保证金

(4) 资金管理在"待办事项"中单击"收款确认"按钮，完成首期收款，如图5-57所示。

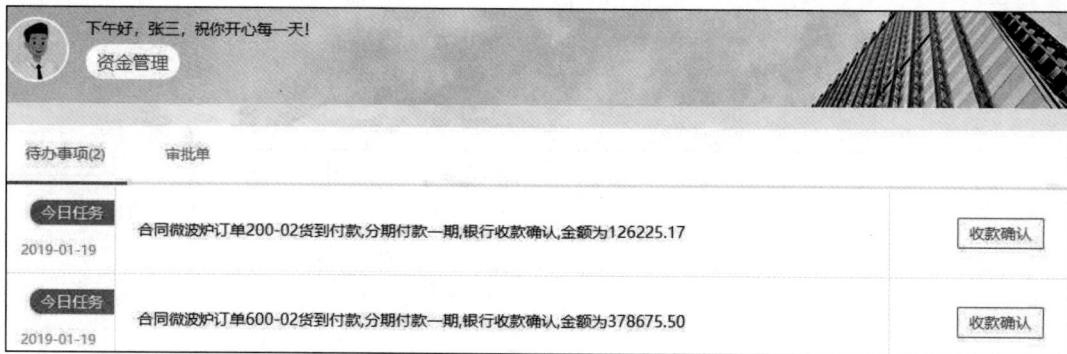

下午好，张三，祝你开心每一天！

资金管理

待办事项(2)　　　审批单

今日任务　2019-01-19　合同微波炉订单200-02货到付款,分期付款一期,银行收款确认,金额为126225.17　　收款确认

今日任务　2019-01-19　合同微波炉订单600-02货到付款,分期付款一期,银行收款确认,金额为378675.50　　收款确认

图5-57　收款确认

【思考与练习】

销售时应审查客户哪些方面的情况？

10. 业务10：进行产品研发

【决策提示】

平台将产品研发费用的累计投入金额与产品销售价格和高新企业资格认证相关联。首先，产品研发费用在达到一定额度后可提高产品售价，增强产品竞争力；其次，研发金额投入达到高新技术企业标准后，可申请高新技术企业认证，从而获得税收优惠利益。因此，运营需在每月15日之前进行研发投入，主要包括研发原材料投入和研发人员招聘两个部分，投入时需关注由此产生的研发费用对企业现金流和收益的影响。企业外部的资源、政策、市场环境，以及企业内部研发团队的实力、管理水平等均是影响研发成功与否的重要因素。同时，企业还应有效管控研发项目风险，提高研发效率和效益。

【关键点】

(1) 明确产品研发流程，科学进行产品研发决策，建立有效的产品研发管理制度。
(2) 控制研发的技术风险、市场风险、财务风险、生产风险、管理风险和政策风险。

【决策流程】

企业开展产品研发决策流程如表 5-13 所示。

表5-13　企业开展产品研发决策流程

角色	运营管理	资金管理	成本管理	财务总监
具体执行	开始 1. 研发计划 3. 执行研发计划	—	—	2. 审批研发计划

【决策案例10】

2019 年 2 月 1 日，北京飞龙电器有限公司调用 1 名研发人员，投入 1020 套微波炉原材料和辅助材料进行微波炉研发。

【决策事项说明】

(1) 企业开展研发活动，在达到一定技术标准后，能相应提高产品的技术含量，从而提高销售价格。

(2) 承接订单时应注意研发对产品单价的影响。

(3) 运营时应注意当前研发级别、研发投入及终止时间的规定，根据研发级别做账务处理，每月 15 号之前才能投入研发，每月 20 号之后才能终止研发。

(4) 当研发项目累计投入达到年销售收入 6%以上(年收入 5000 万元以内)，研发人员达到当年总人数的 10%时，可以申请高新企业资格，每月 1 号会计算研发累计投入金额。

【实训操作 10】

(1) 运营管理单击"业务管理"→"生产管理"→"投入研发"，进入"投入研发"界面，该界面显示可以研发的产品，选择需要研发的产品，单击"投入研发"按钮，填写"原材料配比数量"和"研发人员数量"，单击"下一步"按钮，如图 5-58 所示。

在产品研发历史记录中可以查看每次投入研发的内容及金额。提交后，填写决策单，输入待提交财务总监决策的内容后，单击"确认提交"按钮。

(2) 财务总监在"审批单"中可查看待审批的事项——投入微波炉产品研发，并可单击左上角的 ⊕ 按钮查看辅助决策的信息，单击"通过"按钮完成审批。

(3) 财务总监审批通过后，运营管理在"审批单"中单击"执行"按钮，再单击"确定"按钮完成执行。

图5-58 产品研发管理

【思考与练习】

企业为什么要进行产品研发？

11. 业务11：购买股票业务

【决策提示】

平台中，资金管理需根据宏观经济运行趋势、股票市场价格波动趋势，以及本企业现金流现状选择股票投资，需要对投资的股票种类及数量做出决策，提交财务总监审批。财务总监要结合企业整体运营规划及企业现有财务状况，决定是否通过该计划。通过财务总监的审批后，资金管理方可执行股票投资，进行相应付款，股票投资完成。

【关键点】

(1) 制订符合企业发展战略的权益性投资计划，规范权益性投资流程与管理。

(2) 加强权益性投资的可行性研究和论证，力求权益性投资决策合法、合理。

(3) 加强对权益性投资执行及处置的内部控制管理，防范投资风险，提升投资收益回报。

【决策流程】

购买股票业务决策流程如表 5-14 所示。

表5-14　购买股票业务决策流程

角色	运营管理	资金管理	成本管理	财务总监
具体 执行	—	开始 1. 提交购买股票计划 3. 执行计划 4. 付款	5. 账务处理 结束	2. 审批股票购买计划

【决策案例 11】

2019 年 2 月 1 日，北京飞龙电器有限公司买入美的电器股票 10 000 股，每股市场价格为 19.9 元，共支付 199 000 元。

【决策事项说明】

(1) 每个月月初(2 号)和月末，系统会提示资金管理和财务总监有其他业务发生需要处理，如股票等筹资业务。

(2) 实训系统中设置了每月两次购买股票业务，运营企业时可以根据系统提供的股票信息，选择时机买入或卖出，卖出时企业应注意库存股股数和以前买入的股票价格，并预测股票的未来走势。

(3) 每月末系统会在市场信息中滚动提示股票行情信息，应注意查看，并据此做金融资产的月末账务处理。

【实训操作 11】

(1) 资金管理根据系统消息列表提醒进行股票投资业务操作。单击"外部机构"→"交易所"→"金融资产交易"，进入"金融资产交易"界面，选择想要购买的股票种类和股票数量，选择完毕后单击"执行业务"按钮，并填写决策单，完成股票投资计划提交，如图 5-59 和图 5-60 所示。

图5-59 查看股票信息

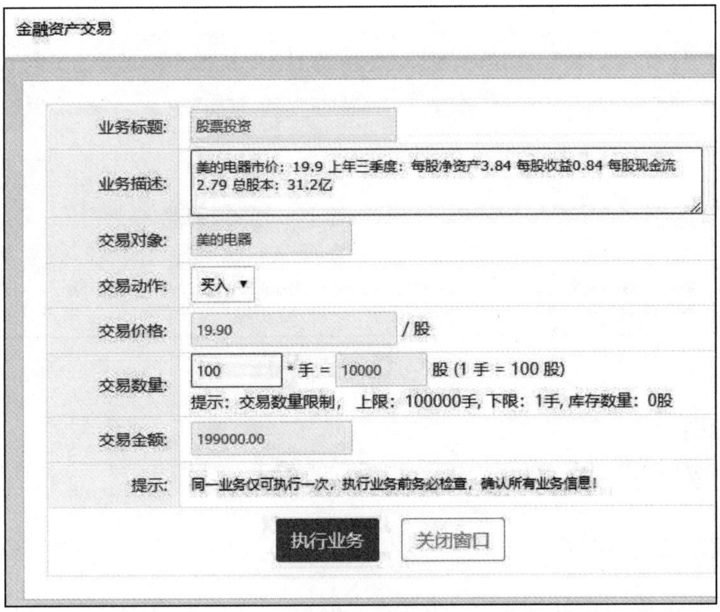

图5-60 股票投资计划

(2) 财务总监在"审批单"中可查看待审批的事项——购买股票业务,并可单击左上角的 ⊕ 按钮查看辅助决策的信息,单击"通过"按钮完成审批,如图 5-61 所示。

(3) 财务总监审批完成后,资金管理根据系统消息提醒,在"审批单"中单击"执行"按钮完成股票购买业务。随后根据系统消息提醒,在"今日事项"中单击"确认"按钮,完成股票成交确认工作,如图 5-62 所示。

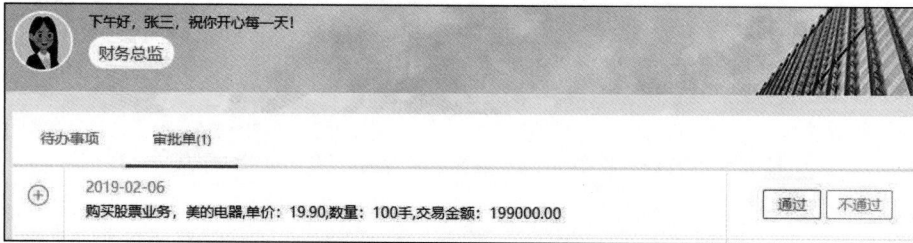

图5-61　股票投资审批

图5-62　执行股票投资

(4) 资金管理在执行购买股票计划后,"待办事项"中提示付款确认与成交确认,如图 5-63 所示。

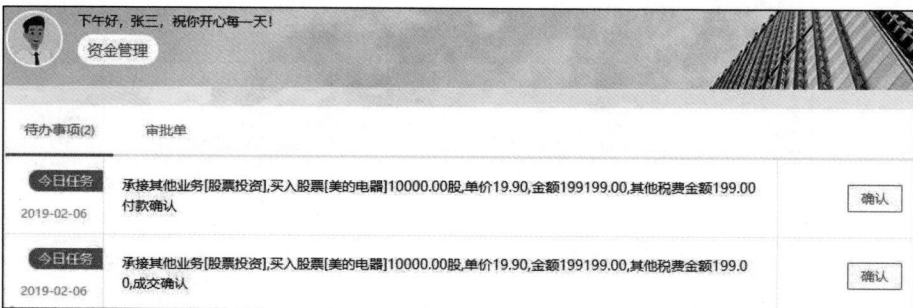

图5-63　确认投资

【思考与练习】

企业进行股票投资应防范哪些风险?

(二) 财务共享服务中心

在财务共享服务中心,可进行合同管理、发票管理、报账审核、会计核算、税务管理和原始单据查询等事项的处理。

1. 合同管理

学生可以通过合同编号、合同名称、签订日期等条件查询需要的合同,如图 5-64 所示。

图5-64 合同管理

2. 发票管理

1) 采购发票管理

取得增值税发票后即可进行集中认证，集中认证、提交报账后采购发票才能传递到报账审核下进行审核与账务处理(此项操作应及时处理，以免影响工作进度)，如图 5-65 所示。

图5-65 采购发票管理

单击"发票索取"按钮，进入"索取发票"界面，可进行"索取采购发票""易货索票"操作。采购事项包括采购原材料、固定资产等。单击"索取发票"按钮，可以向供应商索要发票。索取发票之后可以单击"查看发票"按钮来进行查看，如图 5-66 所示。

图5-66　索取、查看发票

2) 销售发票管理

开具发票、提交报账后销售发票才能传递到报账审核下进行职业判断,如图 5-67 所示。

单击"发票开具"按钮,进入"开具发票"界面,可进行销售材料、产品、固定资产、以货易货等业务的发票开具操作。在完成企业销售订单之后,可以给客户开具相应的发票,如图 5-68 所示。

图5-67　销售发票管理

序号	合同名称	客户名称	合同产品	产品数量	单价	库存数量	到期时间	发货时间	操作
1	微波炉订单600-02	上海易德电器批发有限公司	微波炉	600	906.79	1200	2019-02-02	2019-01-17	查看发票
2	微波炉订单200-02	天津佳友电器批发有限公司	微波炉	200	906.79	1200	2019-01-20	2019-01-17	查看发票

图5-68　开具销售发票

3. 报账审核

此部分重点考核学生综合运用专业知识处理企业日常业务的能力及分析能力,学生根据单据做出相应判断后,系统自动生成分录,如图5-69所示。

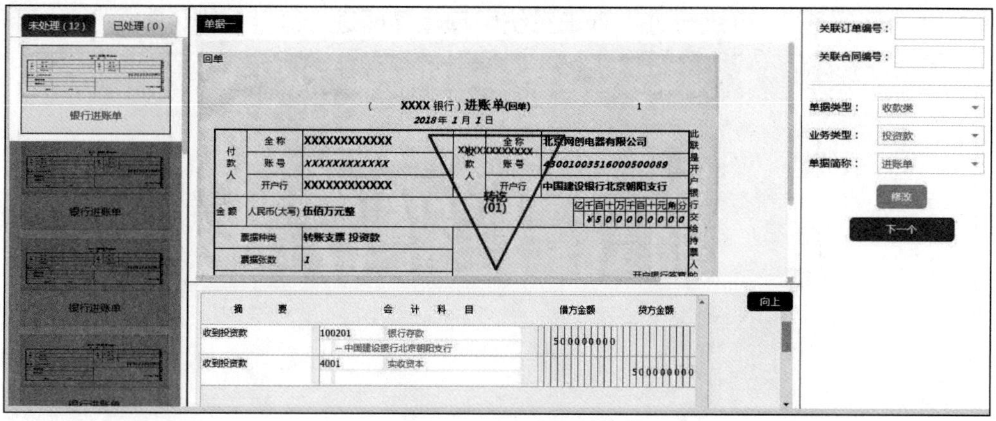

图5-69 报账审核

4. 会计核算

1) 成本核算

为了方便学生进行成本计算,月末可以在系统中一次性分配制造费用和工资薪酬费用、填制成本计算表等,如图 5-70 所示。

每月月底,"待办事项"中会提示成本管理填写成本计算表。如果在提示前填写成本计算表,当月工时分配表将不能准确计算工时。

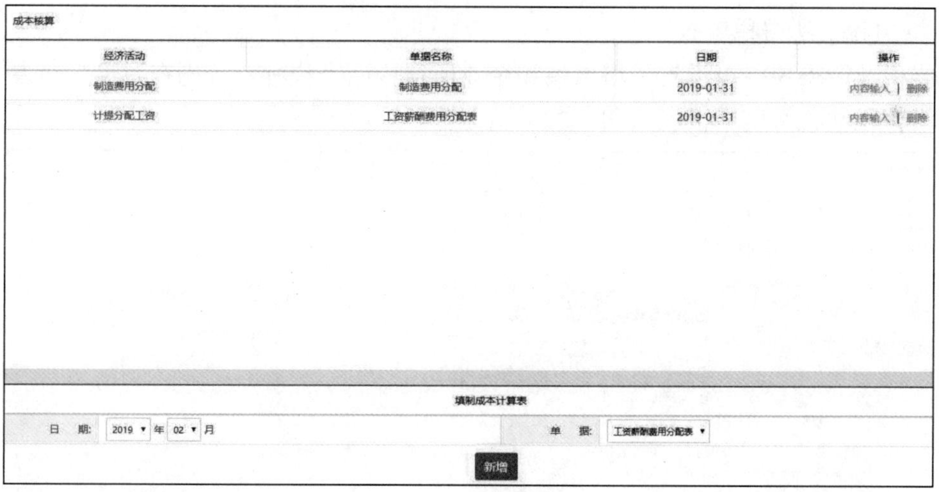

图5-70 成本核算

操作时可以根据做账需要新增成本计算表。成本计算表分为工资薪酬费用分配表、制造费用分配表、产品成本分配表、固定资产明细表。填写这些表单时,可以查看辅助表单。填写完毕后,表单会被引用到会计电算化,作为成本核算的原始单据。做账前如果需要修改成本计算表,必须到"财务共享服务中心"→"会计核算"→"成本核算"修改,被引用的表单也会随之变动。

2) 总账系统

单击"总账系统",可跳转进入总账系统电算化界面进行账务处理,如图5-71所示。

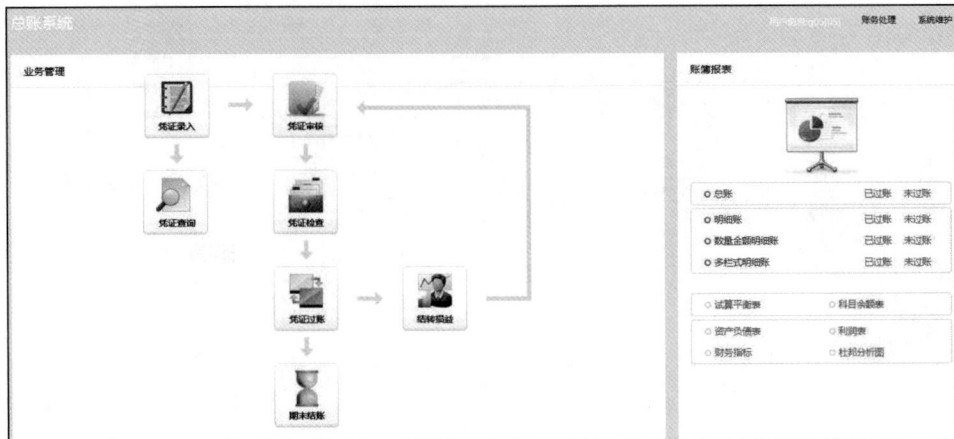

图5-71　总账系统电算化界面

凭证录入界面包括非日常业务凭证录入、稽查原始单据凭证录入(成本管理填完成本核算表,由资金管理录入凭证)、无原始单据凭证录入(如计提税费、租金计提摊销、制造费用摊销等)。

5. 税务管理

1) 增值税及所得税申报

增值税及所得税申报设置了增值税和企业所得税两个税种,分别在月度、季度和年度申报。增值税纳税月度申报表如图5-72所示。

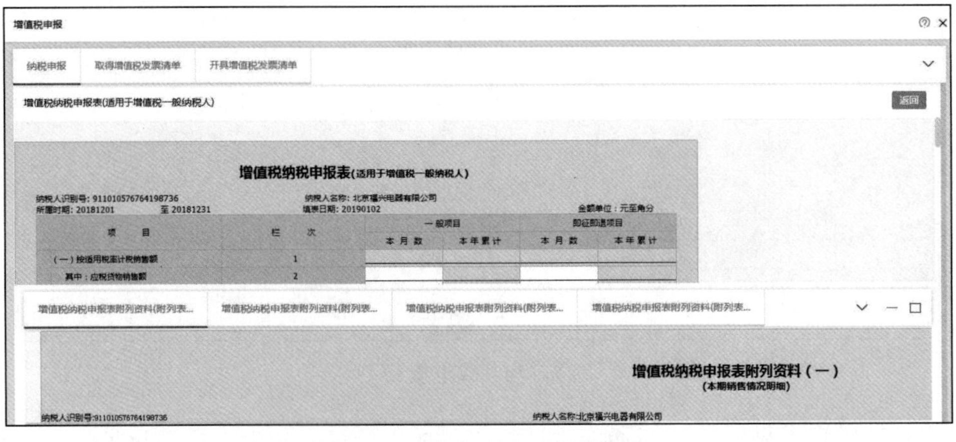

图5-72　增值税纳税月度申报表

月度申报在次月的15日前必须进行申报,季度申报在次季度第一个月的15日前进行申报,所得税汇算清缴在次年的 5 月 31 日前必须申报完毕。系统在申报最后一天会提示成本管理进行申报,否则将不能进入下一天。

增值税月度申报表分为主表和附表两个部分,上面是主表部分,下面是附表部分,先填写附表,保存后再填写主表。系统提供表内的勾稽关系自动计算功能,也提供表间的勾稽关系自动计算功能,填写后要注意保存。

在填写申报表时,为了方便学生计算,系统设置了增值税相关发票查询功能,可以查询进项、销项发票明细,并自动计算合计金额,方便核对和汇总,如图 5-73 所示。

图5-73 增值税专用发票查询

所得税季度预缴申报表如图 5-74 所示。

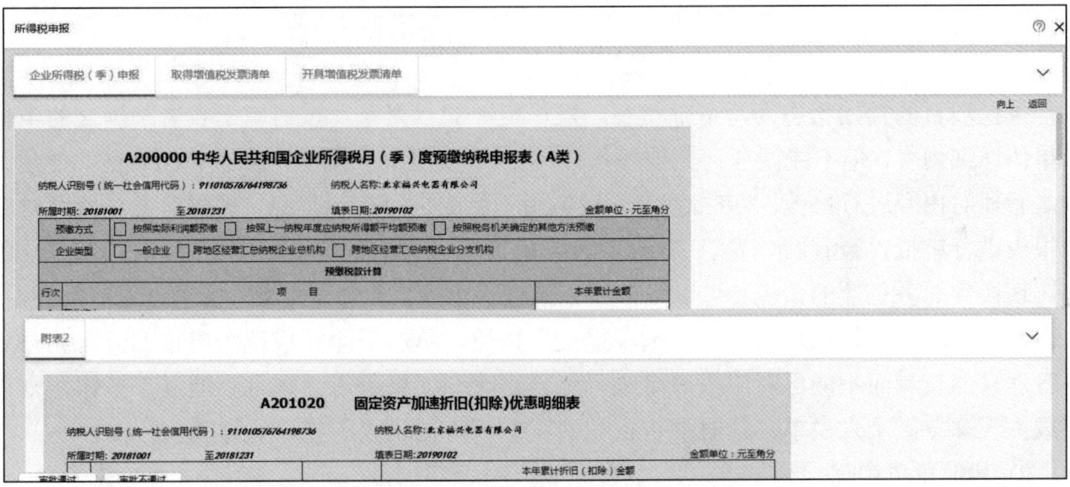

图5-74 所得税季度预缴申报表

录入相应数值后,单击"确定"按钮完成申报操作。注意填写累计数值,否则系统无法识别申报金额。

所得税汇算清缴年申报表如图 5-75 所示。

图 5-75 中上面为企业所得税年度纳税申报主表界面,下面为各个附表界面。申报时先填写附表,后填写主表,系统设置了表内的一些勾稽关系,也设置了表间的一些勾稽关系,填写时注意确认表间数字的勾稽关系是否正确。

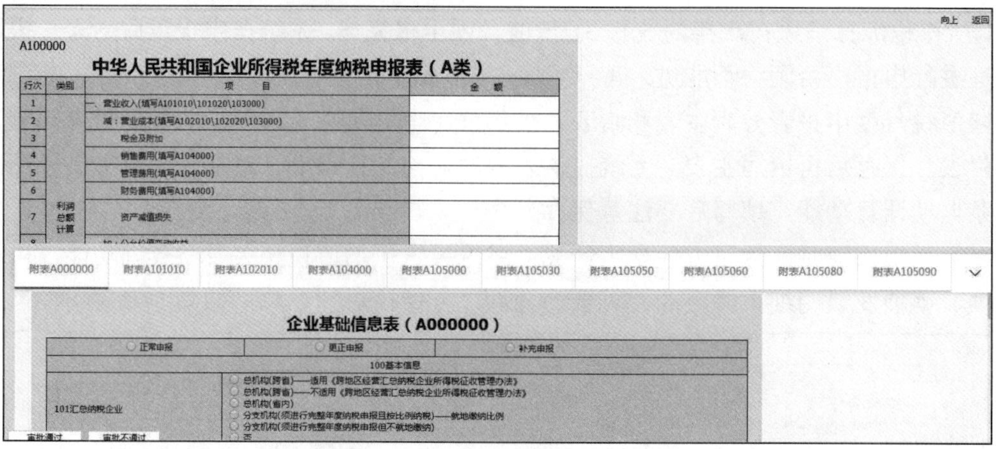

图5-75 所得税汇算清缴年申报表

成本管理在申报表确定保存后，可以在报税历史记录列表中进行查看等相关操作，如图 5-76 所示。

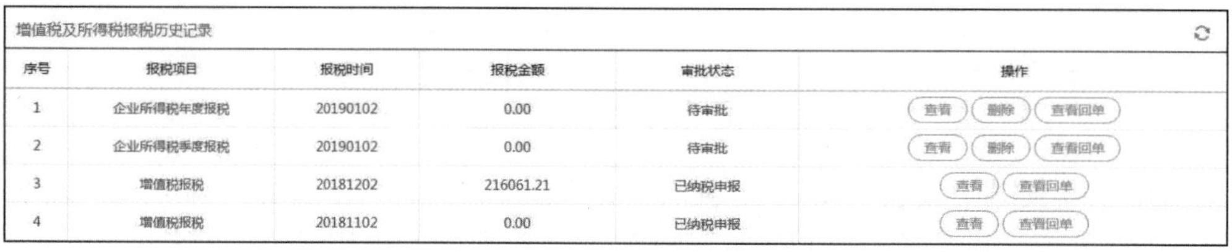

图5-76 报税历史记录

报税项目的初始状态为待审批状态，操作栏中的"查看"按钮用于查看刚提交的申报表单的详细内容，但不能做任何其他操作。"修改"按钮用于显示申报表单的详情，并允许成本管理对内容进行修改。"审批提交"按钮用于生成待办提示信息，提醒财务总监及时对申报表进行审批。"查看回单"按钮在财务总监审批通过并纳税提交后用于显示相应的单据。

切换到财务总监的角色，可以对申报记录进行审批。单击"查看"按钮进入审批界面，单击"审批通过"按钮后将出现"纳税提交"按钮，单击后即完成整个申报业务，此时成本管理只能查看而不能再对申报表单进行任何修改；如果单击"审批不通过"按钮，则需要成本管理重新录入税单，此时的审批记录状态栏将提示"审批不通过"。

2) 其他税费申报

系统为了方便学生申报，整合了其他税费申报表，月度申报可在同一个界面完成个人所得税、印花税、城建税和教育费附加等申报，如图 5-77 所示。

实训具体操作流程如下：①成本管理填写增值税及所得税申报表后保存；②财务总监审核申报表无误后单击"通过"按钮并保存，此时数据不能再改动。如果审核有问题，则单击"不通过"按钮，成本管理单击"修改"按钮，重新填写并保存；③财务总监审核通过后单击"申报"按钮，申报完毕；④成本管理查询申报表；⑤查看电子缴税回单。

图5-77 其他税费月度申报表

申报时请注意个税的申报为汇总申报，即根据实际应缴纳的个税税款和审定的税率倒算填写个税的计税金额。单击"季度申报"和"年申报"即可申报季度申报和年度申报所需申报的税种。其他税费的季度申报为车船税和房产税，年度申报为车辆购置税，如图5-78所示。

图5-78 其他税费申报选择

6. 原始单据查询

单击"原始单据查询"，系统将默认列出本月经济业务的单据，如图5-79所示。

图5-79 原始单据查询

(三) 稽查平台

在实际工作中，在企业出现异常时，税务部门会进行稽查，稽查方法一般有财务指标分析法、账证核对法、比较法、实物盘点法、交谈询问法、外调法、突击检查法、控制计算法等。

稽查的步骤一般如下：①选择被稽查的企业。②调账检查。③实地调查。④编制《税务稽查底稿》和《税务稽查底稿(整理)分类表》，录入稽查调整分录。⑤向企业通报问题，核实事实，听取意见。⑥填制《税务稽查报告》或《税务稽查结论》，计算企业补缴税额、滞纳金、罚款等。⑦提交《税务稽查报告》给被审理单位，审查通过后如果拟对被稽查企业进行税务行政处罚，则编制《税务行政处罚事项告知书》给被稽查企业，被稽查企业可进行陈述、申辩。⑧审理部门针对下列情形分别进行处理，并将相关文书递交被稽查企业：认为有税收违法行为，应当进行税务处理的，拟制《税务处理决定书》；认为有税收违法行为，应当进行税务行政处罚的，拟制《税务行政处罚决定书》；认为税收违法行为轻微，依法可以不予行政处罚的，拟制《不予税务处罚决定书》。⑨处罚被稽查企业，强制执行补缴税款、滞纳金、罚款等。⑩当被稽查企业同税务机关在纳税上发生争议时，必须先依照税务机关的纳税决定缴纳或解缴税款及滞纳金，或者提供相应的担保，然后才可依法申请行政复议；对行政复议决定不服的，可以依法向人民法院起诉。

本平台中税收稽查是一个独立的模块，有单独的登录入口，与系统运营部分分开，其目的是从税务局的角度出发，对企业的账务和报税数据进行稽查。如果发现问题，则可以录入报告并提交给企业使其进行整改，也可以进行相应的罚款处罚。

稽查人员登录系统之后首先需要登录网上税务局系统，如图5-80所示。

图5-80　网上税务局系统

1. 选择管辖企业

教师可以在管理模块中为稽查人员分配其稽查的企业，稽查人员登录后，就可以选择其中一家进行稽查，如图5-81所示。

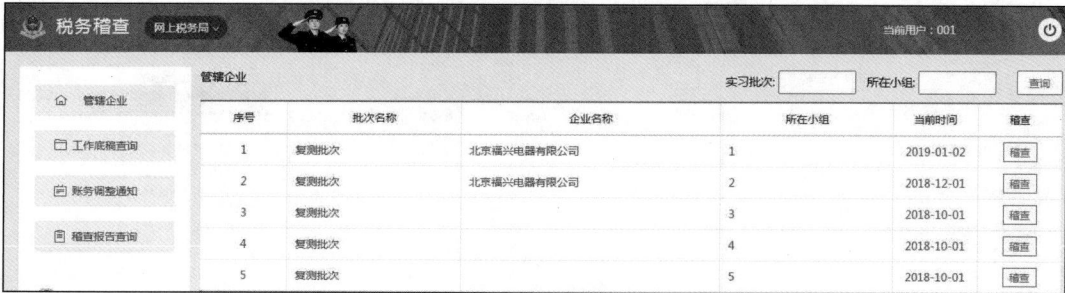

图5-81 税务稽查

2. 工作底稿查询

稽查人员可以在此界面查看其录入过的所有工作底稿,如图 5-82 所示。

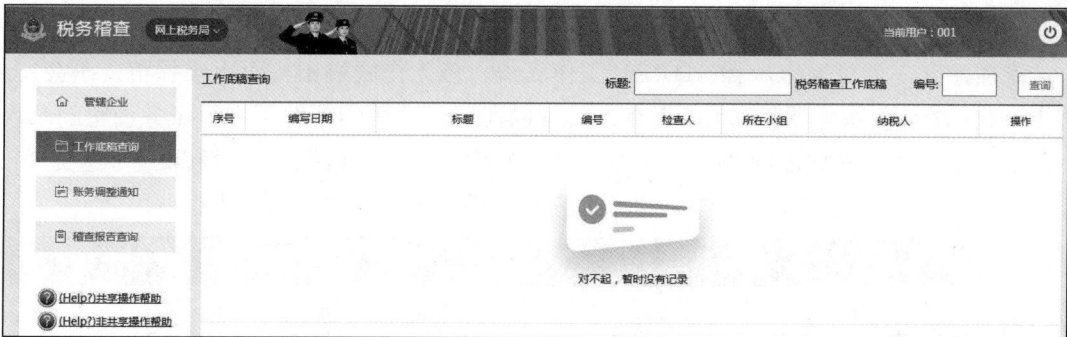

图5-82 工作底稿查询

3. 录入账务调整通知查询

稽查人员也可以查询其录入过的所有账务调整通知,如图 5-83 所示。

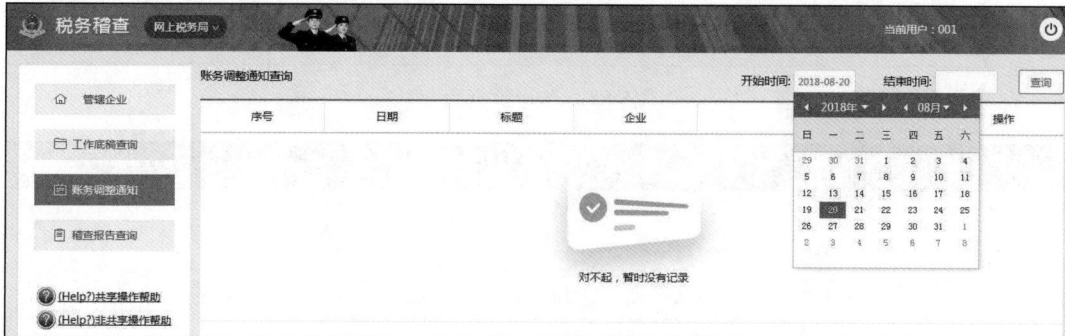

图5-83 录入账务调整通知查询

4. 税务稽查报告查询

稽查人员可以查询其录入过的所有稽查报告,如图 5-84 所示。

图5-84　稽查报告查询

5. 稽查流程

当稽查人员选择一家企业进行稽查后，将弹出稽查流程，如图 5-85 和图 5-86 所示。

流程上有 3 个可操作步骤：①编制工作底稿，该工作底稿由稽查人员保留，不会发给学生企业；②录入账务调整通知，稽查人员可以在工作底稿的帮助下进行账务调整的录入，主要是对企业的一些凭证问题进行调整；③税务稽查报告，该报告可以和账务调整通知进行绑定，稽查人员也可以在报告中做出相应的处罚，最终一并发给学生企业。

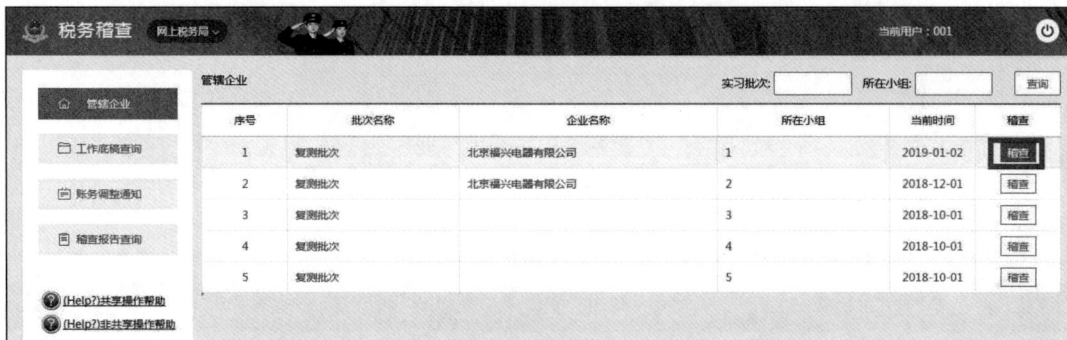

图5-85　选择稽查企业

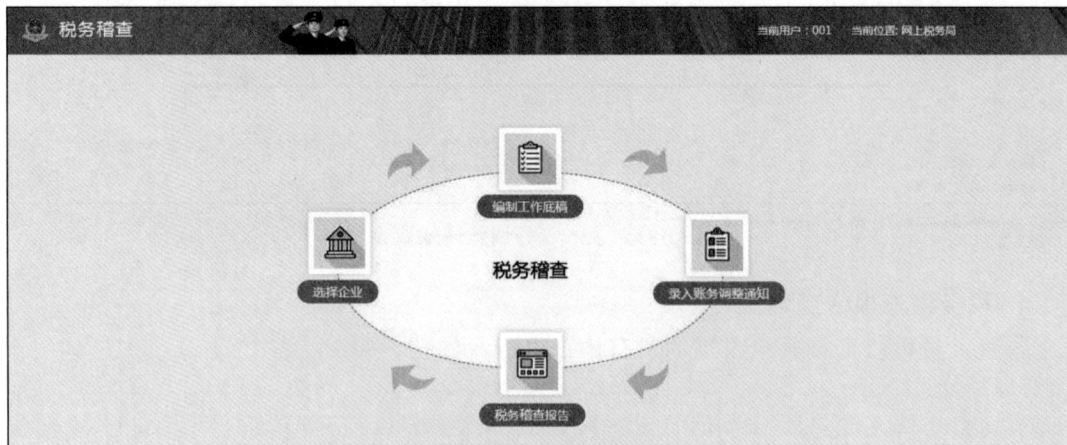

图5-86　稽查主界面

6. 编制工作底稿

稽查人员在编制工作底稿时，可以查看企业的明细数据，包括电算化中的所有数据、银行对账单、库存、现金流水、合同、纳税申报表及发票清单，并可以直观地进行任何两项数据之间的对比，如图 5-87 所示。工作底稿只留在稽查人员手中，学生企业将无法看到任何一个工作底稿。

单击“对比数据”按钮，可进行数据对比，如图 5-88 所示。

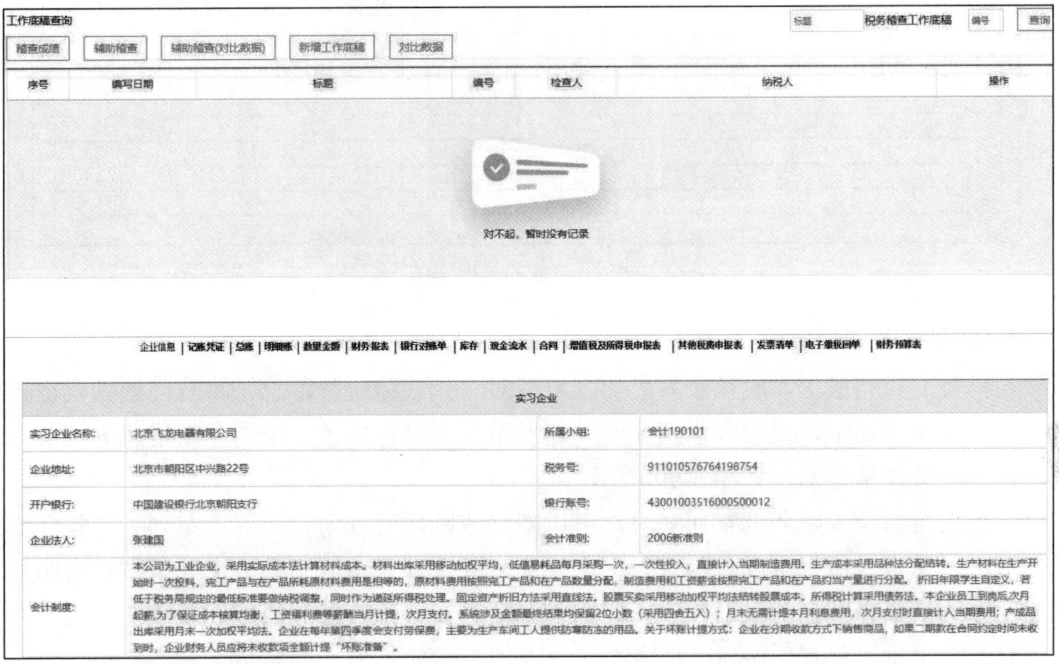

图5-87 编制工作底稿查询

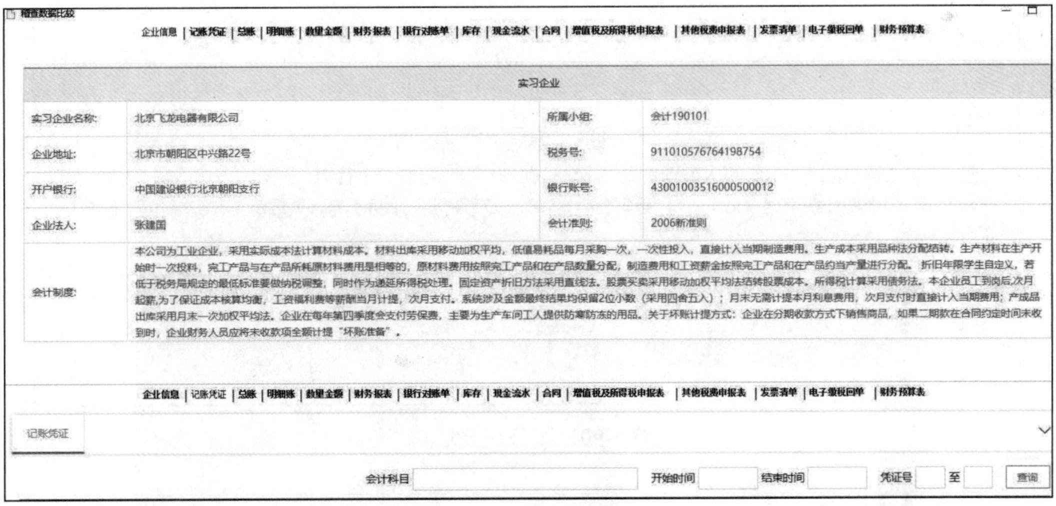

图5-88 对比数据

单击“新增工作底稿”按钮，可录入工作底稿，如图 5-89 所示。

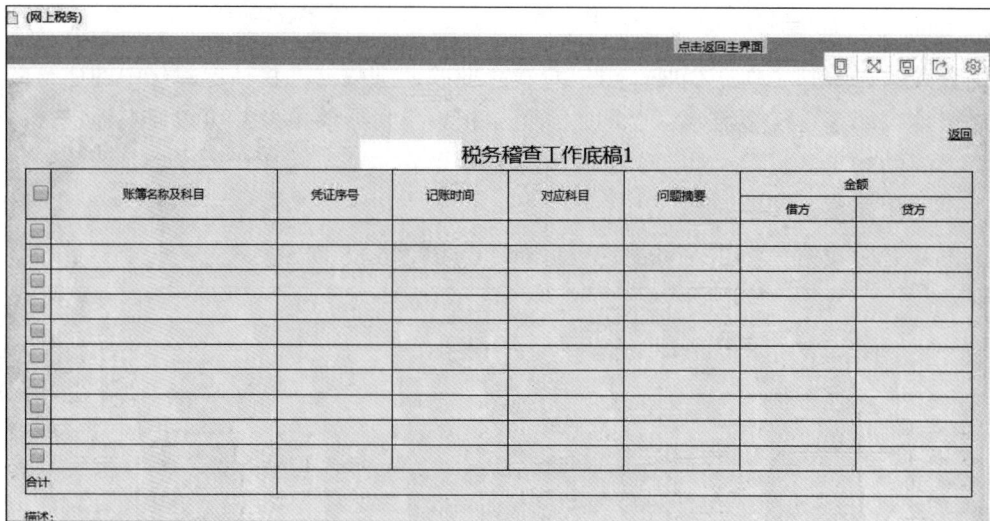

图5-89　录入工作底稿

7. 录入账务调整通知

当稽查人员完成工作底稿录入之后，可以对工作底稿进行汇总，将有问题的凭证修改录入账务调整通知中，最后和稽查报告一起发给企业进行修改。单击"新增账务调整"按钮，录入账务调整通知，如图 5-90 所示。

稽查人员在录入账务调整通知时，可以新增或删除明细条目。对于某一大类凭证都录错的情况，稽查人员也可以直接录入文字描述，并录入调整分录条数，此条数将会影响学生企业中关于稽查部分的成绩判定，原则上条数越多，稽查部分的成绩就越低。稽查人员完成录入后单击"保存"按钮，或者单击"返回"按钮返回上层菜单。

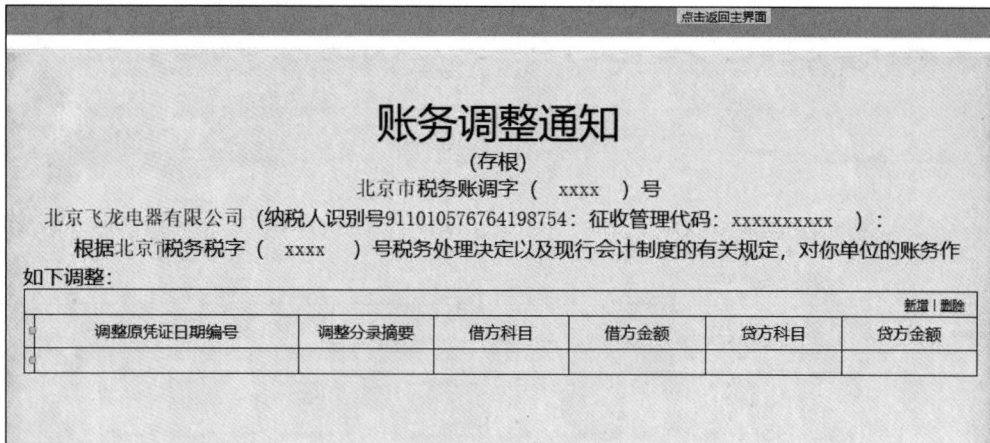

图5-90　账务调整通知

8. 录入稽查报告

稽查人员单击"税务稽查报告"按钮，系统默认将本企业的稽查报告都显示出来，如图 5-91 所示。

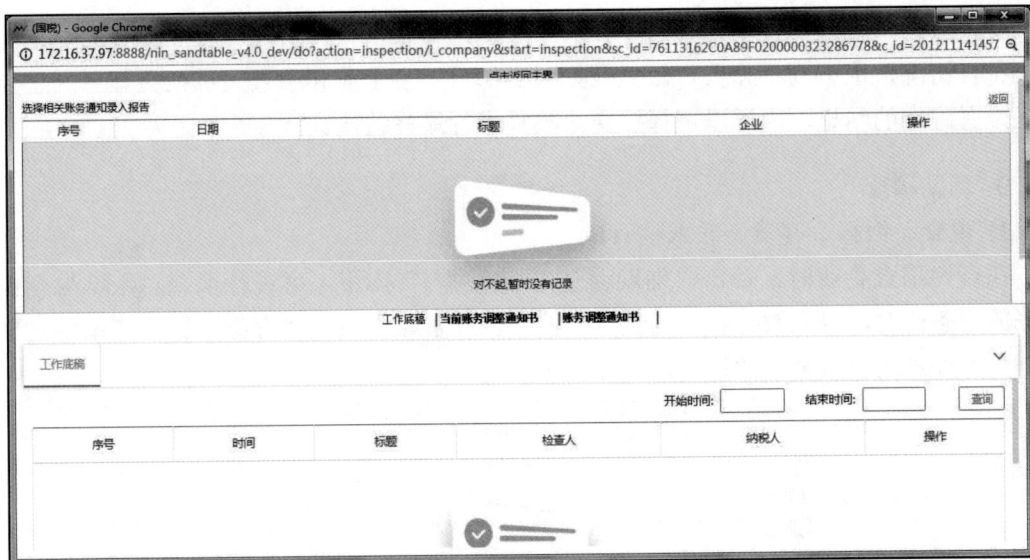

图5-91　显示稽查报告

　　录入稽查报告前需要关联账务调整通知，系统将未关联过稽查报告的账务调整通知显示出来，稽查人员可以选择其中一个录入稽查报告，如图 5-92 所示。

　　稽查人员可以对照账务调整通知来录入稽查报告的相关内容，包括案件编码、稽查实施时间、检查类型等，违法事实需要录入相关的文字描述。如果有需要处罚的情况，稽查人员可以在稽查报告底部录入相关的处理意见，包括各种罚款。稽查人员完成录入后单击"保存"按钮，或者单击"返回"按钮返回上层菜单。

图5-92　录入稽查报告

　　稽查人员在稽查报告主页面可以查看本企业所有的稽查报告，对于已经完成的稽查报告，稽查人员进行递交动作，递交之后，将会把相应的稽查报告发送给学生企业。

　　学生企业在收到稽查报告之后，可以选择无异议接受或有异议拒绝，并提交回复返回给稽查人员。稽查人员可以查看回复并录入回复，如果稽查人员觉得企业提交的拒绝理由确实符合情况，也可以将此报告做失效处理。如果学生企业和稽查人员在交互三次之后最终还没有确定的结果，则可以选择提交给教师进行最终裁决。

9. 辅助稽查

1) 现金、银行、存货、收入核对单

在查询稽查企业时，单击"辅助稽查(对比数据)"按钮，可进行现金对账单与企业现金账的逐条比对，以及银行存款与银行对账单、存货账存数与实存数、销售订单的发票金额与账务处理的收入金额的核对，如图5-93所示。

图5-93　现金核对单

2) 稽查增值税税额

稽查人员在稽查增值税税额时，应对系统数据与学生申报数据进行核对，如图5-94所示。"本期应交税额"一栏及以上为系统得出的数据；"本期实际缴纳税金"为学生实际申报缴纳的税金；"差额"不为零则说明对应月份申报数据不正确。

图5-94　增值税税额稽查

其他税费稽查类似，不再重复。

3）查询无附件凭证、手工填写附件表单凭证明细表

单击相关按钮，可查询"财务总监"录入的无附件凭证、手工填写附件表单凭证等，如图 5-95 和图 5-96 所示。

图5-95　查询无附件凭证

图5-96　查询手工填写附件表单凭证

4）成本稽查

（1）工资薪酬费用分配表。

如图 5-97 所示，图中左半部分"企业填制单据"为学生填制的单据，右半部分"系统生成单据"为系统给出的正确数据，输入对应月份进行查询即可迅速找到错误点。

图5-97 工资薪酬费用稽查

(2) 制造费用分配表(见图 5-98)。

图5-98 制造费用稽查

(3) 完工产品与月末在产品成本分配表(见图 5-99)。

图5-99 完工产品与月末在产品成本分配稽查

5) 财务报表

财务报表稽查如图 5-100 所示,图中 A 部分为系统给出的"资产负债表"数据,B 部分为系统给出的具体账户明细及利润表项目等,C部分用于查询相应月份的学生数据明细。通过对比可迅速查找错误点。同样,"利润表"也可按照此方式稽查。"现金流量表"为系统给出的参考数据,不再重复。

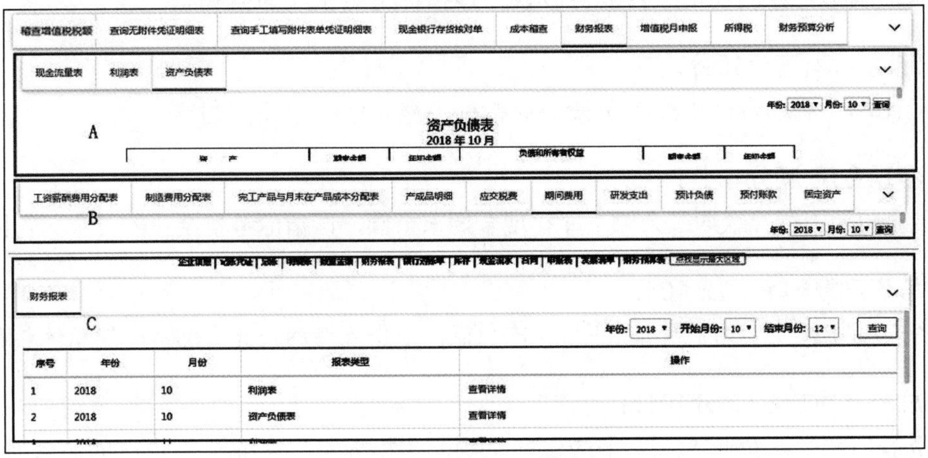

图5-100 财务报表稽查

第三节 财务决策实训案例分析与总结

财务决策是对财务方案、财务政策进行选择和决定的过程。财务决策实训的目的在于确定最令人满意的财务方案。只有确定了效果好并切实可行的方案,财务活动才能取得好的效益,完成企业价值最大化的财务管理目标。财务决策平台培养学生从一个企业CFO的角度去审视企业运营,在各种企业运营业务中做出合理的财务决策,并在账务处理、纳税申报、税收稽查等方面予以关注,帮助学生对所学的理论知识进行综合演练和虚拟实践,达到学以致用的目的,使其能够将财务知识和企业的实际情况相结合,培养能直接和企业需求对接的人才。

一、实训案例评价指标

财务决策是一种多标准的综合决策,决定方案的取舍既有货币化、可计量的经济标准,又有非货币化、不可计量的非经济标准,因此决策方案往往是多种因素综合平衡的结果。本实训为团队实训,根据各实训小组运营企业的整体情况评分,评分体系分为财务业绩成绩和稽查成绩两大部分,这两个部分的总成绩均为100分,并按企业运营成绩×50%+企业稽查成绩×50%折算成百分制总成绩,系统按各小组总成绩进行排名。

(一)企业运营成绩

根据实训企业的账户余额、财务报表数据、对账单等资料数据,对企业运营指标予以综合评价，成绩由实训平台系统自动计算评定。

1. 销售净利率(满分10分)

销售净利率＝净利润÷主营业务收入，该指标考察企业的盈利状况。

2. 流动比率(满分10分)

流动比率＝流动资产÷流动负债，该指标考察企业的偿债能力。

3. 净现金流(满分10分)

净现金流＝银行存款期末余额＋库存现金期末余额，该指标考察企业的资金运营情况。

4. 总资产报酬率(满分10分)

总资产报酬率＝息税前利润÷平均资产总额，该指标考察企业全部资产的总体获利能力。

5. 总资产周转率(满分10分)

总资产周转率＝营业收入÷平均资产总额，该指标考察企业全部资产的经营质量和利用效率。

6. 现金毛利率(满分15分)

现金毛利率＝经营活动净现金流量÷经营活动现金流入量，该指标在现金流量表的基础上考察企业的盈利质量水平。

7. 存货周转率(满分10分)

存货周转率＝营业成本÷平均存货，该指标考察企业的存货周转速度。

8. 评估收益(满分20分)

该指标根据系统中的市场价格，评估企业全部资产和负债，计算出净资产市值，并扣除其净增加额应缴纳的企业所得税，得出税后净资产与企业注册资本的比值，该数据越大分数越高。

9. 企业信誉值(满分5分)

该指标从企业运营界面取数，考核企业的信用情况。

每月末，系统自动生成财务报表，计算出财务指标，实训小组通过对财务报表和财务指标进行分析，可以评价实训企业的经营成果，据此对下月经营计划做出调整，同时也可查看其他小组的当期系统运营成绩。

(二) 企业稽查成绩

1. 财务数据处理情况(满分50分)

实训平台系统分别从企业的成本核算管理、财务报表和财产清查方面进行自动稽查。成本核算管理主要考察企业工资分配表、制造费用分配表及完工产品与在产品分配表的填制情况，各实训小组每月都应填制成本核算表，错填或漏填均不得分；财务报表主要按照企业资产负债表中资产、负债、权益项目最后一个月的时点数字给分，按照利润表每月时期数据累计给分，错误或漏报项目均不得分。其中，系统自动生成记账凭证的部分考核学生的职业判断能力，根据判断行为给分，判断错误扣分。

2. 纳税申报缴纳情况(满分50分)

纳税申报主要考察参赛选手对增值税、企业所得税及其他税种的申报缴纳情况。增值税主要考察营改增后增值税业务的纳税申报缴纳情况；企业所得税主要考察所得税按季申报与缴纳情况；其他税种主要考察城建税及附加、房产税、印花税等其他税种的申报缴纳情况。申报表错填或漏填均不得分。

在企业活动中，只有在运营的每个阶段都充分考虑财务风险、涉税风险、成本控制等，坚持全方位的财务管理和纳税筹划理念，才能更好地规避风险，实现企业价值。

二、实训案例分析总结

财务决策实训评价指标分为经营、核算、决策、稽查四个方面，考核学生经营企业、日常业务处理、财务决策、电子报税等综合能力。实训企业的资料数据显示，能够在竞争激烈的市场中坚持下来的实训团队，都是风险防范能力较强的团队。

(一) 实训案例成绩分析

(1) 实训案例企业运营成绩分析。案例企业第一个月运营总成绩为72分，其中，销售净利率5.8分，流动比率8分，净现金流7分，总资产报酬率4.5分，总资产周转率4.7分，现金毛利率13分，存货周转率8分，评估收益16分，企业信誉值5分。从中可以看出：企业盈利能力一般，现阶段偿债能力较强，净现金流量健康；总资产报酬率与周转率较低，说明企业资产未被充分利用，有闲置情况存在，建议后期充分发挥资产效用，提高资产盈利能力；企业信誉良好，应继续保持。

(2) 实训案例企业稽查成绩分析。案例企业稽查成绩为60分，其中，财务数据处理情况为28分，纳税申报缴纳情况为32分。财务数据处理主要的失分点是成本核算不准确、会计分录编制不正确，财务报表部分项目不完整、数据不正确、报表间数据勾稽关系不正确等；纳税申报缴纳情况的主要失分点是申报的税款数据有误、纳税报表数据漏填、纳税调整项不正确，以及对税收优惠政策理解不足导致的数据不正确，说明运营团队在财务数据综合处理能力上有待提升，在税法与会计的差异处理上需要进行综合训练。

(二) 实训案例总结

为了更好地达到实训目的，根据实训过程中的运营情况及实训成绩分析，对实训案例总结如下。

(1) 全面预算是前提。每个实训小组如果能在实训业务开始前较好地完成预算管理，对运营目标有明确的阶段性任务分解，那么在实际运营过程中就能较好地达成实训企业目标，这是决胜运营的关键环节。

(2) 决策理念是核心。对于每一项业务的处理，要针对实训案例企业所处的内外部经营环境，坚持"站在企业战略的高度，围绕企业经营目标，以财务决策为中心"的决策理念。

(3) 筹划意识很重要。无论是企业购买或租赁房产、生产产品，还是企业确定采购数量、选择供应商或承接销售订单等，每一项业务的决策都需要综合权衡并具备纳税筹划意识，不仅考虑流转税，还应考虑所得税，以及企业综合税负。

(4) 市场规则要遵守。企业的运营离不开当前的市场环境，运营中应根据预算与生产经营的需要，尽早安排各项经营业务，对于各项市场规则应严格遵守，注意防范与控制运营中的各项经营风险与财务风险。

(5) 团队配合最关键。在运营过程中，运营团队中的每一位成员既要各尽其职，又要团队协作，坚持运营企业的经营目标，不断完善运营策略，努力将各项考核指标做到更好，以实现运营企业价值最大化，从而实现实训小组团队的目标。

三、学生实训总结报告与考核

学生应对实训企业的运营情况进行总结与分析，以便进一步提高实训学习效果。教师可要求学生对所运营的企业进行 PPT 汇报，即对所运营的企业的基本情况进行介绍，对主要财务数据及决策进行分析，总结经验与心得体会，并在规定的时间内完成汇报；也可组织评委或其他组同学打分，共同学习与提高。教师可根据学生的平时成绩、小组运营成果、小组汇报考核综合评分，并要求每个学生进行实训总结。实训报告参考如下。

财务决策实训报告

公司名称：

团队成员：各小组团队成员情况如表 5-15 所示。

表5-15　各小组团队成员情况表

岗位	姓名	学号	班级
运营管理			
资金管理			
成本管理			
财务总监			

根据团队运营企业的情况，对各团队进行考核。考核项目由平时成绩、团队运营成果、

团队汇报等部分构成，充分展示学生的会计信息应用能力、财务决策能力、创新能力，激发学生创新、实践的热情，各部分的考核要求及分值如表5-16所示。

表5-16 财务决策实战考核表

考核项目	考核要求	总分	实际得分	备注
平时成绩考核	考勤、作业、课堂表现	20		
团队运营成果考核	企业运营成果	30		
	财务决策分析合理、报告完整、格式规范、上交及时	20		
团队汇报考核	PPT美观简洁、内容有吸引力、汇报语言流利、分工明确、时间合理	30		
成绩		100		

考核细则：

(1) 个人平时成绩考核(20分)，包括出勤及模拟态度 10分；实践心得 10分。出勤及模拟态度结合慕课平台评定，旷课 1次扣 5分，事假 1次扣 1分。实践心得10分由教师从心得是否结合岗位、书写是否认真等方面进行评定。

(2) 团队运营成果考核(50分)，包括模拟企业运营效益 30分；本组财务决策报告 20分。企业运营效益由实践平台自动打分，财务决策报告由教师根据报告完成的质量进行综合评定。

(3) 团队汇报考核(30分)，由学生评委综合评定小组 PPT 汇报成绩。去掉一个最高分和一个最低分后，再将学生评委的平均分作为其评定成绩。

PPT 汇报内容参考：

(1) 决策的相关事项。决策的相关事项主要围绕企业选择厂房、办公用房、生产线、人员招聘、广告投入、研发、材料采购、产品订单承接、贷款、岗位分工等事项进行阐述(请将决策的相关事项截图并用文字说明决策的具体原因)。

(2) 企业运营结果的分析。结合企业运营3个月后的财务报表数据进行盈利能力、营运能力、偿债能力、发展能力的分析评价(文字与图表结合)。

(3) 税务稽查中本企业存在的主要问题及解决方法。

(4) 团队风采及经验分享。可附团队成员照片 2张(团队集体照及实践照)并分享团队合作经验。

(5) 个人实践心得(请结合个人实践岗位进行书写，不少于 800字)。

【本章小结】

　　财务决策贯穿企业运营全过程，不同的决策会直接影响企业的经营成果。决策者应客观审视企业经营内、外部环境，围绕企业目标与实际情况，对市场进行科学分析，防范风险，考虑资金成本、企业信誉、机会成本等，科学合理地进行各项决策。本实训平台灵活开放的各项训练，为学员提供了企业经营管理决策的实战平台，他们在平台中分角色合作完成企业各项业务的运营与决策，有效提高了实战能力与综合决策能力，弥补了传统教学的不足。

【关键词】

　　财务决策　实训平台　财务共享服务中心　税务稽查　企业运营　成本核算　产品研发　广告投放　承接订单

【思考题】

　　1. 在进行财务决策时一般应考虑哪些因素？

　　2. 企业在采购物资时应考虑哪些方面的条件？如何进行决策？

　　3. 企业在投放广告时应考虑哪些因素？

　　4. 企业承接订单时应如何决策？

第六章

"网中网"EVC企业价值创造实训

【学习目标】

1. 了解网中网 EVC 企业价值创造实训平台的概况，熟悉平台实训规则，包括实训企业基本要求、组织结构构建、经营规划、筹资业务、投资业务、营运管理、利润分配、经营分析及与决策相关的其他事项规则；

2. 综合运用专业知识，通过角色扮演完成企业运营，并对结果进行分析，反映企业创造的价值；

3. 重点训练学生从 CEO、财务总监、运营总监、市场总监等角度，综合考虑企业内、外部环境，选择不同的财务决策方案运营企业，以更好地实现企业目标，并能对运营成果进行分析总结，提高决策能力。

第一节 EVC企业价值创造实训概述

一、实训平台简介

本章是基于厦门网中网"企业价值创造实战"(简称 EVC)平台的实训。该平台以资金流为核心与线索，通过创建(组织结构设计)、经营规划、投资业务、营运管理、筹资业务、利润分配、财务分析七大模块，为企业的筹资、投资、营运、分配活动提供支持。本章侧重于创业型企业的经营业务策略，通过对创业型企业在特定宏微观商业环境中经营的阐述及评析，开展战略指导下的财务管理全流程精炼之旅，以达到资金流、物流、信息流的有机融合，实现企业长效、可持续发展的目标。实训中的组织结构简化为关键的四个代表性岗位，其岗位与职责如下。

(1) 企业CEO：主要负责战略制定、资本注册、股利分配活动。

(2) 财务总监：主要负责长期投资、资金筹集、财报分析活动。

(3) 运营总监：主要负责物资购销、人员招聘、薪酬设置、产品生产、产品研发活动。

(4) 市场总监：主要负责渠道铺设、品牌建设、销售发货活动。

本平台将在市场中扮演消费者、市场秩序的管理者和仲裁者的角色，同时提供多家企业的基础数据，以及经营过程中竞争环境变化的数据。通过组建多个企业团队同时进行企业价值创造实训，以达到真实的模拟实训效果。

二、实训平台规则

(一) 企业经营规则

企业经营规则涉及战略、筹资、投资、营运、分配等活动，主要体现在企业命名、设定企业愿景、明确企业使命、分析宏观环境、分析行业环境、分析经营环境、规划发展战略、确定经营目标、预测现金流量、确定股本结构等方面，准备就绪后，开始经营。

(二) 资金筹集规则

EVC 平台的注册资本是普通股和优先股各 5000 万元。其中，普通股是有利润才分红，分红比例自定；优先股是每期必须分红，分红比例系统规定。此外，在企业筹资过程中，按照信用评级由高至低分为 A、B、C、D 等级别，平台根据企业的经营情况，如盈利能力、营运能力、偿债能力、成长能力、市场份额、行业地位、研发实力、履约水平、股利分配情况等综合给出企业的信用评级。信用评级的高低直接影响企业的贷款额度，信用评级在 D 级(含 D 级)以下将不能筹集资金。

在筹资方式方面，有 1～3 期的短期借款、4～6 期的长期借款、1 期的小额贷款、1 期的闪电贷。短贷和长贷属于金融机构借款，贷款利率为银行的基准利率，且受宏观经济影响，额度受注册资本和信用等级影响。小额贷款不受企业信用评级影响，借款额度为注册资本的 5%，借款利率高。闪电贷不受信用评级限制，为防止企业破产，当企业期末资金不足时，系统会在一定额度内自动匹配，下期初自动偿还，借款利率高。闪电贷配置也有上限额度，超过上限，企业将因资金链断裂破产。闪电贷是指企业提交数据后，由于市场竞争，原计划销售量很可能不能全部卖掉，造成预期资金流入减少，从而导致现金余额为负数，系统为了避免企业破产，将自动匹配企业的一种贷款。

在展期方面，短期借款、长期借款到期，在贷款额度还有剩余的情况下可以借新还旧，额度不足可以考虑展期 1 期，但展期将降低企业的履约能力，展期利率保持不变。小贷企业借款到期，应当还本付息，如果企业资金不足，则可以在额度内继续借款，超额度资金不足情况下，可以申请展期，最多展期 3 期，展期利率为短期借款的 4 倍。

在抵押贷款方面，全款购置、按揭购置的资产都可在购入的次期用于抵押，抵押贷款期限为 5～9 期，标的评估值=当前市价×成新率。

企业在提交数据之前，若现金流为负数，则系统会提示企业是否破产，企业一旦确认破产，将自动提交，淘汰出局。

(三) 资金管理规则

企业可在 3 个经济区选址设厂，任何一个区域生产的产品都可以向所有渠道销售，每个经济区域可以自由选址、自由选择厂房数量，但必须先选址并占用厂房、生产线才能开始生产。每个厂房最多配置 2 条生产线，具体包括 α 生产线与 β 生产线，其中 α 生产线每期最大产能为 40 000 个，β 生产线每期最大产能为 30 000 个。厂房可以通过一次性购买、按揭购买、经营租赁方式获取使用权。每个区域生产线售价不同，其价格会受宏观经济影响而波动，配置的生产线必须与厂房所在区域一致，不能跨区域配置；生产线可以通过全款购买、融资租赁、经营租赁等方式获取其使用权。

在资产出售方面，需要产权明晰。如果是按揭购置的资产，则需待按揭期限到期且款项还清后售出，出售价格为账面余额的 80%。还可以对资产进行拍卖，每次举牌为起拍价的 1%～10%，价高者得。

(四) 物资购销规则

在材料价格规则方面，主要受宏观经济和供需关系影响。宏观经济主要参考采购经理人指数，供需关系主要反映参与人的采购行为。

在材料质量规则方面，材料质量分三个等级，质量指数分别为 70、80、90。不同等级的材料价格不同，质量指数越高价格越高。

在材料付款规则方面，付款方式可以自由选择，分为一次性付款、首六余四、首八余二。不同的付款方式对价格的影响不同，首付越高价格越低。

在材料配比规则方面，α 产品所需材料为 α 材料 A1、α 材料 A2、辅助材料，配比为 1∶1∶10。β 产品所需材料与配比同 α 产品。

原材料出售原则是期初库存才能出售，当期购入的不能出售，且出售价格为当期市场价格的 80%。

(五) 生产研发规则

在人员管理方面，主要包括生产人员和其他人员。

生产人员工作主要涉及招聘与薪酬设计两个方面的活动。招聘时，只能在设厂的地区招聘该区域的生产人员，且新招聘的人员必须经过培训才能上岗，α 生产人员培训费为 500 元/人，β 生产人员培训费为 300 元/人。在进行薪酬设计时，职工平均薪酬随宏观经济的波动而变化，每个经济区域的平均薪酬不同。员工薪酬由固定薪酬与计件工资构成，平均薪酬不得低于当地平均薪酬的 75%，其中固定薪酬不得低于 50%。

其他人员包括董事会成员、管理人员、销售人员等。其中，董事会成员在企业成立时自动配置 9 人，人均薪酬 20 万元。管理人员根据企业注册资本配置，每 500 万元配置 1

人,固定薪酬人均 15 万元。销售人员根据铺设渠道自动配置,薪酬为固定薪酬人均 5 万元加上销售提成工资。每个专卖店配置 3 人,每个卖场配置 5 人,每个线上渠道配置 10 人。

在生产管理方面,对于 α 生产线和 β 生产线,每人每日标准产量分别为 400 个、300 个,生产线的每日最大产能分别为 40 000 个、30 000 个;员工最高加班幅度均为 20%。产品废品率与企业指定的生产人员薪酬有关,平均薪酬越高,员工积极性越高,废品率越低,反之亦然。A 生产线的标准废品率为 1%,B 生产线的标准废品率为 1.5%。

在质量管理方面,原材料质量管理与生产环节质量管理的比重为 7∶3。生产环节质量质检等级分别为 70、80、90,基础质检标准 α 为 5 元、β 为 4 元,质检等级不同,成本在基础质检标准基础上浮动。

在研发管理方面,有自主研发与外购研发。自主研发与外购研发各分为 5 个等级。自主研发每升一个等级都可以降低辅助材料使用量的 10%,以节约生产成本。外购研发每升一个等级,产品的附加值都会增加一个档次,使其在市场上比同价格的产品更具竞争力,可以获得更多的市场份额。

(六) 市场营销规则

在总市场份额方面存在三种情况:①每期产品的整体质量水平高、定价偏低、市场宣传力度大,会挖掘市场潜力,市场总份额增大;②每期的市场总份额受宏观经济影响,GDP、CPI 等指标的走势会影响总市场份额的变化;③每期产品的整体质量水平低、定价偏高、市场宣传力度小,市场将萎缩,市场总份额减少。出现这三种情况主要受四个方面的影响:产品定价、产品质量、渠道铺设和广告宣传。若企业在以上四个方面做得比较好,则市场份额比例会比较大,可考虑产品是否满足销售;否则,市场份额较小,将导致产品滞销,积压库存。

在销售渠道铺设方面,两种生产线 α、β 均可在 A、B、C 三个区域进行生产,产品可以通过专卖店销售和量贩卖场销售。每个区域都可以设置多个专卖店或多个量贩卖场,专卖店或量贩卖场都可以通过经营租赁的方式使用。渠道不同,区域费用不同,详见动态资讯。

在广告宣传方面,应当分渠道投入,投入金额自主选择,投入越多对市场份额影响越大。

在产品定价方面,定价范围受宏观经济影响,企业自主定价不得超过定价范围,定价越合理获取市场份额越大。

在收款方面,收款方式分为一次性收款、首五余五等,不同的收款方式其收账费用不同。

在发货方面,发货数量不得超过库存数量,跨不同区域的发货运费不同,本区发货运费最低。

(七) 股利分配规则

首先系统自动从净利润中计提 10%的盈余公积金，然后分配优先股利。若可供分配利润大于优先股股利，系统自动分配，否则当期不分配，待后期满足条件时分配。在优先股股利分配后仍有剩余时，才可以考虑分配普通股股利，分配金额 50 万元起。最后剩余为未分配利润。

三、实训理论基础与准备

企业价值创造理论是指导企业构建竞争优势和实现价值最大化的重要理论，在发展过程中形成了古典利润理论、熊彼特"创新理论"、新古典利润理论和企业能力理论四种重要理论。随着企业面临的内外部环境的变化，特别是云计算、物联网、移动互联网等新一代信息技术的迅猛发展，理论探索日新月异。波特整合价值创造理论是企业能力理论中的重要理论之一，也是被广泛接受和运用的从企业层次上进行价值创造分析的工具之一。该理论提出的价值链分析模型表明，企业的基本活动和支持活动中的各环节与企业价值创造息息相关，这些活动是企业竞争优势的重要源泉。其中，横向的基本活动直接创造价值，是价值链中的核心环节，如生产管理、市场营销、客户服务等；纵向的支持活动则为基本活动提供条件并提高基本活动的绩效水平，间接创造价值，如人力资源管理、财务管理、技术研发、采购管理。各个学科专业可分别从不同角度或切入点分析企业价值创造流程，形成相关的理论体系。

(1) 在组织结构构建方面：需要综合运用管理学中的计划、组织、领导、控制等基础知识。

(2) 在经营规划方面：需要综合运用管理学中的决策、计划、创新、风险意识；同时涉及经济学中的 GDP、CPI、采购经理指数(PMI)、税率、商业银行存款准备金等相关指标。此外，还包括财务管理学中的财务战略、财务预测，管理会计中的经营预测、全面预算管理等相关知识，也涉及市场营销学中的消费者购买行为模式、产品生命周期等理论。

(3) 在筹资业务方面：需要综合运用财务管理学中的货币时间价值、现金流量、NPV(净现值)、筹资决策等相关理论。

(4) 在投资业务方面：需要综合运用财务管理学中的投资决策、经营租赁与融资租赁相关知识，同时涉及管理会计学中的产品生命周期、成本性态、本量利分析、经营决策等理论。

(5) 在营运管理方面：需要综合运用财务管理学中的现金周转与现金管理；市场营销学中的消费者购买行为模式、人力资源需求预测、薪酬结构等知识。

(6) 在利润分配方面：需要综合运用决策、股利分配等相关理论知识。

(7) 在经营分析方面：需要综合运用财务预测、经营预测、财务指标分析、杜邦分析法等相关知识。

平台安装由厦门网中网公司专门提供，并附有相应的《EVC 企业价值创造实训教学平台使用手册》。平台设有专门的教师管理界面，在实训课程开始之前，教师应熟悉管理界面的各功能菜单及操作，做好相应的前期准备工作，以保证实训课程的顺利进行。教师前期准备工作主要包括实训班级导入及管理、学生实训账号的创建与管理、实训批次的组织管理等。

第二节　EVC企业价值创造实训操作

一、实训平台企业创建与运营概述

(一) 创建企业阶段

创业型企业创建时需要完成的工作有设置企业名称、办理营业证照和明确团队分工。EVC平台提供了四个关键性的岗位：企业CEO、运营总监、财务总监和市场总监。团队成员可根据各自的特质和专长进行分工，也可在后期根据成员在企业经营中的具体表现进行人员调整。创建企业的工作由企业CEO在平台设置中完成。

创业团队按照平台网址和账号登录后，即可进行角色选择，按角色分工协作完成企业创立、战略制定、资金筹集、资产配置、材料采购、生产研发、人员招聘、薪酬设计、渠道铺设、品牌建设、销售发货、股利分配等日常业务后，由CEO提交数据，进入下一期经营。

决策重难点：CEO要根据各项任务的重要性和复杂性合理调配人员，团队成员要各司其职并相互协作；团队成员的意见发生冲突时，应少数服从多数或由CEO决断；关键操作必须进行二次复核，加强内部控制，避免出现低级失误。

(二) 经营规划阶段

经营规划的主要工作是制定战略和战术，开展预测和预算。它是决定企业生存和发展的关键，应以慎重、敬畏的心态聚合团队成员的智慧，设计科学的步骤开展此项工作。平台设置本业务由企业CEO完成。

1. 决策思路

(1) 观察宏观经济环境、中观行业环境、微观市场环境，收集既定产品所承载的外部环境信息、经营所需遵守的规则。

(2) 查看企业经营应具备的内部环境信息，如动产、不动产、产品特性、人力资源信息，寻找自身所具有或希望具有的核心竞争力。

(3) 结合企业内外部环境，商讨确立企业短期和长期的经营目标，如市场份额占有率、产品产销量、厂房生产线等生产必备条件的取得方式和规模等。

(4) 根据确立的企业短期和长期经营目标，确定企业第一年的产品产销量、原料购买存量及生产线的置办数量等生产条件配备信息。

(5) 根据业务信息，参考宏观经济指数和金融环境指数，规划总体现金流量，预测现金来源和方式、投放方向和节奏、现金控制的风险点。

(6) CEO 查看每期动态资讯中的宏观经济指标、行业信息、市场消费习惯、不动产、动产、产品及人力资源等相关信息，设置企业经营目标，并进行购销预测与现金流预算。

2. 决策操作流程

(1) "行业"界面(见图 6-1)提供行业经营范围、经营产品、预计市场需求量、竞争对手、预计行业净利率、预计优先股分红比例等信息。

图6-1 "行业"界面

(2) "市场"界面(见图 6-2)提供各类产品在不同区域的消费习性信息，包括价格敏感度、质量服务、品牌宣传等。

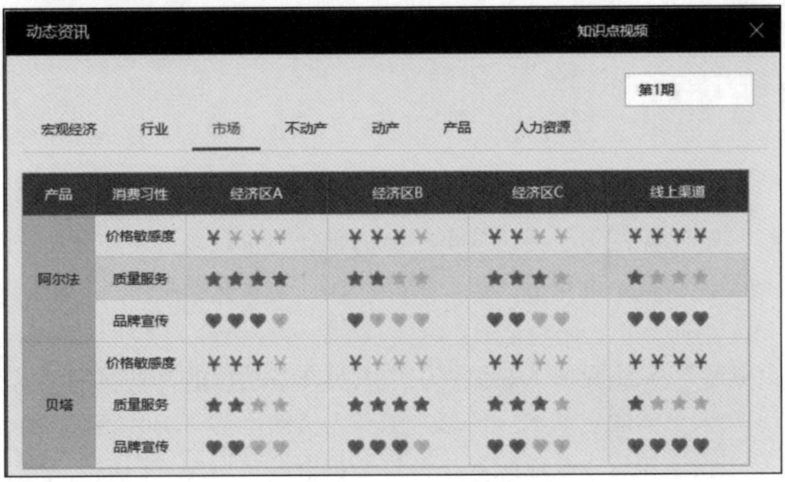

图6-2 "市场"界面

(3) "不动产"界面(见图 6-3)提供厂房、专卖店、商场等不动产在不同区域的售价或租金信息，每个厂房可以容纳 2 条生产线。

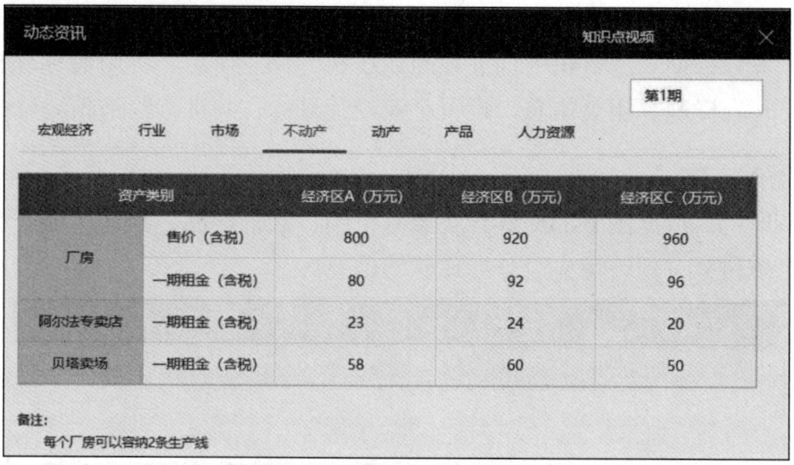

资产类别		经济区A（万元）	经济区B（万元）	经济区C（万元）
厂房	售价（含税）	800	920	960
	一期租金（含税）	80	92	96
阿尔法专卖店	一期租金（含税）	23	24	20
贝塔卖场	一期租金（含税）	58	60	50

图6-3　“不动产”界面

(4) “动产”界面(见图 6-4)提供各类产品生产线在不同区域的售价和租金情况、生产线最大产能及生产线的获取方式等信息。各期生产线的售价和租金会随着市场环境的变化而变化。

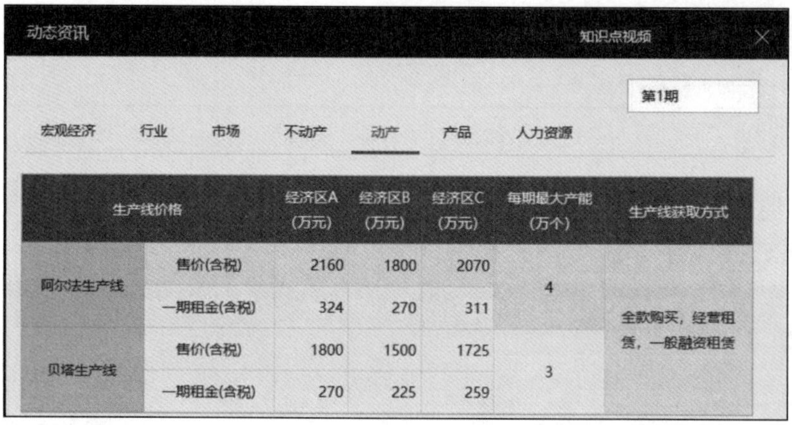

生产线价格		经济区A（万元）	经济区B（万元）	经济区C（万元）	每期最大产能（万个）	生产线获取方式
阿尔法生产线	售价(含税)	2160	1800	2070	4	全款购买，经营租赁，一般融资租赁
	一期租金(含税)	324	270	311		
贝塔生产线	售价(含税)	1800	1500	1725	3	
	一期租金(含税)	270	225	259		

图6-4　“动产”界面

(5) “产品”界面(见图 6-5)提供各类产品的预计售价，以及生产该类产品所需要的原材料、原材料数量及材料基准价等信息。产品的预计售价和材料基准价会随着市场环境的变化而变化。

(6) “人力资源”界面(见图 6-6)提供生产人员在各地区的平均薪酬，以及管理人员、销售人员、董事会人员的固定薪酬等信息。生产人员的平均薪酬会随着市场环境的变化而变化。管理人员根据注册资本金额配置，销售人员根据渠道配置，每个专卖店配置 3 人，每个大卖场配置 5 人，每个产品线配置 10 人。销售提成以销售收入为提成基数。生产人员根据生产所需和系统规则自行计算并招聘。

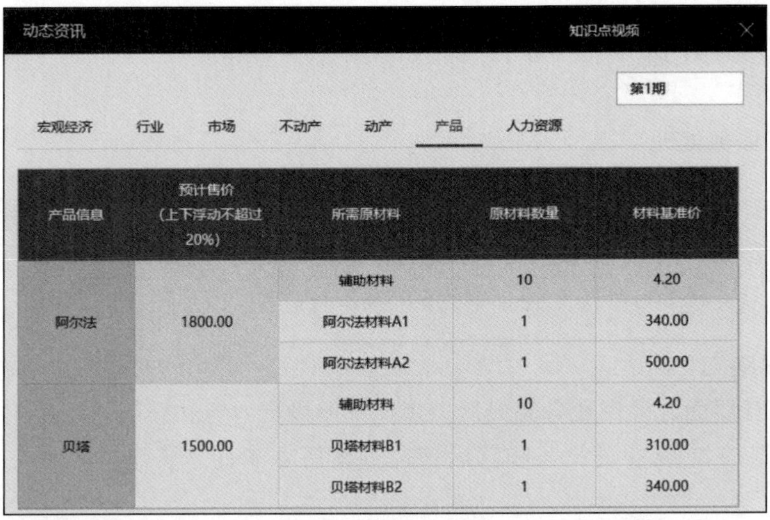

产品信息	预计售价（上下浮动不超过20%）	所需原材料	原材料数量	材料基准价
阿尔法	1800.00	辅助材料	10	4.20
		阿尔法材料A1	1	340.00
		阿尔法材料A2	1	500.00
贝塔	1500.00	辅助材料	10	4.20
		贝塔材料B1	1	310.00
		贝塔材料B2	1	340.00

图6-5 “产品”界面

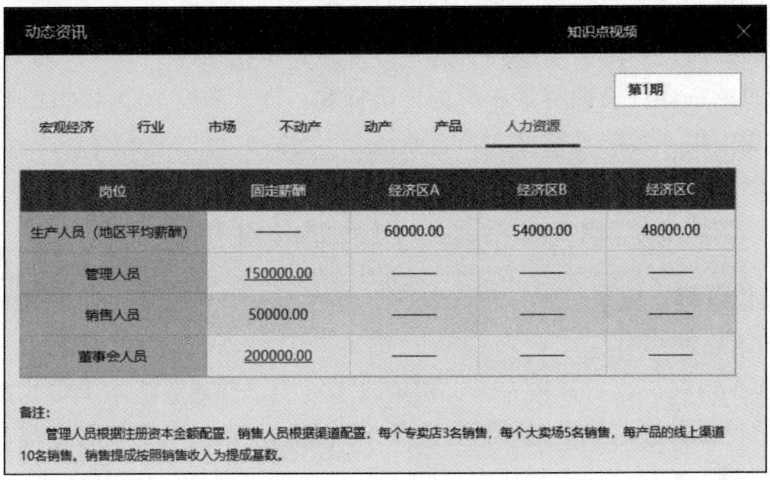

岗位	固定薪酬	经济区A	经济区B	经济区C
生产人员（地区平均薪酬）	——	60000.00	54000.00	48000.00
管理人员	150000.00	——	——	——
销售人员	50000.00	——	——	——
董事会人员	200000.00	——	——	——

备注：

管理人员根据注册资本金额配置，销售人员根据渠道配置，每个专卖店3名销售，每个大卖场5名销售，每产品的线上渠道10名销售。销售提成按照销售收入为提成基数。

图6-6 “人力资源”界面

3. 决策重难点

(1) 分析企业内外部环境，根据企业战略规划制定企业经营目标。

(2) 确定产品的市场占有率，根据市场总份额计算产品的预计销量，以销定产，根据预计的生产数量和库存进行材料采购。

(3) 根据生产需求进行资源配置，购置动产、不动产等。

(4) 制定企业的财务目标，预测企业现金流入/出量，包括：预测企业材料采购货款及应付款项；结合动态资讯中本期产品的基础售价，预测当期收入并制定收款政策；通过产量需求预测，计算企业应招聘的生产人员数量，并针对人力市场状况，设置薪酬，预测其现金流出；股东投资金额和对外筹资金额；资产购置或租赁金额、利息支出、分配股利等，从而得出本期净现金流。

二、实训业务处理

(一) 筹资业务处理

注册资本普通股和优先股各5000万元,企业通过借款筹资时,可以选择短期借款、长期借款、小额贷款、闪电贷四种方式,在抵押贷款时需要考虑期限。企业信用等级为A,通过长期借款筹资10 000万元,利息率为5.85%,贷款期限为6期。

1. 决策思路

在实务执行层面,筹资业务完成后,才能开展投资业务和营运管理,但在经营规划层面,筹资业务应在完成投资业务和营运管理预案后才能计算资金的需求总量、需求结构和需求进度。

筹资业务主要考虑筹资渠道、筹资方式和筹资成本三个问题。平台提供的筹资渠道是股东筹资和金融机构筹资,筹资方式是股权筹资和贷款。

股权筹资的注册资本总额上限为1亿元,普通股和优先股上限分别为5000万元。

贷款分为短期贷款、长期贷款和小贷公司贷款。贷款额度和企业的注册资本及信用等级相关,可查看信用评级明细得分。当企业资金不足时,可以考虑将资产进行抵押以获取贷款。若要取消贷款,则当期可以取消抵押贷款。如果资金不足面临破产,系统会根据情况提供闪电贷,闪电贷年利率为20%以上,且第二年的年初需偿还本息。

2. 决策操作流程

1) 确定初始股本结构

企业CEO在创立企业后首先应确定初始股本结构。普通股资本上限为5000万元,优先股资本上限为5000万元。普通股为必选项,优先股根据经营需要各期都可新增。

2) 新增注册资本

企业CEO在确定初始股本结构之后的经营各期均可根据实际情况选择新增注册资本。进入"新增资本注册"界面(见图6-7),填入新增的注册资本金额,单击"修改保存"按钮,则可新增普通股和优先股。普通股和优先股的最大额度各为5000万元。

3) 金融机构贷款

财务总监进入"金融机构贷款"界面(见图6-8),可进行短期贷款、长期贷款、小贷公司贷款,单击"添加筹资"按钮,选择筹资类型,填写贷款期限和贷款金额,系统自动显示本期贷款额度。贷款额度与注册资本和信用等级相关。可查看信用评级明细得分。信用评级D级(含D级)以下不能贷款。

4) 资产抵押贷款

当企业资金不足时,财务总监可以考虑将资产进行抵押。资产抵押的前提必须是拥有产权明确的资产,属于全款购买或按揭购买已经到期的固定资产次月才可用于抵押。若要取消贷款,则当期可以取消抵押贷款。

图6-7 "新增资本注册"界面

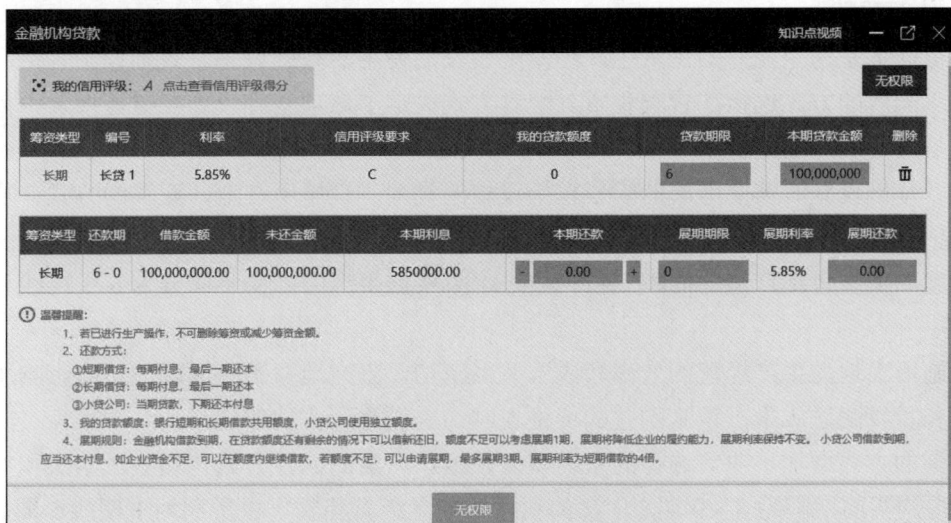

图6-8 "金融机构贷款"界面

3. 决策重难点

1) 筹资需要考虑的因素

选择筹资方式和筹资渠道需要考虑宏观金融市场环境、资金用途(固定资产投资、流动资金需求)、资金流动性、贷款利率、偿还期限,以及企业信用等级等因素。企业若要得到金融机构更高额度的贷款,就必须保证在企业发展能力、盈利能力、营运能力、风险管理能力、现金管理能力等财务性信用指标方面达到金融机构要求的等级。平台要求D(不含D)级以上的信用评级才能贷到款项,信用等级越高,贷款额度越高。

2) 短期筹资政策对企业风险和报酬的影响

企业在筹资时必须在风险和报酬之间进行认真的权衡,选取最优的筹资组合。在资金总额不变的情况下,较多地使用成本较低的短期资金,企业的利润会增加。但此时如果短期资产所占比例保持不变,那么短期负债的增加会导致流动比例下降,短期偿债能力减弱,进而增加企业的财务风险。短期借款筹资决策主要考虑借款成本和贷款银行。短期借款成本主要通过借款利率来体现。平台内的借款利率受每期金融环境影响,由于每期银行准备金率的变化不同,借款利率也不同。因此,企业若要借到成本较低的款项就必须关注宏观经济指标,从而在利率较低时借款。

(二) 投资业务处理

企业可在 3 个经济区选址设厂,并自由确定厂房数量;任何一个区域生产的产品都可以向所有渠道销售。企业必须先选址占用厂房,并购置生产线后才能开始生产。本例中在 B 经济区经营租赁厂房安置 2 条 α 生产线;在 C 经济区经营租赁厂房安置 2 条 β 生产线,并自动生成经营参数与 NPV 的测算。

1. 决策思路

投资业务是为企业开始正常生产经营配备长期使用的基础设施。基础设施包括厂房、生产线。配置的方式包括购置和租赁。配置方式决定了该项基础设施在财务报表中被确认的项目是固定资产还是费用。平台设置本业务由财务总监完成。

配备基础设施时需要考虑的因素包括设施的类型、设施所在地、配置的方式、购置或租赁的价格。

设施的类型包括厂房的面积、生产线的类型(根据生产的产品不同分为 α 生产线和 β 生产线)等。

设施所在地与生产经营的效率和成本关系密切,生产地与销售区域的距离影响服务响应速度和货物配送成本,设施购置的价格也制约着设施所在地的选择。

配置的方式增加了决策选择的空间和复杂度。厂房的购置方式包括全额购买和按揭购买,按揭购买的期限为 8~9 期。厂房的租赁方式是经营租赁,租赁期为 1 期或 5 期。生产线的购置方式是全额购买。租赁方式分为经营租赁和一般融资租赁(按揭购买),经营租赁期是 1 期或 5 期,按揭购买的期限为 3~9 期。

2. 决策操作流程

为与平台设置一致,基础设施无论采取购置还是租赁的方式获取都统称为资产。

财务总监进入所选区域进行厂房和生产线的购置或租赁。在"固定资产置办"界面(见图 6-9)依次选择资产、配置方式、按揭期数或租赁期数,最后进行保存。

3. 决策重难点

1) 影响单项资产选择的因素

选择单项资产面临互斥方案的决策,要求决策者从所有的备选方案中选出最优方案。考虑的因素包括:获取资产的方式,取得相关资产使用权需要支付的现金、支付时间、支付方式,以及选择该项资产对企业利润的影响(即考虑企业所得税的因素)。

图6-9 "固定资产置办"界面

2) 厂房按揭购买方式下合理选择按揭期数

如果确定选择按揭购买厂房则会面临按揭期数选择的问题。市场上，以按揭购买方式购入厂房时，按揭期数为3～9期。选择不同的按揭期数，对经营会有不同的影响。选择方案时，决策者应从所有的备选方案中选出相关成本最低的方案。按揭期数不同，每期所需支付的金额不同，需要比较不同方式下购买厂房净现值(NPV)。另外，还要考虑不同期数的选择对利润是否有影响。

3) 合理选择资产组合

对于不同的地区，不同的资产价格各不相同，产生的效益也不同。选择方案时，要求决策者从所有的备选组合方案中选出相关指标期望值最高的方案。经营时，资金是有限的，各种购买方式及不同的组合使各种购买方案的现金流差异很大，需要合理考虑。另外，可以对投资参数进行调整，看是否实现了经营目标，如图 6-10 所示。

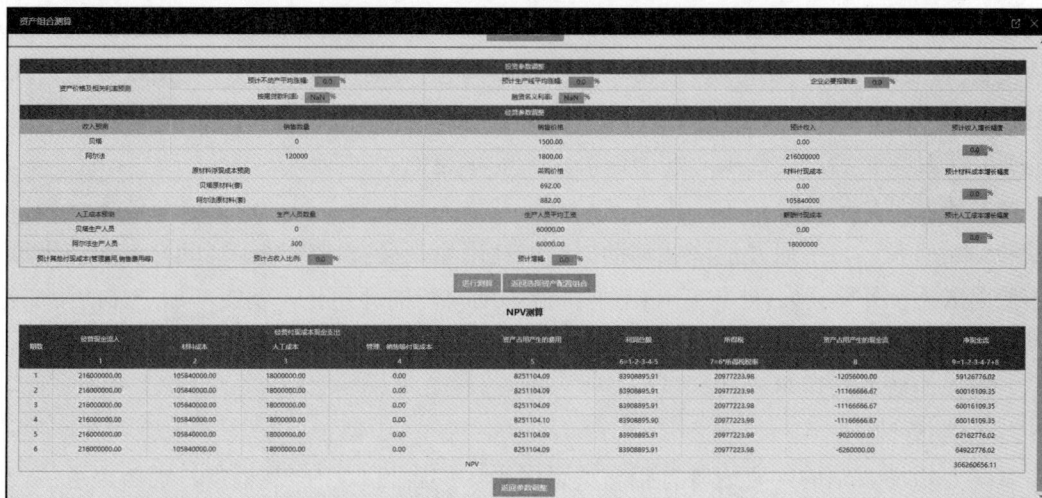

图6-10 "经营参数与NPV测算"界面

(三) 营运业务处理

针对市场分析购进材料，需要购进的材料包括：α 材料 A1、A2；β 材料 B1、B2；以及辅助材料。购进材料时按照首六余四的首付比例付款。分别在 B、C 经济区内进行 α、β 两条生产线的安置。招聘生产人员共 168 人，进行生产人员薪酬设计测算，然后在 B、C 经济区各安排 84 人分别作为 α、β 两条生产线的员工。投入相关研发费用。对 β 生产线进行线上渠道铺设，投放 1500 万元的广告费。最后进行销售发货。

1. 决策思路

1) 物资供应

生产产品前的重要工作是采购适当的原材料。原材料的品种配比关系、质量等级、价格、采购时间、付款方式都是需要重点考虑的事项。

α 和 β 两种产品都各自由两种主要材料和辅助材料构成。原材料的质量等级将影响产品的总体质量等级，是满足客户订单要求的关键因素，同时也会影响原材料采购价格。采购价格既受宏观经济环境与材料供需市场的影响而经常波动，也与质量等级、付款方式密切相关。采购时间需与生产时间相配合，与采购价格相呼应。付款方式分为一次性付款、首八余二、首六余四，与价格紧密相关。

2) 生产研发

要使生产正常运行，除了采购基础设施、原材料，还需要配备生产人员、设计薪酬并适时地进行产品研发。

生产人员配备的数量受投产产品的数量和每名生产人员加班的幅度影响。计算公式为：实际单人年产量＝400×加班幅度。由于加班提高了实际单人产量，生产同样数量的产品所需的人数可以相应减少。

生产人员薪酬总额由固定薪酬和计件工资构成。固定薪酬与生产人员所处的经济区域有关，且不得低于该区域当期平均薪酬；单位基础计件工资自行设定，计算公式为：加班计件工资＝(实际单人产量情况–正常单人产量)×单位基础计件工资×2。系统设定人均总报酬不得低于所在区域平均薪酬的 75%，固定薪酬不得低于总报酬的 50%。薪酬水平对生产的产品废品率也会产生影响，薪酬越高，废品率越低。

产品研发是降低产品成本、提高产品市场竞争力的重要手段。产品研发业务分为自主研发和外购研发。自主研发能降低辅助材料的耗用量，会按比例减少辅助材料的使用量，节约使用成本；外购研发(外购专利)不能降低辅助材料的耗用量，但能增加产品的附加值，提高产品的综合竞争力，提升产品销售价格。研发费用于当期投入，效果影响当期和后续各期。投入的研发费用可累计。

3) 市场营销

本平台市场营销的主要内容有销售渠道铺设、广告投入和产品销售。销售渠道铺设和广告投入工作完成后才能进行产品销售工作。

销售渠道分为两类，分别是线上渠道和线下渠道。线上渠道适用于 α 和 β 两种产品，产品通过线上渠道销售不受经济区限制;线下渠道包括适用于 α 产品的专卖店和适用于 β 产品的量贩卖场,产品只可在线下渠道所铺设的经济区范围内销售。线下渠道只能采取租赁方式获取,α 专卖店分为 1 期一租和 5 期一租两种租赁方式,β 卖场只有 1 期一租一种租赁方式。

渠道不同,铺设成本也不同。铺设成本包括销售人员薪酬、渠道费用和渠道租金。在销售人员薪酬方面,线上渠道(即网店),需要为每种产品的销售聘请 10 名销售人员,线下渠道中每家专卖店需要聘请 3 名销售人员,每家卖场需要聘请 5 名销售人员。渠道人员薪酬情况可通过"动态资讯"中的"人力资源"进行查看,销售人员工资的计算公式:销售人员薪资=固定薪酬+销售提成(销售提成=销售收入×1%)。

渠道费用会因铺设渠道的不同而有所差异,具体包括 α 专卖店开设费、β 卖场进场费、网店宣传维护费、网店销售保证金。α 专卖店开设费和 β 卖场进场费需一次性支付,同时计入当期销售费用,如果租期为 1 年,则第二年再次租赁时仍需支付开设费和进场费;如果租期为 5 年,则第一年支付开设费和进场费后,5 年内无须再次支付。网店宣传维护费也计入当期销售费用。网销保证金在铺设线上渠道时支付,退出线上渠道时退还。

渠道租金根据专卖店、卖场渠道和租期的不同而有所差异。

广告投入工作需要分渠道、分经济区实施。不同产品的广告投入方式是不同的。广告投入的方式包括赠品营销、现场活动营销和宣传单发放三种。每种产品可以选择投放广告,也可以选择不投放广告,并设有固定的新增广告费用金额。广告投放金额会影响企业的市场份额。影响期数代表该种广告投放方式的影响持续时间。

产品销售的区域也是发货目的地,支持跨区域销售,即生产的区域和销售的区域不一定一致,跨区域销售的单位运费不同。销售价格在市场指导价下自主设置,销售数量在库存范围内设置。线下销售产品的收款方式包括一次性收款、首五余五、首六余四三种。而线上销售产品的收款方式只有一种,即一次性收款。

2. 决策操作流程

1) 原材料采购

运营总监在采购 α 和 β 两种产品对应的原材料前可以先查看"原材料价格配比信息"和"原材料价格趋势图"。在"原材料采购"界面(见图 6-11)购买材料,选择质量等级、首付比例、数量等,质量等级和首付比例都会影响最终定价,单击"新增保存"按钮,保存要购买的材料。

2) 生产运营

(1) 生产人员招聘。

只能在购置了生产线的区域招聘生产人员。招聘人员时,要先进行生产人员招聘测算。填写预计投产数量、加班幅度(加班幅度不得超过 20%),单击"进行测算"按钮,系统会自动计算出投产人数,将结果填入"生产人员招聘"界面(见图 6-12)。

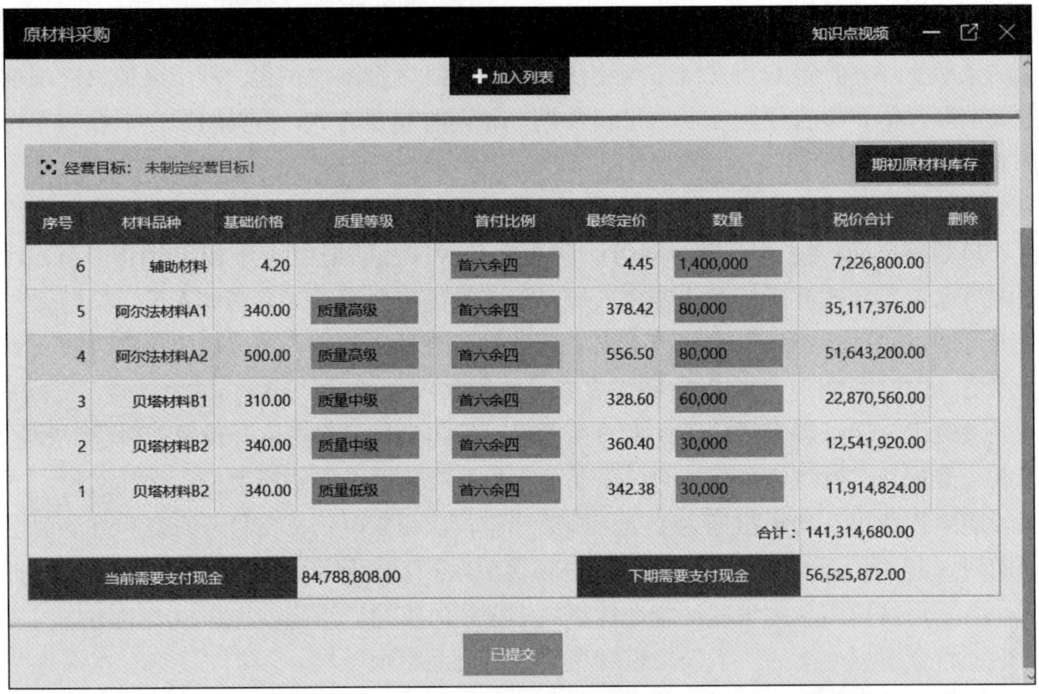
原材料采购
知识点视频
加入列表
经营目标：未制定经营目标！
期初原材料库存
序号 材料品种 基础价格 质量等级 首付比例 最终定价 数量 税价合计 删除
6 辅助材料 4.20 首六余四 4.45 1,400,000 7,226,800.00
5 阿尔法材料A1 340.00 质量高级 首六余四 378.42 80,000 35,117,376.00
4 阿尔法材料A2 500.00 质量高级 首六余四 556.50 80,000 51,643,200.00
3 贝塔材料B1 310.00 质量中级 首六余四 328.60 60,000 22,870,560.00
2 贝塔材料B2 340.00 质量中级 首六余四 360.40 30,000 12,541,920.00
1 贝塔材料B2 340.00 质量低级 首六余四 342.38 30,000 11,914,824.00
合计：141,314,680.00
当前需要支付现金 84,788,808.00
下期需要支付现金 56,525,872.00
已提交

图 6-11　“原材料采购”界面

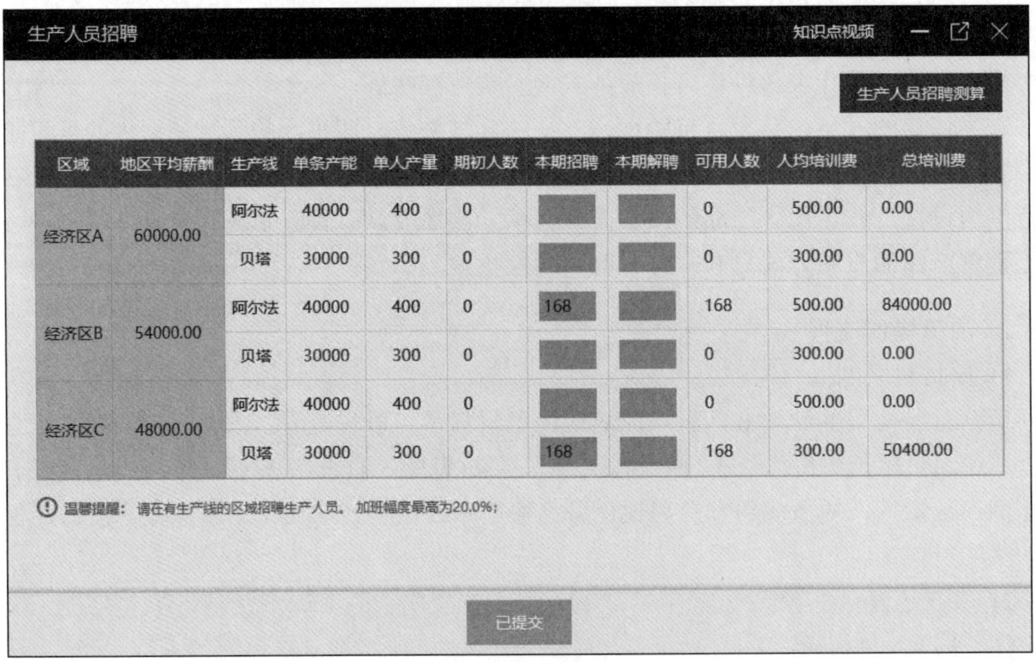
生产人员招聘
知识点视频
生产人员招聘测算
区域 地区平均薪酬 生产线 单条产能 单人产量 期初人数 本期招聘 本期解聘 可用人数 人均培训费 总培训费
经济区A 60000.00
阿尔法 40000 400 0 0 500.00 0.00
贝塔 30000 300 0 0 300.00 0.00
经济区B 54000.00
阿尔法 40000 400 0 168 168 500.00 84000.00
贝塔 30000 300 0 0 300.00 0.00
经济区C 48000.00
阿尔法 40000 400 0 0 500.00 0.00
贝塔 30000 300 0 168 168 300.00 50400.00
温馨提醒：请在有生产线的区域招聘生产人员。加班幅度最高为20.0%；
已提交

图6-12　“生产人员招聘”界面

测算出招聘人数后，填写人均固定薪酬、预计产量、单位计件工资、加班幅度(不能超过 20%)，单击“进行测算”按钮，系统将自动测算出人均工资。如果界面出现红色警示标志，则表示测算不成功。人均总薪酬不得低于所在区域平均薪酬的 75%，固定薪酬不得低于总薪酬的 50%。在"生产人员薪酬测算"界面模拟测算后，把薪资测算的结果填入"生产人员薪酬设计"界面(见图 6-13)。

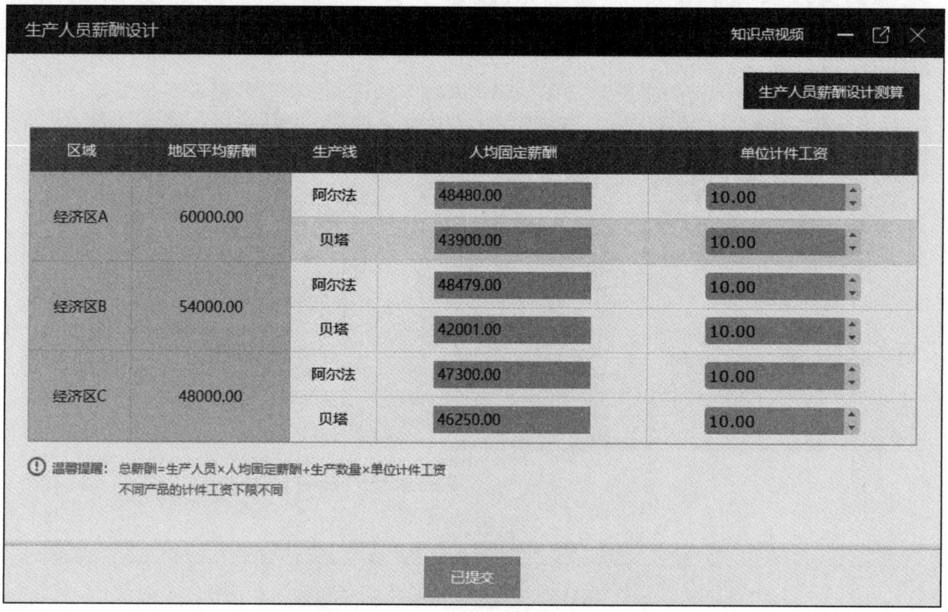

图6-13 "生产人员薪酬设计"界面

(2) 产品生产。

在"产品生产"界面(见图 6-14)填写产品投产数量、安排人数，选择生产质检等级，单击"新增保存"按钮，即可完成产品生产设置。

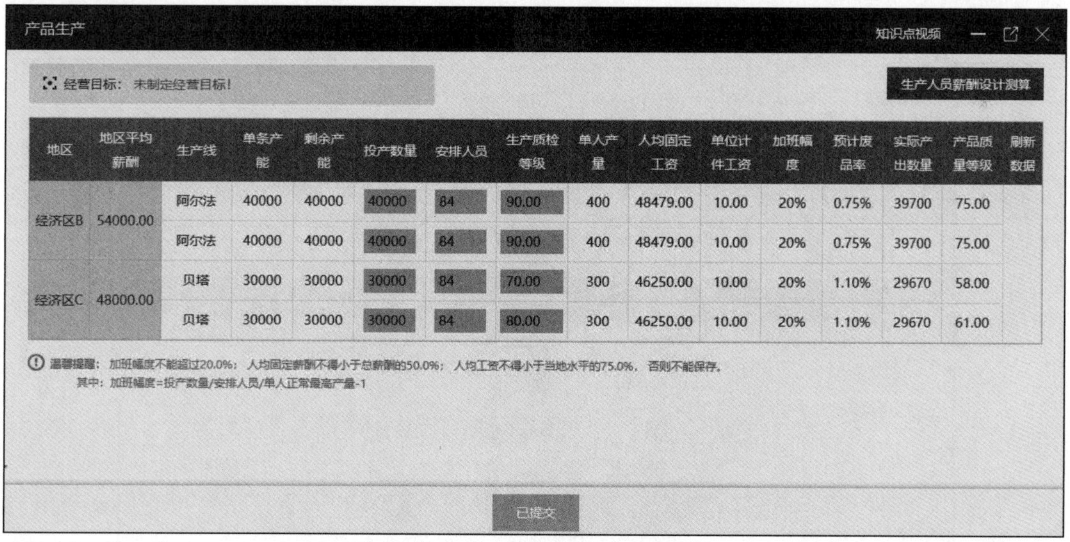

图6-14 "产品生产"界面

在"产品研发"界面(见图 6-15)选择当期需投入金额，单击"新增保存"按钮，即可完成当期研发。研发业务分为自主研发和外购研发，自主研发能降低辅助材料的耗用量，外购研发能提高产品的竞争力。

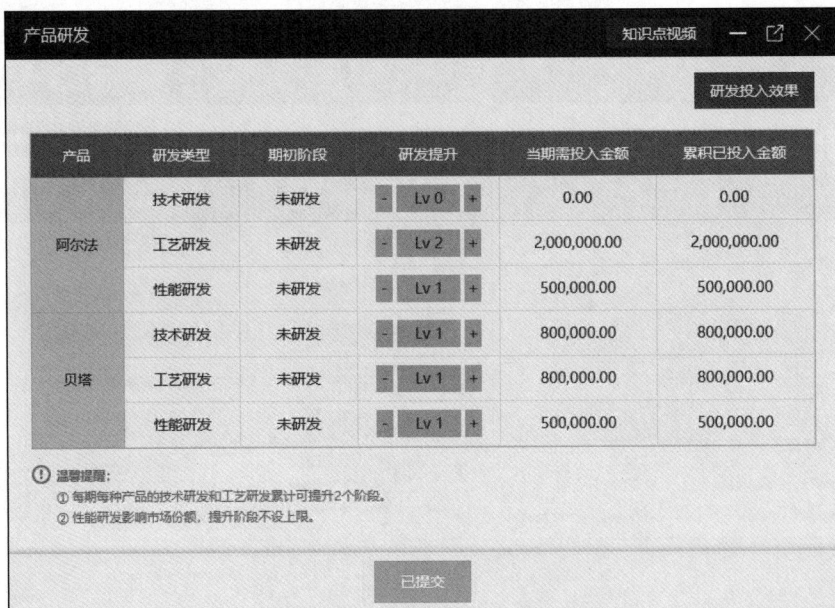

图6-15　"产品研发"界面

3) 市场营销

(1) 渠道铺设。

首先需要新增渠道。市场总监进入"渠道铺设"界面(见图 6-16),选择线上渠道,填写线下渠道中 α 专卖店和 β 卖场的铺设数量,单击"新增保存"按钮,即可完成渠道铺设。

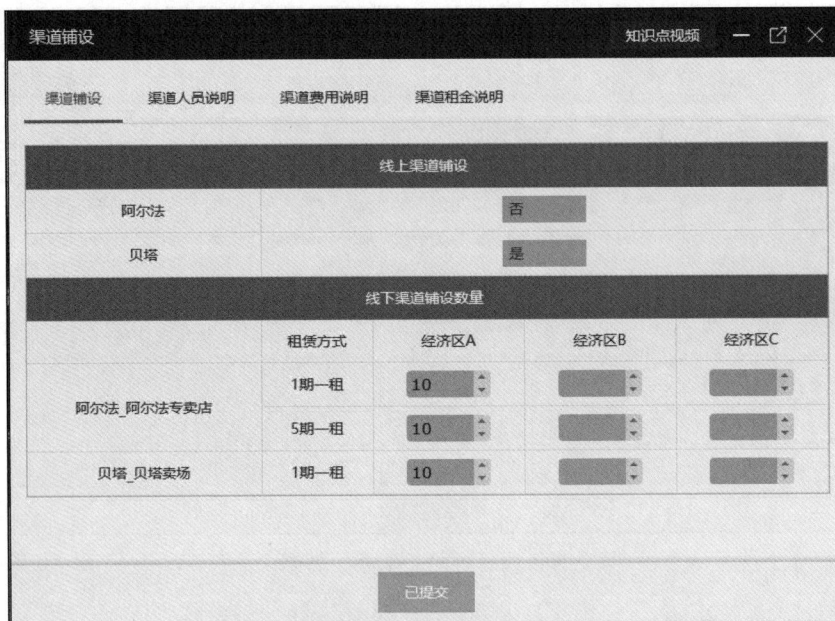

图6-16　"渠道铺设"界面

(2) 品牌建设。

选择要投入广告的区域，在"品牌建设"界面(见图 6-17)填写广告投放金额，单击"新增保存"按钮，即可完成该渠道的广告投入。单击"广告投放效果查询"按钮，可查看该广告的投放效果。单击"返回"按钮，即返回广告投放区域选择界面。广告投放金额会影响企业的市场份额。

图6-17 "品牌建设"界面

(3) 销售发货。

在"销售发货"界面(见图 6-18)，选择要发货的区域，输入定价、本期发货数量、收款方式，系统会自动计算预计销售额、预计销项税额、预计本期收款、预计运费、预计收账费用、预计下期收款。在定价范围内可自主定价，发货数量不能超过库存数量。定价会直接影响企业的市场份额。

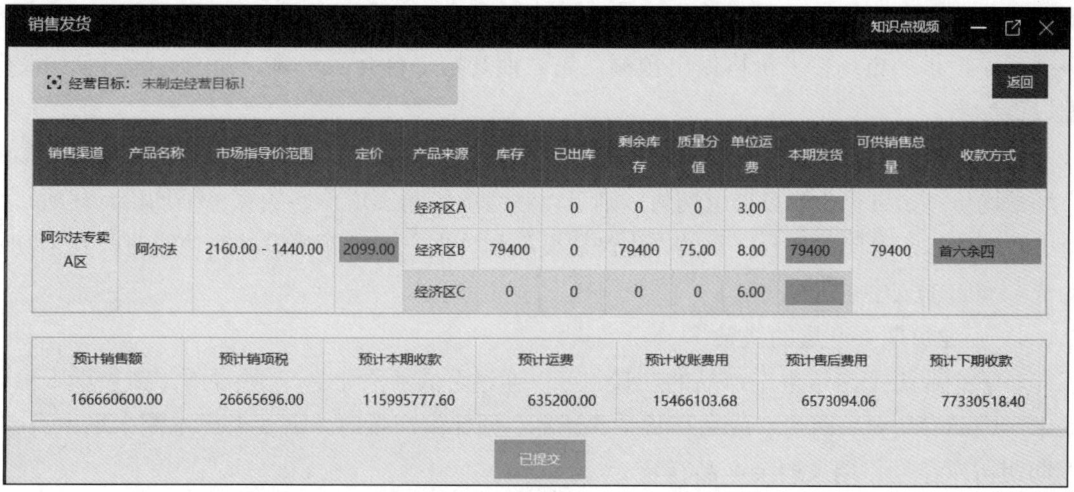

图6-18 "销售发货"界面

3. 决策重难点

1) 企业原材料需求的决策

市场的需求情况、采购经理人指数、竞争者的数量、产品定位、当期销量和未来生产的计划、产品材料的构成比例、产品自主研发的程度(减少辅助材料)、原材料价格趋势的判断、质量等级和付款方式等因素会影响购买原材料的种类、数量、单价。

$$预计采购量＝(本期生产需要量＋期末存量)-期初存量$$

采购原材料时还需要考虑生产线的最大产能、期初库存数量、材料价格趋势，以及企业是否需要囤积原材料。

如果企业希望在材料价格较低时囤积材料，则需要关注宏观环境对材料价格走势的影响，选择对企业有利的运作。当GDP的增长数值为正数时，则表示该地区的经济处于扩张阶段；反之，则表示该地区的经济进入衰退期。

2) 企业采购原材料的决策

在进行原材料采购决策时需要注意：找到使材料成本较低的采购条件组合，从而使产品成本较低；考虑基于现金流的压力，找到不超出支付能力的付款方案。此外，还应尝试不同的质量等级、付款方式组合，寻找综合成本最低的方案。采购者应考虑市场影响因素，尽可能寻找受成本及现金流两个因素影响后综合总成本最低的采购条件组合，确定最理想的定价及现金流方案。值得一提的是，不能一味追求成本最低而影响了产品质量，最终影响销售。

3) 企业选择产品的决策

边际贡献首先用于补偿固定成本，只有选择能产生边际贡献的产品才有可能实现盈利。决策者只需要计算各种产品的单位边际贡献(单位边际贡献=销售单价-原材料单价-单位计件工资)即可，当单位边际贡献大于零时才有生产的必要。需要说明的是，第一期只能根据系统提供的市场参考价格做出预测，第二期开始平台会显示前一期的边际贡献相关数据以供参考。

在进行决策时，首先，要考虑销售单价，如果企业只铺设了一个销售渠道，则直接参考市场平均价；如果企业要多渠道销售，则可以参考各销售渠道价格的算术平均价。其次，要考虑变动成本，可使用平台提供的"生产研发"和"生产人员薪酬设计"功能获取人工费变动成本(即单位计件工资)。

4) 企业每期生产量的决策

对于企业每期应该生产产品的产量，可以通过公式"预计生产量＝(预计销售量＋预计期末产成品存货量)-期初产成品存货量"计算。预计生产量时，需要考虑本期市场占有率、下期期初库存量、期末剩余产品存量。

5) 企业招聘人工的决策

生产人员的配备应当以最大化利用人员生产能力为前提，为此，以少于标准人员进行配备，并通过加班形式补充生产能力，可减少闲置人员，提高人员利用率。确定生产量后，通过测算不同的加班幅度，找到生产人员利用率最高的配备人数。

6) 企业制定生产人员薪酬的决策

首先，根据规则，生产人员的固定薪酬和总薪酬受所在区域人均薪酬的制约，即人均总薪酬不得低于所在区域平均薪酬的75%，固定薪酬不低于总薪酬的50%。尝试不同的生产人员的人均固定薪酬及单位计件工资组合，找出花费最少的组合。尝试不同生产区域人均固定薪酬及单位计件工资，从而发现工资总额及人均工资会发生变化，经过测算，可以找到工资总额及人均工资从最高到最低的不同组合。其次，找出生产人员人均固定薪酬及单位计件工资对废品率影响最小的组合。随着工资的变化，也可以找出与废品率相关的最高到最低的一系列数值。

7) 企业开展产品研发的决策

研发投入效果计算公式：研发投入效果＝研发投入后预期生产总量×辅助材料数量×自主研发阶段对应辅助材料使用率×辅助材料价格＋研发投入后预期销售总量×外购专利研发阶段对应产品附加值比例。

在生产研发中，人员薪酬及研发费用的投入是影响产品成本的主要变量，可以尝试调整生产量，观察变量随产量变化的趋势，再计算单位边际贡献，若研发有利，则投入。

8) 企业产品销售的决策

价格敏感度越高的区域，商品定价策略应考虑低价；质量服务要求越高的区域，从原材料采购到产品生产所选择的质量等级都要相应提高；品牌宣传要求越高的区域，要求广告投放的金额和种类就越多，对渠道铺设的方式也有一定影响。

首先，在资源有限的情况下，细分市场的选择是产品销售时需要解决的关键问题。细分市场是以某种目的将市场划分为一定数量的有明确界限的区域。细分市场的方法包括地理划分法、人口统计划分法、需求划分法。企业应根据潜在销售量、潜在利润、介入难度、竞争状况、长期发展潜力等因素确定最具吸引力的市场。

其次，思考品牌定位。了解企业在客户品牌定位图上的位置，可以有效帮助企业了解怎么做才能提高自身品牌在目标客户群中所占的份额；通过与竞争对手地位的比较，企业还可以发现一些市场中存在的空白区域。

再次，思考定价策略。在价格范围内，若定价低，则企业的收入必然会受到影响。此时，是采取高价、高质、高成本的"三高"政策，注重产品质量和服务，走高端路线；还是采用低价、低质、低成本的"三低"策略，打价格战，走低端规模营销战略，是决策者需要考虑的问题。对于销售定价，一般要保证一定的销售毛利，即销售价格应高于成本价，这部分也代表了企业产品的市场竞争力，因此应将各产品的成本价作为定价的重要参考数据。还可以结合前几期的成本信息，判断未来的成本趋势。与市场指导价格进行比较，就能知道价格底线是多少，产品价格竞争力如何。同时，收账政策决定企业的收账费用的高低，采取不同的赊销政策就会产生相对应的收账费用。根据其中的比例关系，决策者计算采取哪种赊销政策更有利。

最后，思考渠道铺设。只在一个区域铺设渠道卖出的产品多，还是在每个区域都铺设渠道卖出的产品多；是分散销售好还是集中销售好，是十分值得思考的问题。

9) 企业产品核心竞争力定位的决策

企业产品涉及三个层次的利益：一是核心利益，即客户购买产品需要满足的最根本需求，核心利益通常是企业应该满足客户的最低营销标准；二是产品有形利益，即产品的真实特征和为客户提供的效用，包括产品特征、产品品牌、产品质量；三是产品的延伸利益，即提供产品时伴随的外层满足感，如质保、安装、售后等。

不同渠道的销售者对产品的需求是不一样的，因此要根据不同渠道的消费者习性来打造企业的产品。对于价格敏感的地区，没有必要做出精品，因为那样会提高质量成本，从而使产品价格过高，而消费者不一定买账。只要做到价格低廉、质量一般即可，满足他们对产品的核心利益需求。而针对那些对质量和服务敏感的消费者，企业就要打造高质量、高服务、高附加值的产品，要在质量和研发方面都花一些成本，以满足他们对产品的有形利益及延伸利益的需求。

此外，还要考虑到产品的生命周期，在企业的产品达到成熟期以后，产品已经得到客户的认可，所有产品和服务都有一个从"摇篮到坟墓"的发展周期，这个周期包括产品引进期、成长期、成熟期和衰退期。

(四) 利润分配业务处理

针对盈利情况，从净利润中计提 10%的盈余公积金，然后分配优先股利，可供分配利润大于优先股股利，系统自动分配，否则当期不分配，待后期满足条件时分配。

1. 决策思路

当未分配利润为负数时，不能分配普通股和优先股；若未分配利润大于零，则要分配优先股股利。

优先股股利分配金额＝优先股资本金额×系统设置比例(一般为5%)

普通股股利分配方面，只有在优先股股利分配后仍有剩余时，才考虑分配普通股股利，分配金额 50 万元起。企业也可以选择不分配普通股股利，但会影响经营成绩。

2. 决策操作流程

当未分配利润为负数时，不能分配，可以选择不分配普通股股利，但是会影响经营成绩，优先股股利分配金额由系统根据优先股资本金额和设置的比例自动计算。优先股分配情况对盈利能力指标会产生直接影响。

3. 决策重难点

股利分配政策会影响投资者对公司未来盈利能力的变化趋势的判断、对公司价值的判断等，进而影响企业未来再融资。

企业应根据未分配利润金额进行股利分配，首先要分配的是优先股股利。优先股股利根据给定的优先股股利分配率进行分配。如果公司本期亏损，则等下期盈利时，先补足上期未分配的优先股股利后才能分配本期需要分配的股利。如果优先股股利分配完，未分配利润还有余额，企业则可以考虑选用适合本公司的股利政策，根据企业发展现状进行普通股股利的分配。

在进行普通股股利分配时，要关注以下因素：现金流量、筹资能力、投资机会、资本成本、盈利状况、公司所处的生命周期等。

(五) 经营分析业务处理

针对 B 经济区产品的市场占有率、实销量、市场平均价进行分析，同时对成本控制、财务指标、利润表、相关费用进行查询，对产品、现金流等因素进行自动分析，最后用杜邦分析法进行总结。

1. 决策思路

每一期经营结束后进行后台结算，进入下一期，可以查看结算结果和上一期整体经营情况，在"经营分析"模块中的"商业分析""指标分析""财务报表""期间费用""生产成本"等界面进行操作，如图 6-19～图 6-26 所示。

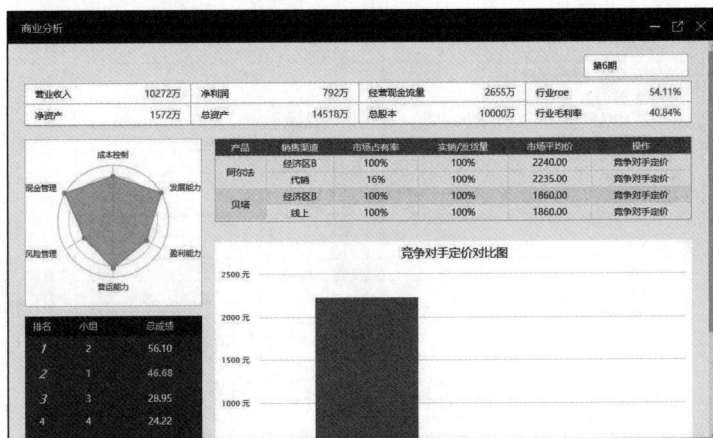

图6-19 "商业分析"界面

图6-20 当期"成本控制"指标比较界面

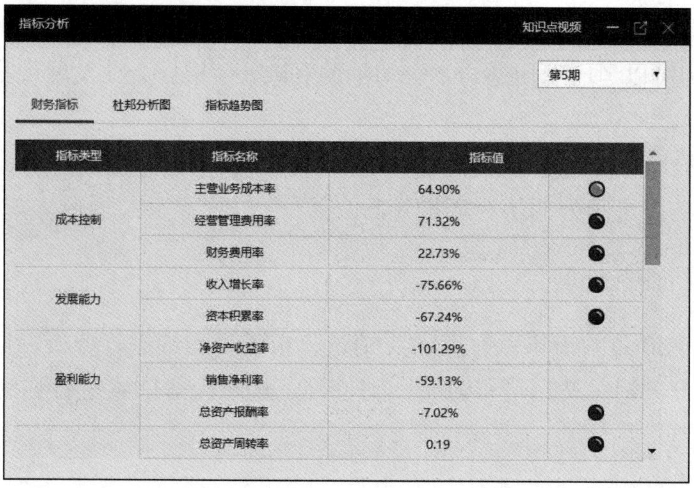

指标类型	指标名称	指标值	
成本控制	主营业务成本率	64.90%	
	经营管理费用率	71.32%	
	财务费用率	22.73%	
发展能力	收入增长率	-75.66%	
	资本积累率	-67.24%	
盈利能力	净资产收益率	-101.29%	
	销售净利率	-59.13%	
	总资产报酬率	-7.02%	
	总资产周转率	0.19	

图6-21　当期“财务指标”查询界面

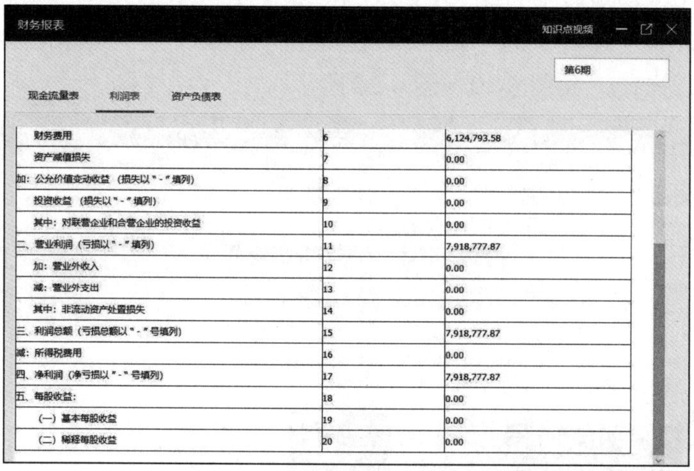

财务费用	6	6,124,793.58
资产减值损失	7	0.00
加：公允价值变动收益（损失以"-"填列）	8	0.00
投资收益（损失以"-"填列）	9	0.00
其中：对联营企业和合营企业的投资收益	10	0.00
二、营业利润（亏损以"-"填列）	11	7,918,777.87
加：营业外收入	12	0.00
减：营业外支出	13	0.00
其中：非流动资产处置损失	14	0.00
三、利润总额（亏损总额以"-"号填列）	15	7,918,777.87
减：所得税费用	16	0.00
四、净利润（净亏损以"-"号填列）	17	7,918,777.87
五、每股收益：	18	0.00
（一）基本每股收益	19	0.00
（二）稀释每股收益	20	0.00

图6-22　当期“利润表”查询界面

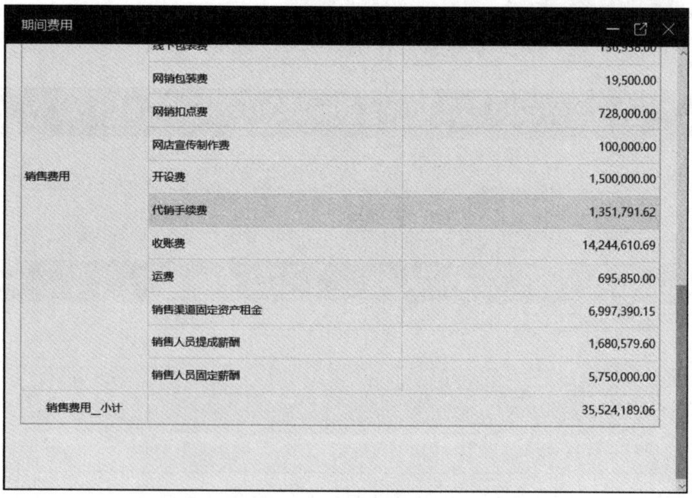

销售费用	网销包装费		19,500.00
	网销扣点费		728,000.00
	网店宣传制作费		100,000.00
	开设费		1,500,000.00
	代销手续费		1,351,791.62
	收账费		14,244,610.69
	运费		695,850.00
	销售渠道固定资产租金		6,997,390.15
	销售人员提成薪酬		1,680,579.60
	销售人员固定薪酬		5,750,000.00
销售费用_小计			35,524,189.06

图6-23　当期“期间费用”查询界面

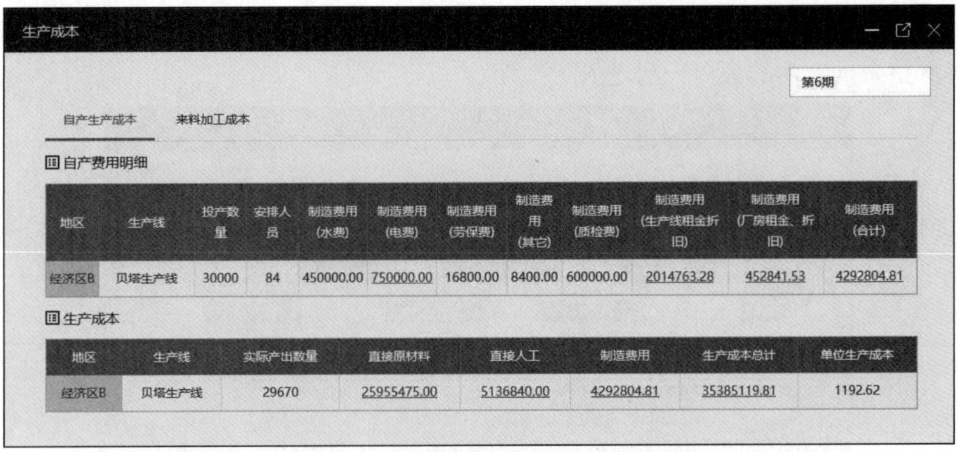

地区	生产线	投产数量	安排人员	制造费用(水费)	制造费用(电费)	制造费用(劳保费)	制造费用(其它)	制造费用(质检费)	制造费用(生产线租金折旧)	制造费用(厂房租金、折旧)	制造费用(合计)
经济区B	贝塔生产线	30000	84	450000.00	750000.00	16800.00	8400.00	600000.00	2014763.28	452841.53	4292804.81

地区	生产线	实际产出数量	直接原材料	直接人工	制造费用	生产成本总计	单位生产成本
经济区B	贝塔生产线	29670	25955475.00	5136840.00	4292804.81	35385119.81	1192.62

图6-24　当期“生产成本”查询界面

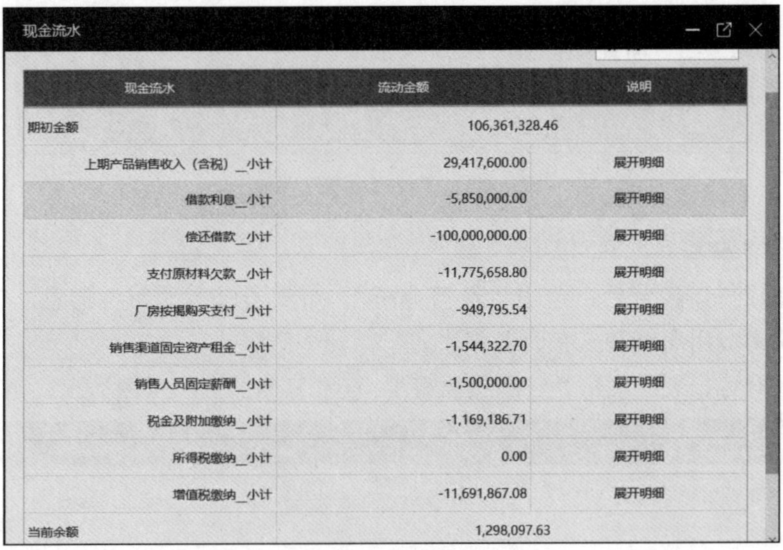

现金流水	流动金额	说明
期初金额	106,361,328.46	
上期产品销售收入（含税）_小计	29,417,600.00	展开明细
借款利息_小计	-5,850,000.00	展开明细
偿还借款_小计	-100,000,000.00	展开明细
支付原材料欠款_小计	-11,775,658.80	展开明细
厂房按揭购买支付_小计	-949,795.54	展开明细
销售渠道固定资产租金_小计	-1,544,322.70	展开明细
销售人员固定薪酬_小计	-1,500,000.00	展开明细
税金及附加缴纳_小计	-1,169,186.71	展开明细
所得税缴纳_小计	0.00	展开明细
增值税缴纳_小计	-11,691,867.08	展开明细
当前余额	1,298,097.63	

图6-25　当期“现金流水”查询界面

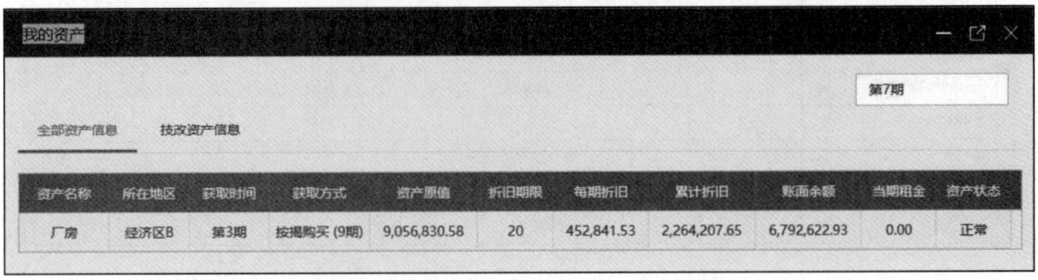

资产名称	所在地区	获取时间	获取方式	资产原值	折旧期限	每期折旧	累计折旧	账面余额	当期租金	资产状态
厂房	经济区B	第3期	按揭购买 (9期)	9,056,830.58	20	452,841.53	2,264,207.65	6,792,622.93	0.00	正常

图6-26　当期“资产状态”查询界面

2. 决策操作流程

1) 提交数据

所有事项完成后，如果“提交数据”界面(见图 6-27)有红字显示或提交时现金流为负数，则不能提交。红字显示为某业务操作不合逻辑。如果现金流为负数，则可申请破产。提交后，整个批次内的公司一起进入下一期。

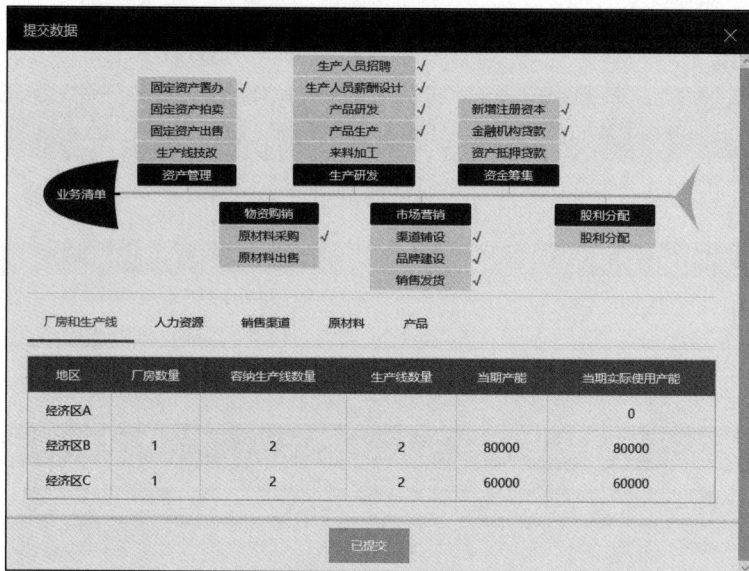

图6-27　"提交数据"界面

2) 当期经营分析

企业在完成一期经营后，单击"经营分析"，可查看基本的财务信息，包括产品制造成本明细、期间费用明细和三张财务报表。

查看三张财务报表。单击"资产负债表"，查看每期的资产负债情况，如图6-28所示。

图6-28　当期"资产负债表"查询界面

单击"利润表"，查看每期的利润表，如图 6-29 所示。

财务报表		知识点视频	—	☐	×

第6期

现金流量表　利润表　资产负债表

财务费用	6	6,124,793.58
资产减值损失	7	0.00
加：公允价值变动收益（损失以"-"填列）	8	0.00
投资收益（损失以"-"填列）	9	0.00
其中：对联营企业和合营企业的投资收益	10	0.00
二、营业利润（亏损以"-"填列）	11	7,918,777.87
加：营业外收入	12	0.00
减：营业外支出	13	0.00
其中：非流动资产处置损失	14	0.00
三、利润总额（亏损总额以"-"号填列）	15	7,918,777.87
减：所得税费用	16	0.00
四、净利润（净亏损以"-"号填列）	17	7,918,777.87
五、每股收益：	18	0.00
（一）基本每股收益	19	0.00
（二）稀释每股收益	20	0.00

图6-29　当期"利润表"查询界面

单击"现金流量表"，查看每期的现金流转情况，如图 6-30 所示。

财务报表		知识点视频	—	☐	×

第6期

现金流量表　利润表　资产负债表

支付的其他与投资活动有关的现金	35	0.00
现金流出小计	36	0.00
投资活动产生的现金流量净额	37	0.00
三、筹资活动产生的现金流量：		
吸收投资所收到的现金	38	0.00
借款所收到的现金	40	0.00
收到的其他与筹资活动有关的现金	43	0.00
现金流入小计	44	0.00
偿还债务所支付的现金	45	0.00
分配股利、利润或偿付利息所支付的现金	46	5,850,000.00
支付的其他与筹资活动有关的现金	52	949,795.54
现金流出小计	53	6,799,795.54
筹资活动产生的现金流量净额	54	-6,799,795.54
四、汇率变动对现金的影响	55	0.00
五、现金及现金等价物净增加额	56	19,747,024.23

图6-30　当期"现金流量表"查询界面

单击"财务指标"，查看每期的财务指标分值，如图 6-31 所示。财务指标分为成本控制、发展能力、盈利能力、营运能力、风险管理能力、人力资源效能、现金管理能力七大类型。每个指标为红灯显示时表明该指标不合格，为绿灯显示时说明指标合格，为黄灯显示时说明该指标危险。

图6-31　当期"财务指标"查询界面

单击"杜邦分析图",可以综合分析企业的财务状况,如图 6-32 所示。

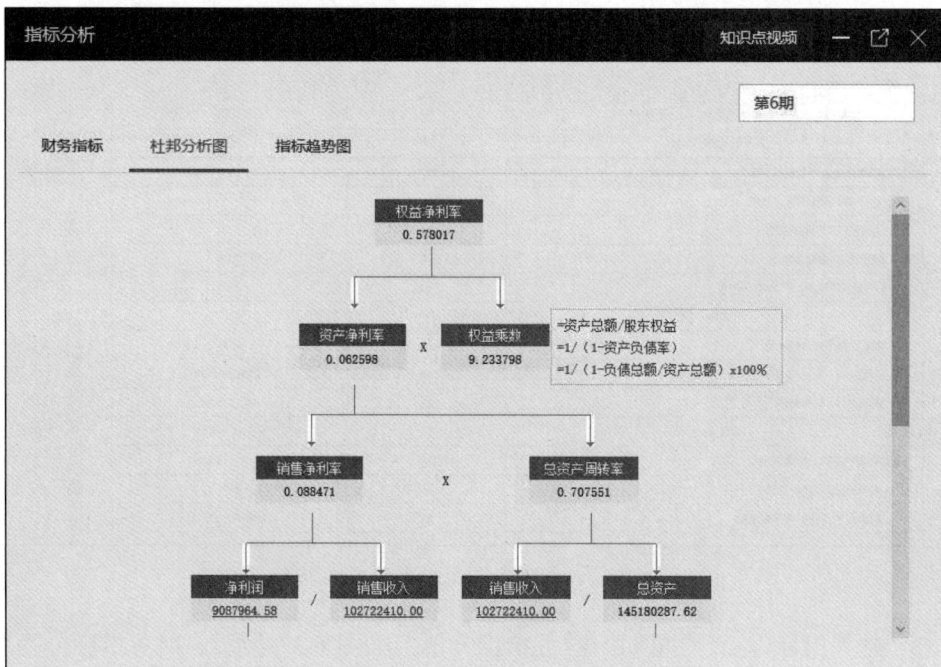

图6-32　"杜邦分析图"查询界面

3) 下一期经营规划

进入第 2 期后，系统会自动弹出"商业分析"界面(见图 6-19)，企业可查看各种财务数据、指标分析雷达图、成绩排名，以及市场营销情况分析、定价分析等。

同时，企业需要再次检视自身的经营和财务状况。

单击"我的成绩"，进入成绩查询主界面(见图 6-33)。界面中分为三个查询模块，单击"当期成绩排名"可查看各小组当期排名情况，单击 "总成绩排名"可查看各小组总成绩排名情况。

图6-33 "我的成绩"查询界面

3. 决策重难点

1) 分析企业经营情况

通过财务报表，分析企业经营活动中存在的问题，总结经验教训，可以促进企业改进经营活动，提高管理水平。决策者可以使用平台提供的"经营分析"→"财务报表"功能查看企业的经营情况。在分析财务报表时，需要将本期数据与往期的数据结合起来，以判断经营趋势，采取相应措施进行应对。通过比较财务指标，可以判断竞争对手的经营状况，找出自身不足之处，扬长避短。此外，决策者需要进一步深入了解这些指标的意义，知晓其影响，才能采取有效的措施。

即使采用图解法，单独分析任何一类财务指标也不足以全面评估企业的财务状况和经营成果。只有对各种财务指标进行系统、综合的分析，才能全面、合理地评价企业的财务状况和经营成果。因此，我们需要找到一种财务综合分析的方法才能进行评价。从杜邦分析图中可以看出，权益净利率(又称为净资产收益率)是一个综合性极强、最有代表性的财务比率，是杜邦系统的核心。企业财务管理的目标就是实现股东财富的最大化，权益净利率恰恰反映了股东投入资金的盈利能力，反映了企业筹资、投资和生产经营等各方面经营活动的综合效率。

企业经营的得分，可以通过沃尔评分法得出。沃尔评分法，也称为财务比率综合评分法，是指通过对选定的几项财务比率进行评分，然后计算出综合得分，并据此评价企业的综合财务状况。决策者可以使用平台提供的"我的家底"→"我的成绩"功能查看。

2) 判断企业未来的经营趋势

计算分期的财务指标后，要把一个个时点的指标串联起来。通过比较连续几期的指标，能够找出不足之处，进而采取相应措施。图解法比单纯的数字更简单明了，使分析更简单、清晰。图解法虽然直观，但决策者需要确定需要关注的重点指标。可以使用平台提供的"经营分析"→"指标分析"→"指标趋势图"功能查看应当关注哪些指标。

第三节　实训案例分析与总结

一、实训案例分析

各企业团队通过在 EVC 平台上的模拟经营对抗，对企业经营的理论和实务有了更深刻的体会。本节内容根据各企业团队的实战经历和体验整理而成，如表 6-1 所示。

表6-1　团队实训案例分析

第一期	第二期	第三期	第四期	第五期	第六期
1. 筹资					
注册资本 1 亿元，其中普通股 5000 万元，优先股 5000 万元，长期借款 1 亿元	—	—	—	—	—
2. 投资					
没有购买或融资租赁行为；在 A 区经营租赁厂房 2 个，租赁 α 生产线 4 条	没有购买或融资租赁行为；在 A 区经营租赁厂房 1 个，租赁 α 生产线 2 条	没有购买或融资租赁行为；在 A 区经营租赁厂房 5 个，租赁 α 生产线 5 条，租赁 β 生产线 4 条	没有购买或融资租赁行为；在 C 区经营租赁厂房 2 个，租赁 α 生产线 4 条	没有购买或融资租赁行为；在 C 区经营租赁厂房 1 个，租赁 α 生产线 2 条	没有购买或融资租赁行为；在 C 区经营租赁厂房 2 个，租赁 α 生产线 3 条，租赁 β 生产线 1 条

(续表)

第一期	第二期	第三期	第四期	第五期	第六期
3. 生产、研发					
全部满负荷生产，α自主研发投入500万元，α外购专利投入500万元	全部满负荷生产，β自主研发投入440万元	全部满负荷生产，β外购专利投入500万元	全部满负荷生产	全部满负荷生产	全部满负荷生产
4. 营销					
1) 渠道铺设					
α在A区和线上渠道销售，铺设10个一期一租渠道、10个五期一租渠道，1个线上渠道	α在A区和线上渠道销售，铺设10个一期一租渠道，继续使用上期租入的10个五期一租渠道，铺设1个线上渠道	α在A区和线上渠道销售，铺设10个一期一租渠道，继续使用第一期租入的10个五期一租渠道，铺设1个线上渠道；β在A区线下销售，铺设10个一期一租渠道	α在A区、C区和线上渠道销售，A区不增设渠道，继续使用第一期租入的10个五期一租渠道，在C区铺设10个一期一租渠道、10个五期一租渠道，线上铺设1个渠道；β在A区线下销售，铺设10个一期一租渠道	α在A区、C区和线上渠道销售，A区不增设渠道，继续使用第一期租入的10个五期一租的渠道，在C区铺设5个一期一租渠道，继续使用第四期铺设的10个五期一租的渠道，线上铺设1个渠道	α在C区和线上渠道销售，铺设10个一期一租渠道，继续使用第四期铺设的10个五期一租渠道，线上铺设1个渠道；β在线上铺设1个渠道
2) 广告投放					
线上投放广告1800万元，A区投放广告2350万元	线上投放广告1800万元，A区投放广告2480万元	α线上投放广告1800万元，A区投放广告2820万元；β在A区投放广告1780万元	α线上投放广告1800万元，A区投放广告1130万元，C区投放广告2610万元；β在A区投放广告1640万元	α线上投放广告1800万元，A区投放广告1140万元，C区投放广告1660万元	α线上投放广告1800万元，C区投放广告3160万元；β线上投放广告1800万元
5. 市场份额					
α4.33%	α7.06%	α8.03%，β3.76%	α7.29%，β4.18%	α6.80%	α9.83%，β3.88%
6. 净利润/元					
−21 263 269.08	1 333 807.18	923 235.74	−37 803 556.80	−29 457 342.70	−13 370 766.99
7. 净现金流量/元					
105 828 062.81	38 368 501.10	−83 956 246.52	−23 118 214.07	27 938 961.23	48 795 947.88

第一期	第二期	第三期	第四期	第五期	第六期
8. 实训策略思考					
第 1 期的布局非常重要，要提前分析各产品、区域的状况，事先制定几套方案，并从中选择最优策略。①区域选择：A 区的优点是对手较少，对价格敏感度低，市场容量较大。C 区的优点是市场完全被打开，质量要求低，但缺点是大家都能看得到它的优点，这同时也成为它最致命的地方。因此我们坚定地选择了 A 区。②期初生产线配置：以销定产是永恒不变的真理，测试发现 β 线上市场前期不具备盈利条件，暂不考虑。决定投产 α 线。废品率则通过固定单件成本，以当地最低的工资标准的75%调整企业人员薪酬，测出 α1.8、β2.8 的合理废品率。③渠道、研发、广告：选择放弃 β 第 1 期的研发，只将 α 的研发置顶以保证产品竞争力和分差。α 在线上共计铺设 20 个渠道	第 1 期运营效果不尽如人意，第 2 期策略要么减产，要么改变市场战略。如果第 2 期销售还不理想，可能出现闪电贷甚至是破产。基于对整体战略的修改，决定减产一个厂房，产量与库存合计依旧是两个厂房，同时对广告费进行了调整，将 β 线的研发置顶。效果：一成不变的 A、C 市场对手，在两期之内瞬间被打垮，策略的改变让我们幸免于难，拿到了高分，两期平均成绩上升至第 8 名，而对手破产小组逐渐增多，A、C 区市场渐渐明朗。策略调整成功，成绩逆袭	第 3 期是公认的最能盈利的一期。我们决定在该期增产，并按原定计划开拓了 β 线的线上市场及线下 A 区市场，即 3 条 α 线、3 条 β 线，市场容量在这一期完全被放开，破产小组的退出间接加大了我们的市场份额。但由于前两期的资本累积不足，β 市场也只是尝试，并没有出现很好的效果，两个产品的市场占有率不高。对手的成绩都冲高了一番，而我们的成绩只有 54.68 分，均分在第 12 名左右，这与预想中的最赚钱的第 3 期指标完全不一致	第 4 期，市场逐渐进入低谷，按原定计划，将原先的 α 市场的 A 区转移到 C 区，这样可以省去一大笔高额的原材料支出，后期的目标是保持住 α 的市场占有率，开始挖掘 β 市场，开设 3 条 α 线、3 条 β 线，以保持企业的发展能力，同时保证成绩不下滑。但转型结果并没有那么如意，在转移到一个陌生的市场后，"脚跟"差点没站稳。只拿了 40.3 分，但成绩维持在第 12 名，一期期的亏损加上一次次的闪电贷，压得对手喘不过气来，破产小组越来越多	第 5 期是原材料涨价最凶、企业亏损最严重的一期。身边一个个小组破产倒下，我们毅然选择减产 α，再次加大 β 的市场，开设 2 条 α 线、4 条 β 线，抓住机会，大力发展，力求最后一期的翻盘。成绩渐渐有了提高，均分到第 8 名左右，别人成绩在不断下降的时候，我们反而提高了，这给了我们翻盘的希望	第 6 期是最后一期，在面对前 5 期没什么资本累积的企业发展状况下，把销售市场的广告置顶，用 2 亿元的资产去增产并合理分配至销售市场。事实证明策略正确，最后一期的分数第一，市场份额第一，净利第二，成绩成功反超至第 6 名

二、实训案例总结

为了更好地达到实训目的,对实训案例总结如下。

(1) 分析市场很重要。每期结算后,第一时间看的不是分数,而是市场销量和份额,从而对整个市场做出合理的分析。首先,观察自己投放的销售市场、对手的销量和市场份额变化及趋势。其次,在销售市场中确定重点投资对象。过于分散的市场广告投放若没有强大产量的支持,容易失去抢占市场份额第一的机会。

(2) 生产规模要符合市场的需要。第一年盲目生产是不明智的选择,它将影响整场比赛。

(3) 不要盲目多元化战略。根据自身的运营能力,专攻一个有潜在价值的市场远比逐一开拓更有效。

(4) 抢占市场份额第一。销量自然是越多越好,但一定要结合自身的产品发展方针,充分了解并掌握某一产品在哪个市场的利益是最高的,再加以重点投放。

(5) 投放广告需谨小慎微,切忌大手笔。投放广告不仅是一种市场数据分析的实践,更是对心理战术运用的考验。此外,单纯为了产品利润及与竞争对手相抗衡而忽略所投市场的整体需求度时,大手笔的广告费对企业来说是非常危险的,过多的广告费会影响成本,使所有者权益减少,并容易出现闪电贷。多数企业前期过于激进,在后期毫无抵抗反击之力。因此,投放广告时要结合实际产量和预期销量,并且要与财务总监保持良好沟通,不可盲目为了抢占市场而加大投资力度。

(6) 尽量做到零库存。"零库存"是减少占用资金的一种方法,即供应商将产品直接存放在用户仓库中,并拥有库存物品的所有权,用户只在领用这些物品后才与供应商结算货款。从供应商方面来看,有利于节省其在产品库存方面的仓库建设投资及日常仓储管理方面的投入,大大降低了物品库存的仓储成本。从用户方面来看,有利于包装原材料或存货物品的及时供应而又不占用资金,可以大大节约采购成本。

【本章小结】

网中网EVC企业价值创造实训平台根据企业发展的基本需求,通过组织结构构建、经营规划、筹资业务、投资业务、营运管理、利润分配、经营分析,以及与企业经营决策相关的一系列活动来实现企业价值最大化的目标。重点训练学生从CEO、财务总监、运营总监、市场总监等角度,综合考虑企业内、外部环境,选择不同的财务决策方案运营企业,以更好地实现企业目标,并对运营成果进行分析总结,提高决策能力。

【关键词】

筹资方式 闪电贷 小额贷款 信用级别 抵押贷款 资产购置 资产拍卖 物资

购销　生产研发　总市场份额　销售渠道铺设　股利分配

【思考题】

1. EVC企业价值创造实训平台中何种资金筹集方式最优？
2. 何种情况下需要进行闪电贷？
3. 在物资购销活动的材料付款的方式选择中，首付多少最合理？
4. 在生产研发过程中，何时选择外购研发，何时选择自主研发？
5. 在市场营销活动中，销售渠道如何铺设？

第七章

"创业之星" 与ERP手工沙盘综合实训

【学习目标】

1. 了解"创业之星"与 ERP 手工沙盘实训平台的概况，熟悉平台实训规则，包括实训企业基本要求、组织结构构建、经营规划、筹资业务、投资业务、营运管理、利润分配、经营分析，以及与企业经营决策相关的其他事项规则；

2. 通过本章的学习，训练学生综合运用专业知识的能力，包括对实训企业各项业务进行分析，系统地掌握企业运营过程中各项经营决策的方法，防范经营中可能出现的各种风险，积累企业经营管理经验，提升实际创业的成功率。

第一节 "创业之星" 综合实训概述

一、实训平台简介

本平台中设置了企业总经理、财务经理、营销经理、生产经理、研发经理、人力资源经理等岗位，团队成员分角色各自承担相关的工作，通过对市场环境与背景资料的分析讨论，完成企业运营过程中的各项决策，包括战略规划、品牌设计、营销策略制定、市场开发、产品计划、生产规划、融资策略制定、成本分析等。团队成员通力协作，使企业实现既定的战略目标，并在所有企业中脱颖而出。

本平台内容贯穿企业经营全过程，既可由单人独自完成，也可组建不超过 3 人的团队共同完成企业 8 个季度的持续经营。本节以单人操作为例，引导学员以全局观的思想统筹考虑企业的定位与发展、产品的开发与研究、市场的开拓与占领、现金流的有效使用等。

二、实训平台规则

(一) 企业初始财务数据规则

企业初始财务数据规则如表 7-1 所示。

表7-1　企业初始财务数据规则

项目	当前值	说明
企业初始资金/元	600 000	正式经营开始之前每家公司获得的注册资金(实收资本)
企业注册设立费用/元	3000	企业设立开办过程中所发生的所有相关的费用。该笔费用在第一季度初自动扣除
办公室租金/元	10 000	企业租赁办公场地的费用,每季度初自动扣除当季的租金
所得税率	25%	企业经营当季如果有利润,按该税率在下季初缴纳所得税
小组人员工资/元	100 000	小组管理团队所有人员的季度工资,不分人数多少
普通借款利率	5%	正常向银行申请借款的利率
普通借款还款周期/季度	3	普通借款还款周期
紧急借款利率	20%	企业资金链断裂时,系统会自动给企业申请紧急借款时的利率
紧急借款还款周期/季度	3	紧急借款还款周期
同期最大借款授信额度/元	200 000	同一个周期内,普通借款允许的最大借款金额
一账期应收账款贴现率	3%	在一个季度内到期的应收账款贴现率
二账期应收账款贴现率	6%	在二个季度内到期的应收账款贴现率
三账期应收账款贴现率	8%	在三个季度内到期的应收账款贴现率
四账期应收账款贴现率	10%	在四个季度内到期的应收账款贴现率
公司产品上线/个	6	每个企业最多能设计研发的产品类别数量
未交付订单的罚金比率	30%	未按订单额及时交付的订单,按该比率对未交付的部分交纳违约金,订单违约金=(该订单最高限价×未交付订单数量)×该比率
订单报价最低价比例	60%	最低价=上季度同一市场同一渠道同一消费群体所有报价产品平均数×该比例

(二) 消费者规则

1. 消费群体

每个企业在行业中都需要面对品质型客户、经济型客户、实惠型客户 3 个消费群体,每个消费者群体的需求各异,具体如图 7-1 所示。

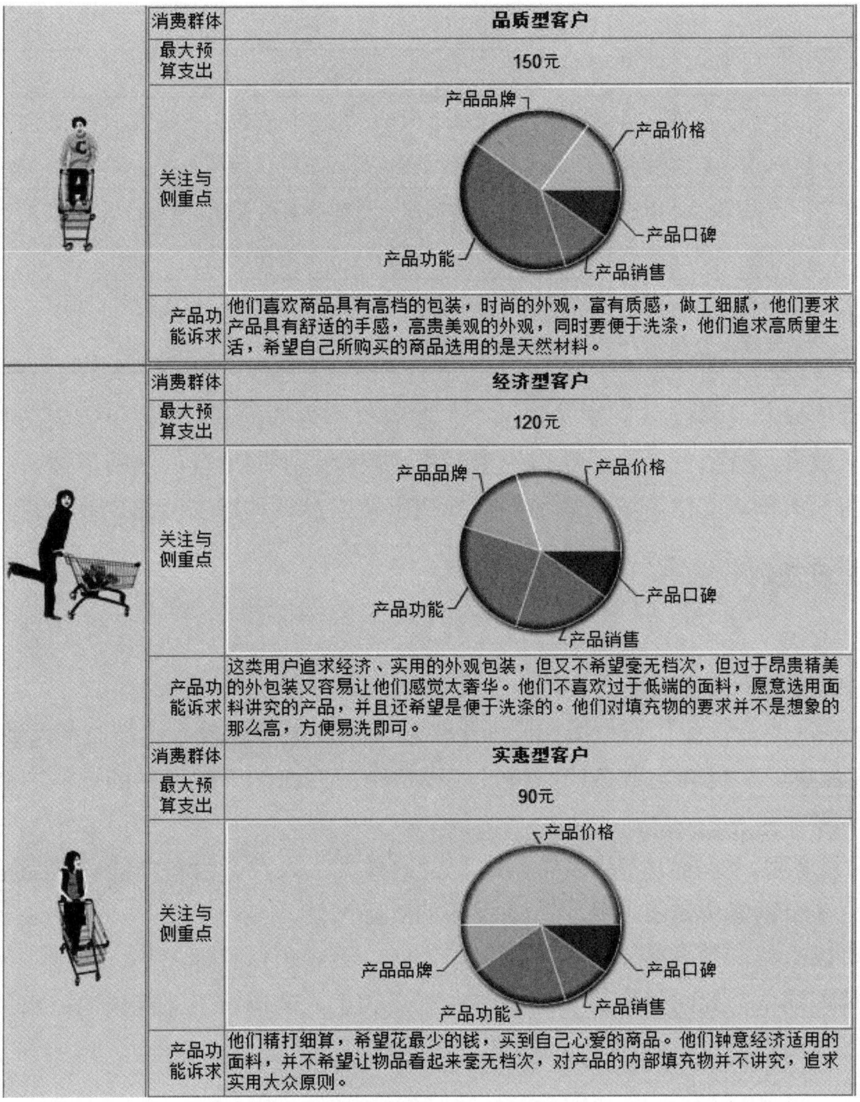

图7-1 消费群体及其需求

2. 消费者选择产品原则

不同的消费群体对产品的关注与侧重点不同,消费者一般会从 5 个不同角度挑选、评价产品,如表 7-2 所示。

表7-2 消费者关注与侧重点

角度	评价
产品价格	产品价格是指公司销售产品时所报价格,与竞争对手相比,价格越低越能获得消费者的认可
产品功能	产品功能主要指每个公司设计新产品时选定的功能配置表(BOM 表),与竞争对手相比,产品的功能越符合消费者的功能诉求就越能得到消费者的认可

角度	评价
产品品牌	产品品牌由公司市场部门在产品上所投入的累计宣传广告决定,与竞争对手相比,累计投入广告越多,产品品牌知名度就越高,越能获得消费者认可
产品口碑	产品口碑是指该产品的历史销售情况,与竞争对手相比,产品累计消费的数量、产品订单交付完成率越高,消费者对产品的认可就越高
产品销售	产品销售是指公司当前销售产品所具备的总销售能力,与竞争对手相比,总销售能力越高,获得消费者的认可也就越高

消费者选择产品将以每个参与企业的 5 项评价作为依据,5 项评价分值高的企业获得的市场需求就多,分值低的企业获得的市场需求就少。不同地区的消费群体在不同时间段具有不同的最大预算支出。消费者不能接受超出他们最大预算支出的企业销售报价。

(三) 生产规则

1. 设备购置

(1) 购买价格。设备只能购买,购买时一次性支付设备所标示的现金。

(2) 设备产能。设备产能是指在同一个生产周期内最多能投入生产的产品数量。

(3) 成品率。一批固定数量的原料投入设备中后,在加工成产品的过程中会产生部分次品。

(4) 工人上限。每条生产线设备允许配置的最大工人数,设备产能、成品率、线上工人生产能力 3 个因素决定了一条生产线设备的实际产能。

设备可以出售,当设备上无在制品和工人时,设备可以立即出售;否则,设备出售实际发生在每期期末,此时只有设备上没有在制品和工人的情况下才能成功,出售设备将以设备净值回收现金。

2. 工人招聘

(1) 生产能力。生产能力是指工人在一个生产周期内所具有的最大生产力。

(2) 招聘费用。招聘费用是指招聘一个工人所花费的费用,该笔费用在招聘时自动扣除。

(3) 试用期。试用期是指招聘后试用的时间,人力资源部需在试用期内与工人签订合同,否则将支付罚金。

(4) 辞退补偿。试用期内辞退工人无须支付辞退补偿金,试用期满并正式签订合同后辞退工人需支付辞退补偿金,一般在每期期末实际辞退工人时实时支付。

3. 制造成本

原材料采购到最终成品下线过程中将包含以下成本。

(1) 每个原材料采购时不含税的实际成本。

(2) 生产产品所使用的厂房租金或折旧合计,使用平均分摊法分摊到每个成品。

(3) 生产产品所使用的设备维护费、设备折旧费、设备搬迁费、设备升级费，使用平均分摊法分摊到该生产线上的每个产品。

(4) 生产产品所对应的工人工资、五险合计，使用平均分摊法分摊到每个成品。

(5) 每个产品生产过程中产生的产品加工费。

(6) 生产线生产过程中产生的废品耗费成本，使用平均分摊法分摊到每个成品。

(四) 市场营销规则

市场营销分为渠道开发、产品推广宣传、订单报价等多项工作。

1. 渠道开发

整个市场划分为多个市场区域，每个市场区域中有一个或多个销售渠道可供每个企业开拓，开发销售渠道不仅需要花费一定的开发周期，每期还需要支付一定的开发费用。每个企业可以通过已开发完成的销售渠道把产品销售到消费者手中。

2. 产品推广宣传

每个产品每期均可以投入一笔广告宣传费用，某一期投入的广告对未来若干季度是有累计效应的，投入当季效应最大，随着时间的推移，距离目前季度越久，效应逐渐降低。

3. 订单报价

每个经营周期，对于已经完成开发的渠道，将有若干来自不同消费群体的市场订单以供每个企业进行报价。每个市场订单均包含资质要求、购买量、回款周期等要素。

4. 抢单规则

根据消费者选择产品的原则，以下通过示例说明抢单的分配规则。假如共有 1000 个订单需求。A、B、C 三个公司竞争，A 公司设 100 个订单上限，B 公司设 300 个订单上限，C 公司没有设置订单上限。在第一轮分配中，根据 5 项分值，A 公司可以拿到 150 个订单，B 公司可以拿到 450 个订单，C 公司可以拿到 400 个订单，合计正好是 1000 个订单需求。但是由于 A 公司设置了 100 个订单的上限，所以最终实际拿到 100 个订单，B 公司设置了 300 个订单的上限，所以最终实际拿到 300 个订单，C 公司没有设置上限，所以实际拿到 400 个订单，合计 800 个订单需求在第一轮分配中如此被消耗。对于 A、B 两家设置了上限的公司，分别有 50 个和 150 个订单需求没有在第一轮竞争中得到满足，因此还有 200 个订单未满足需求将继续进行二次选择。二次分配中，A、B 公司由于已经达到上限，将不再参与竞争，只剩下 C 公司竞争，还是根据 5 个竞争因素，C 公司可以拿到 200 个订单，C 公司没有设置上限，实际拿到 200 个订单，累计达到 600 个订单。这样 A、B、C 三个公司订单的最终实际分配量就是 100、300、600，总共 1000 个订单需求全部得到满足，没有多余需求累积到下一季度。如果 C 公司也设置了上限，那就可能出现最终部分需求无法得到满足累积到下一季度的情况。另外，如果 A、B、C 公司中本期有违约未能交付的需求，也将一并累积到下一季度。

三、实训准备

教师需要先在教师客户端设置班级的基础信息，解锁学员申请的新账户，并设置基础的实训数据，根据学员人数确定市场容量后，学员才可登录并进入实训界面。教师随后更新进度，进入第一季度，保证每个学员的初始状态都相同。

在实训中，所有企业在开始阶段都拥有60万元的创业资金，各企业需根据市场环境及运营规则制定企业的发展战略。为取得良好的绩效并实现企业的经营目标，各企业需制定有效的经营决策，包括企业战略、品牌规划、产品设计、市场营销、人力资源、生产制造、财务管理等方面的内容。

为了方便思考与决策，模拟企业运营中的所有经营决策将按季度的时间间隔发布。教师更新一个季度，各企业就要完成企业在本季度的所有经营决策与管理工作。季度末，教师端进行产品配送，企业可以根据系统派单的情况完成产品配速。教师端推进到下个季度，系统完成本季度自动更新支出。

在正式开始时，学生需进行市场分析，包括用户需求分析及市场竞争形势分析等。在市场分析的基础上进行市场预测，涵盖各市场产品的需求情况、价格水平及竞争对手可能采取的市场策略与产品策略等。然后，各企业应结合当前和未来的市场需求、自身实际情况及竞争对手可能采取的策略，在充分考虑各方面因素和权衡利弊的基础上制定科学合理的企业战略规划，如人力资源规划、产品规划、营销规划、生产规划、财务规划等。这样可以预防经营决策过程中的随意性和盲目性，从而减少经营失误。

第二节 "创业之星"软件实训操作

一、实训企业概况

登录实训平台，进入企业经营初始状态：该企业为一家制造玩具的企业，初始启动资金为60万元，完成企业注册支付现金3000元，租赁办公场所支付现金10 000元，目前持有现金587 000元。学员在此基础上，开始企业组建与发展之路。企业经营中的主要决策如下。

(1) 企业战略。评估内部资源与外部环境，制定企业短、中、长期发展战略。

(2) 产品研发。制定企业的产品品牌发展战略，以及产品技术的研发决策。

(3) 生产制造。按照市场要求的质量标准制定生产策略。

(4) 市场营销。制定企业的市场开拓及产品营销决策。

(5) 人力资源。根据生产部门和销售部门的工作规划及用人要求，及时完成人力资源的招聘与培训，与所有员工签订劳动合同并办理养老保险。

二、实训部门主要决策任务

(一) 研发部门决策任务

技术经理(CTO)负责研发部的日常运营管理工作。

【决策任务】

研发部承担着产品的研发设计工作，根据企业战略规划，在对消费者需求进行充分调查分析的基础上，制订未来产品的设计与研发计划，包括产品品牌与数量、产品的原料构成、产品的需求分析等。设计一个满足消费者需求的产品是提升产品销量的基础，同时也可以有效地控制产品成本，提高产品的性价比。研发部每季度需要完成的决策任务及说明如表 7-3 所示。

表7-3 研发部每季度需要完成的决策任务及说明

决策任务	任务说明
品牌设计	根据公司战略及消费者需求，针对不同消费者设计相应的产品品牌及原料构成。市场上可能有多类消费群体，不同的消费群体需求不同。可以针对一类或多类消费群体设计相应的品牌，也可以针对一类消费群体设计单一或多个品牌，通过品牌组合满足消费者需求
产品研发	对于完成设计的产品品牌，如果产品构成比较复杂，涉及的原料品种较多，则需要花一定的时间和费用来进行前期产品研发工作。研发工作全部完成后，产品才可以正式生产制造并投入市场销售

【决策关键点】

(1) 公司的产品研发策略。公司可以研发的产品多种多样，因此公司首先要做出研发哪些产品的决策。企业的资金有限，且不同阶段、不同产品的市场需求不同，在刚开始时企业很难对所有产品都全力投入研发，因此，企业应该根据市场需求趋势及竞争对手情况进行规划。

(2) 企业何时开始研发何种产品。何时研发何种产品、不同产品是同时研发还是分别研发，这些都需要企业根据市场、资金、人员、竞争对手情况等综合考虑。

【决策思路】

(1) 品牌设计决策。品牌战略是企业将品牌作为核心竞争力，以获取差别利润与价值的企业经营战略。品牌战略应根据企业所在行业、市场发展、产品特征，围绕企业竞争实力来制定，以争取最大市场份额。本企业共可设计 6 种产品，对应 3 种类型的客户。企业可采取以下两种品牌战略：①单品牌战略。单品牌战略是指企业针对每一类特定消费群体，只设计一个最适合消费者的产品品牌，并以最合理的成本配置相关的产品构成，有针对性地进行销售。其优点是集中力量塑造一个品牌形象，广告费用低，品牌管理成本也低，且更能集中体现企业意志，容易形成市场竞争的核心要素，避免消费者在认识上的混淆，免去了多品牌之间的资源配置协调。缺点是如果设计的品牌不能很好地满足消费者的需要，可能会导致企业因对其依赖度过高而严重影响收入；单品牌缺少区分度，不利于企业开发不同类型的产品，也不利于消费者有针对性地选择。②多品牌战略。多品牌战略是指企业针对某一类消费群体，同时经营两个以上相互独立、彼此没有联系的品牌。不同品牌具有不同的特征，多产品组合可以覆盖不同消费者的需求，为其提供更多的选择空间。其优点是根据功能或价格的差异进行产品划分，有利于企业占领更多的市场份额，面对更多的消费者；有利于增强企业整体竞争力，增加市场的总体占有率，同时分散风险。缺点是宣传费用高，品牌管理成本也高，还容易使消费者混淆。

(2) 产品研发决策。产品设计好后，需要对设计的产品进行研发，研发完成才允许生产。不同的产品设计其研发周期不同，一般而言，原材料组成种类越多，其设计复杂性越高，所用的研发时间越多。在产品设计时，会同时提示组成产品的原材料成本及设计所需的时间。

【操作流程】

进入企业场景，单击"研发部"，在弹出的窗口中选择"决策内容"→"产品设计"，在"产品设计"界面(见图 7-2)输入企业需要设计的品牌名称，选择消费群体及对应的原材料构成。

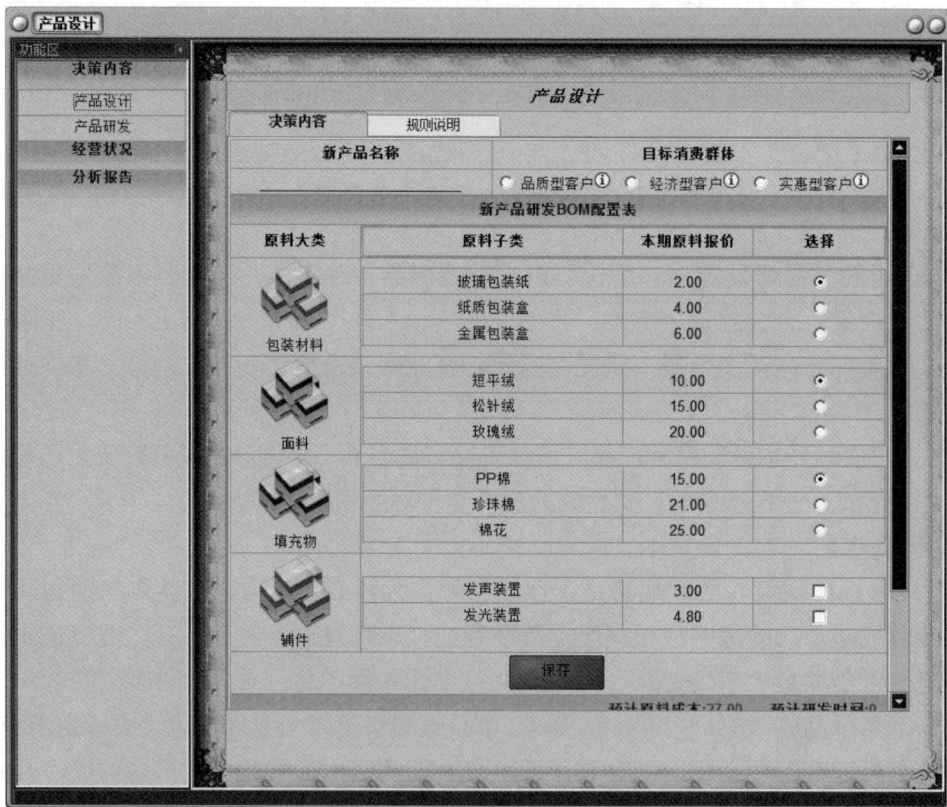

图7-2 "产品设计"界面

根据对背景环境的研究及企业的战略规划，设计企业的产品品牌。

进入企业场景，单击"研发部"，在弹出的窗口中选择"决策内容"→"产品研发"，在"产品研发"界面(见图 7-3)完成企业相关产品的研发投入工作，产品研发全部完成后，才允许正式生产制造该产品。例如，选择"实惠型客户"，设置新产品名称为"实惠产品 1"，选择产品组成为"玻璃包装纸""短平绒""PP 棉"，保存；选择"品质型客户"，设置新产品名称为"品质产品 1"，选择产品组成为"金属包装盒""玫瑰绒""棉花""发声装置"和"发光装置"，保存。这两种产品的主要差别在于研发时间。在图 7-3 中可以发现，"实惠产品 1"并没有研发周期，而"品质产品 1"有一个季度的研发周期，单击"投入"按钮，产品进入研发阶段，下季度研发完成可以投产。

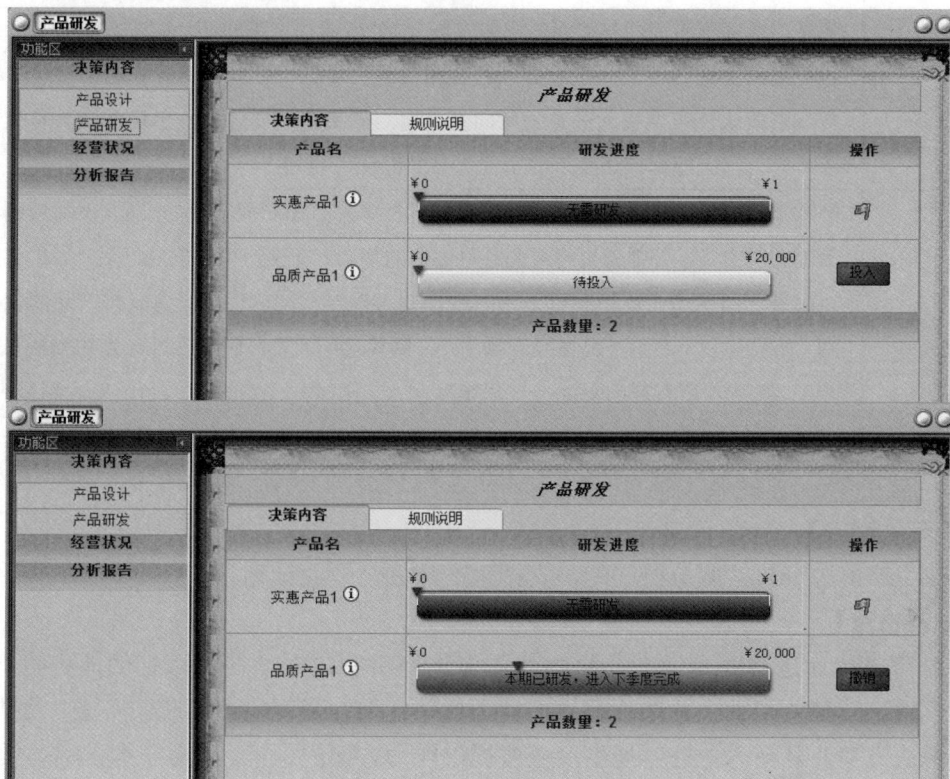

图7-3　"产品研发"界面

(二) 制造部门决策任务

生产经理(CPO)负责生产制造部的日常运营管理决策。

【决策任务】

生产制造部门根据企业的整体发展规划，合理地组织企业产品生产，以最小投入达到最大产出，综合平衡生产能力，科学制定和执行物料采购计划和生产作业计划，为销售工作提供保障。制造部门每季度需要完成的决策任务及说明如表 7-4 所示。

表7-4　制造部门每季度需要完成的决策任务及说明

决策任务	任务说明
厂房购置	生产产品的设备需要安置到厂房中，要完成设备的安装生产，首先要进行厂房购置。厂房有多种不同的类型，可购买也可租用，应根据企业的资金状况及规划进行决策
设备购置	所有原料通过生产设备生产才能成为设计好的产品，设备只能购买，不同的设备类型其产能、价格等参数均不相同，需要根据企业生产规划和资金状况来确定购买的生产设备组合
原材料购置	针对企业所有设计研发好的品牌产品计算其所需要的各类原材料数量，并根据原料的到货时间及销售计划，合理做好物料采购计划，保证生产的正常进行
资质认证	随着市场竞争的激烈与管理体系的成熟，部分市场在未来的某一时刻会对参与竞争的企业提出更高的要求，企业必须具有相应的资质认证才允许进入相应的市场进行销售。资质认证需要投入一定的时间及费用，如果公司要进入的市场在未来有认证要求，则公司应根据市场要求的变化提前做好认证规划
生产计划	制造部门要根据企业市场销售的安排按时按量生产出相应数量的产品，确保接到订单后能按时交货，否则公司将得到订单违约的惩罚。在生产设备安装好后，如果生产某一品牌产品的所有原料均已采购入库，则可以对相应的生产设备安排产品的生产计划。如果有多个品牌产品需要安排生产，则要对所有生产设备做好计划的安排与任务分工，以确保所有产品均能按要求落实生产，同时使生产设备的利用率达到最大化，有效降低产品的生产成本

【决策关键点】

企业生产能力分析，即分析产能，安排生产计划与作业计划。

【决策思路】

能力需求计划是帮助企业在分析物料需求计划后制定一个切实可行的能力执行计划的功能模块。该模块帮助企业在现有生产能力的基础上，发现能力的瓶颈所在，提出切实可行的解决方案，从而为企业实现生产任务提供能力方面的保证。其实，能力需求计划制订的过程就是一个平衡企业各生产线所要承担的资源负荷和实际具有的可用能力的过程，即根据各工作中心的物料需求计划和各物料的工艺路线，对各生产工序和生产线所需的各种资源进行精确计算，得出人力负荷、设备负荷等资源负荷情况，然后根据生产线各个时段的可用能力对各生产线的能力与负荷进行平衡，以便实现企业的生产计划。

(1) 收集数据完成原材料采购决策。首先，将计划生产订单的数量和需求时间段，分别与各工艺路线的定额工时、成品率相乘，得出需求资源清单。然后，将车间中未完成订单的生产工时加进去，从而得到总需求资源。与此同时，根据企业现有的实际生产能力，梳理出生产线可用生产能力清单。

(2) 厂房购置决策。在本平台中，有多种厂房可供选择，厂房可租可买。各企业要根据自己的战略规划和资金情况进行选择，特别要注意预测现金流，防止资金中断。

(3) 生产线购置决策。一般情况下，越高端的生产线其性价比越高，分摊的制造成本也越低。由于生产线设备价格较贵，具体选用何种生产线组合主要取决于企业的现金状况和对市场销售的预测情况。生产线设备越趋于高端，其产品的生产成本越低，但转产、搬迁或临时性使用就越困难，如何选择生产线设备是企业生产环节的重要决策。另外，所有的生产设备在生产过程中都会产生一些废品，越高端的生产设备其成品率越高，在生产工人已经满负荷的情况下，可以通过改造升级提升设备的性能、产能及成品率。企业生产多少产品取决于销售预测，如需扩产，应根据资金情况提前做好生产线设备的购置与安装。

(4) 招聘生产工人。所有生产工人的能力在初始状态时是相同的，不同的生产线设备可以安置的最大工人数量不同，生产线上工人总生产能力就是该条生产线上每个工人最大生产能力的总和。一条生产线设备每个季度的最大产能由生产线上的工人总生产能力和设备的最大产能两者中的低者决定。因此，在计算生产线设备的实际产能时，不仅要计算生产线额定最大产能(去掉加工中产生的废品)，还要考虑到工人的最大加工生产能力。若设备产能不足，则可对设备进行升级改造；若工人能力不足，则可对工人进行培训，提升其生产能力。

【操作流程】

进入企业场景后，单击"制造部"会出现与生产制造有关的操作内容，主要包括厂房购置、设备购置、原料采购、资质认证、生产工人、订单交付等。

(1) 厂房采购或租用决策。进入企业内部场景，单击"制造部"，在弹出的窗口中选择"决策内容"→"厂房购置"，在"厂房购置"界面(见图7-4)根据企业生产规模的需要及现金状况，通过购买或租用的方式获取相应的厂房。

承前例，这里可以选择"租用"一个"中型厂房"。

(2) 设备购置决策。进入企业内部场景，单击"制造部"，在弹出的窗口中选择"决策内容"→"设备购置"，进入"设置购置"界面，如图7-5所示。

生产设备只能购买不能租用，不同类型的生产设备其相关参数有较大差异。选择合适的设备组合来满足企业当期或未来生产制造的需要，是生产部门的一项重要任务。

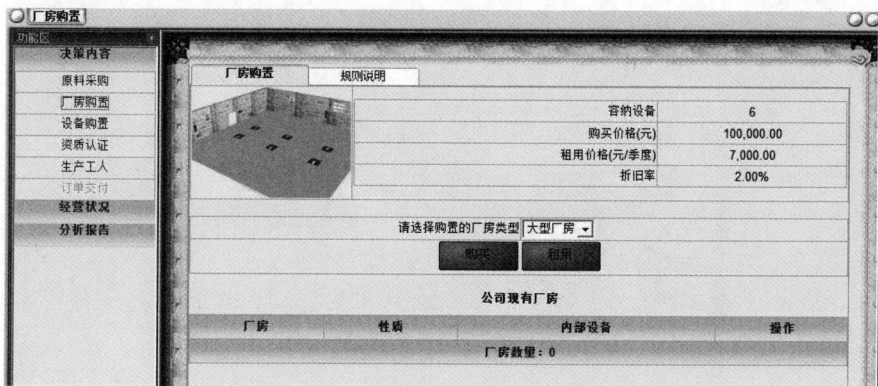

图7-4 "厂房购置"界面

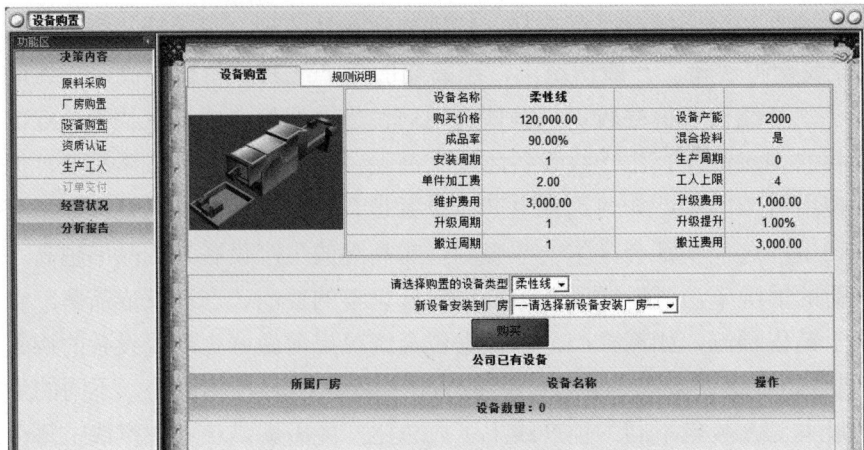

图7-5　"设备购置"界面

前例中设计出的"实惠型产品 1"并没有研发周期，可以当季直接生产，考虑到三条生产线当中只有手工线没有安装周期，因此决策购买一条手工线安装于中型厂房。

(3) 原料采购决策。进入企业内部场景，单击"制造部"，在弹出的窗口中选择"决策内容"→"原料采购"，在"原料采购"界面(见图 7-6)根据产品品牌的原料构成、销售预测、到货周期等信息，完成所有需要生产产品的原料采购。

在采购产品原料时，要注意所有的单价都是指不含税价格，实际支付的金额是最右边的价税合计金额。此外，不同原料的订货周期是不同的，要根据企业整个生产计划的安排提前做好所有原料的采购计划。若需要及时得到有采购周期的原材料也可选择紧急采购，支付原价 1.5 倍的价款即可。

前例中，"实惠型产品 1"的产品构成中有玻璃包装纸、短平绒和 PP 棉，根据此产品结构，选择购买这三种材料，在采购数量中填入 900，并保存。

图7-6　"原料采购"界面

(4) 资质认证决策。进入企业内部场景，单击"制造部"，在弹出的窗口中选择"决策内容"→"资质认证"，在"资质认证"界面(见图 7-7)选择认证体系，并投入认证费用。

认证是对整个企业的生产资质进行认证。如果市场要求认证，企业应根据各类认证的投入时间周期提前做好认证资质的开发投入，以确保市场要求出具认证资格时企业已拿到相关认证资质证书。从第四季度开始，除了当年新开发的市场，其余市场的品质型客户要求产品符合 ISO9001 的资质要求，随后逐渐扩大到全部产品需求。第八季度，所有产品都需要 ICTI 认证。

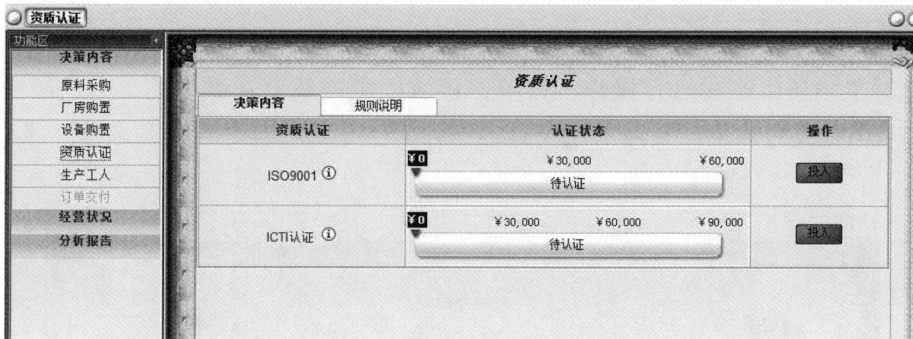

图7-7 "资质认证"界面

(5) 生产工人决策。进入企业内部场景，单击"制造部"，在弹出的窗口中选择"决策内容"→"生产工人"，在"生产工人"界面(见图 7-8)对制造部门现有的所有生产工人进行管理，对于不需要的人员可单击"辞退申请"，并递交人力资源部解除劳动合同，所辞人员从下一季开始正式离职。

前例中所购买的是手工生产线，而手工线上可以容纳的工人数量是 2 个，所以在这里招聘 2 个生产工人，并签订合同。

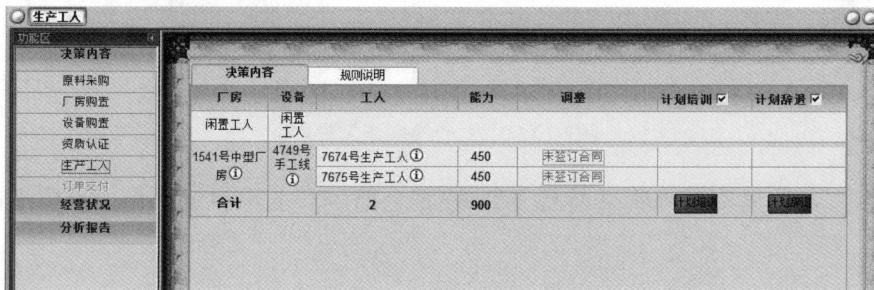

图7-8 "生产工人"界面

(6) 生产计划决策。进入企业内部场景，单击"生产车间"，在"公司厂房预览"界面(见图 7-9)可以看到所有的厂房情况及生产设备情况。如果要对某一条生产线进行计划编排，则可单击该生产线所在的厂房后面的"进入"按钮，进入该厂房。

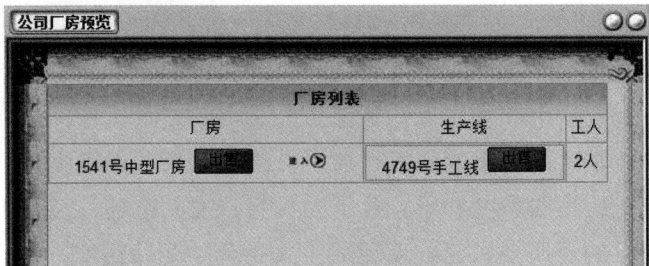

图7-9 "公司厂房预览"界面

进入厂房后,可以看到厂房内的所有生产设备及设备上的工人数量。

若要对某一条生产线进行操作,则单击相应的生产线,在弹出的"生产线操作"界面(见图 7-10)完成对该生产设备的生产计划编排,也可以对该生产设备进行升级、搬迁等操作。

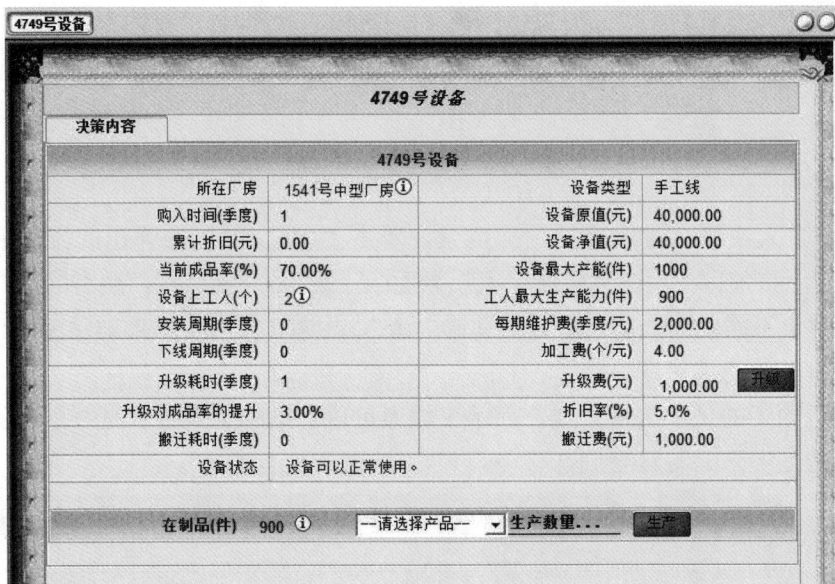

图7-10 "生产线操作"界面

承前例,在这里选择"实惠产品 1",根据之前购买的原材料数量,设置生产数量为900。

(三) 市场部门决策任务

市场经理(CMO)负责市场部的日常运营管理工作。

【决策任务】

市场部负责企业的宣传与市场推广工作,以及企业营销计划的制订与执行,以提升企业产品的销售业绩。在对市场环境与竞争形势进行深入调研分析的基础上,设计营销组合、制订企业在不同发展阶段的营销推广计划,更好地促进企业产品销售、提升品牌形象、提高市场占有率是市场部的主要任务。

市场部每季度需要完成的决策任务及说明如表 7-5 所示。

表7-5 市场部每季度需要完成的决策任务及说明

决策任务	任务说明
市场开发	不同的市场区域潜在的消费者需求不同，市场的开发进度也有快有慢。根据企业制定的营销战略，在企业发展的不同阶段，结合企业整体规划及生产制造能力，选择需要开发的市场，投入费用进行开发，市场开发成功后即可派驻销售人员开展销售工作
广告宣传	广告是影响产品销售量的一个重要因素，一般来说，较多的广告投放不仅可以有效拉动产品销量，还可以不断提升企业的知识度与品牌知名度，对企业的长期发展有着潜在的帮助与影响

【决策关键点】

在开发市场时，企业应当明确以下问题。

(1) 企业的营销策略。企业可以选择产品价格高或市场需求大的市场进入，也可以结合两个因素进行综合考虑。最重要的是要根据资金情况来决定需要开拓哪些市场、开拓多少市场。

(2) 企业的目标市场。企业应当根据营销策略和各个市场产品的需求状况、价格水平、竞争对手情况等明确企业的目标市场。

(3) 开拓目标市场的时间。在明确目标市场后，企业应结合资金状况和产品生产情况明确目标市场的开拓时间。由于拿到销售订单后需要及时交付产品，否则可能会因不能按时交付产品而支付违约金，因此，开拓市场时还要考虑企业资金状况及生产能力的配置情况。

【决策思路】

对初创企业而言，最关键的是如何得以生存。企业的目标是开拓全新的细分市场领域，以更符合需求的产品或服务进入已存在的目标市场。创业期的企业一定要在某一个细分市场上站稳脚跟，有所建树，先过了生存关，再进一步谋求发展壮大。

初创期的企业基本没有品牌影响力，此时的营销活动以品牌树立与宣传为主。当产品的细分市场和区域市场确定后，团队应着手提高企业产品或服务的影响力。由于企业创业初期拥有的资源有限，在创业期间的渠道建设应遵循逐步扩大的原则，抓住对销售有巨大影响的一些客户或渠道，有针对性地开展营销策略，以取得更大的销售效果。

【操作流程】

(1) 市场开发决策。进入企业内部场景，单击"市场部"，在弹出的窗口中选择"决策内容"→"市场开发"，在"市场开发"界面(见图 7-11)选择需要开发的市场，投入市场开发费用。如果某个市场需要多个周期才能完成开发，在后面的经营中，还需要继续进行市场开发投入，直到完成该市场的开发工作。

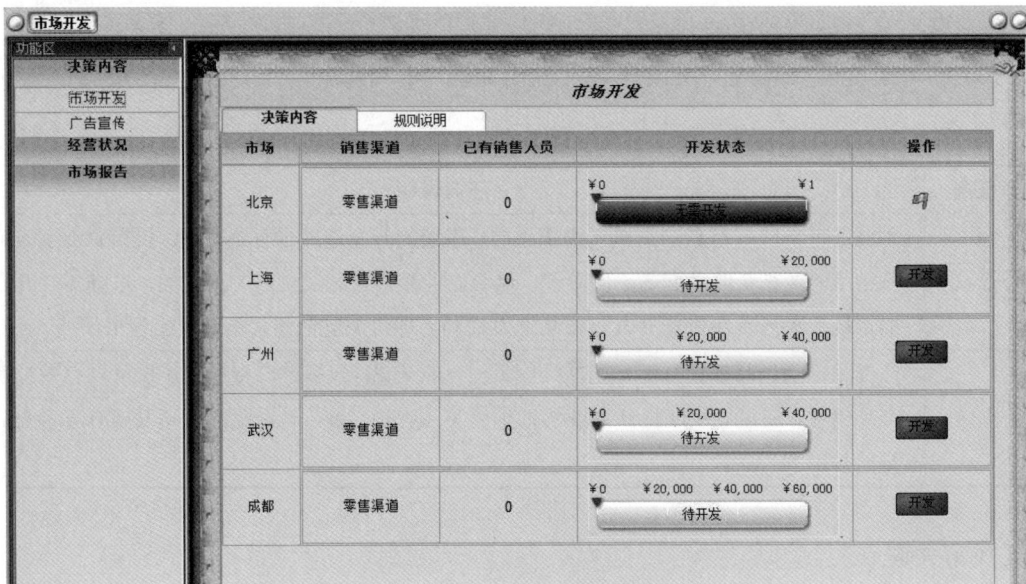

图7-11 "市场开发"界面

这里选择同时开发上海和广州市场。

(2) 广告宣传决策。进入企业内部场景，单击"市场部"，在弹出的窗口中选择"决策内容"→"广告宣传"，在"广告宣传"界面(见图7-12)确定当前季度企业计划投入的广告费用。

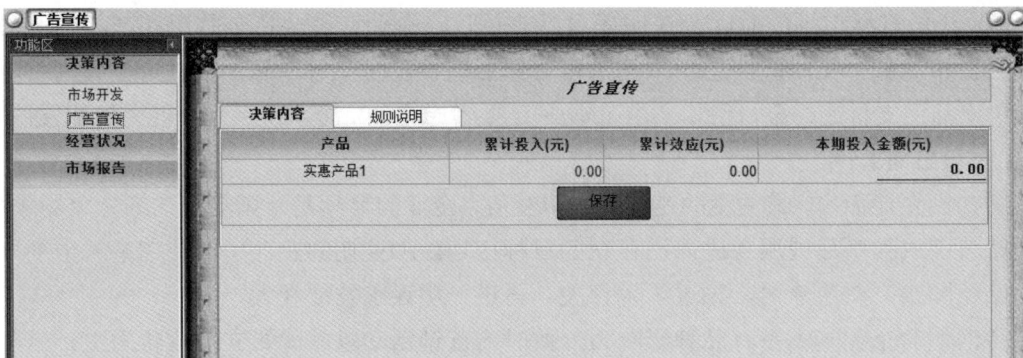

图7-12 "广告宣传"界面

(四) 销售部门决策任务

市场经理(CSO)负责市场部和销售部的日常运营管理工作。

【决策任务】

销售部负责销售产品，完成销售业绩，回笼资金。是否能完成企业的销售计划将对企业的运营产生重要的影响。销售部每季度需完成的决策任务及说明如表7-6所示。

表7-6 销售部每季度需完成的决策任务及说明

决策任务	任务说明
销售人员	销售部的所有销售工作需要销售人员去完成，人力资源部负责销售人员的招聘工作，销售部门负责进行销售人员的区域安排、培训安排，并可对不需要的销售人员进行辞退
产品报价	在企业完成相关市场调研开发、资质认证，并获得进入该市场资格后，即可派驻销售人员开展销售工作，参与该区域的产品销售订单报价。为了控制订单总量，企业还可以设定某一品牌产品在某一市场上的最多获取订单量，以确保生产交付

【决策关键点】

产品定位及目标市场定位。

【决策思路】

市场定位的关键是企业要设法在自己的产品上找出比竞争者更具竞争优势的特性。竞争优势一般有两种基本类型：一是价格竞争优势，即在同等条件下比竞争者给出更低的价格；二是偏好竞争优势，即能提供确定的特色来满足顾客的特定偏好。特定偏好在研发步骤已经完成，因此在这一决策中更关注价格对市场销量的影响。团队需要根据已知的信息，对不同市场的需求量进行分析；根据计划细分市场，预估不同渠道的市场占有份额；根据规划要求，对商品的价格进行有效调整。

【操作流程】

(1) 销售人员策略。进入公司内部场景，单击"销售部"，在弹出的窗口中选择"决策内容"→"销售人员"，在"销售人员"界面(见图 7-13)对销售部门的所有销售人员进行工作安排。

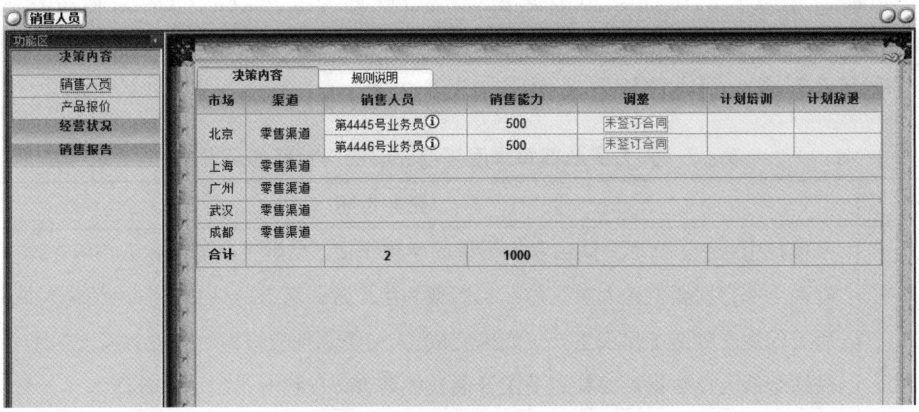

图7-13 "销售人员"界面

对销售人员的安排主要包括管辖区域调整、培训计划及辞退计划。其中，管辖区域调整直接由销售部完成，对相关销售人员的培训和辞退需要由销售部门负责提出，再由人力资源审核，审核通过后由人力资源部解除与该员工的劳动合同关系，所辞员工从下一季度开始正式辞退，本季度仍将继续工作。

根据前面的生产安排，考虑手工生产线只有70%的成品率，投产900个产品最终的可出售成品只有630个。而业务员的销售能力为500个，为了控制库存，在此决定招聘2名业务人员。

(2) 产品报价策略。进入公司内部场景，单击"销售部"，在弹出的窗口中选择"决策内容"→"产品报价"，在"产品报价"界面(见图7-14)填写各产品的市场报价及期望的最大订货数量。

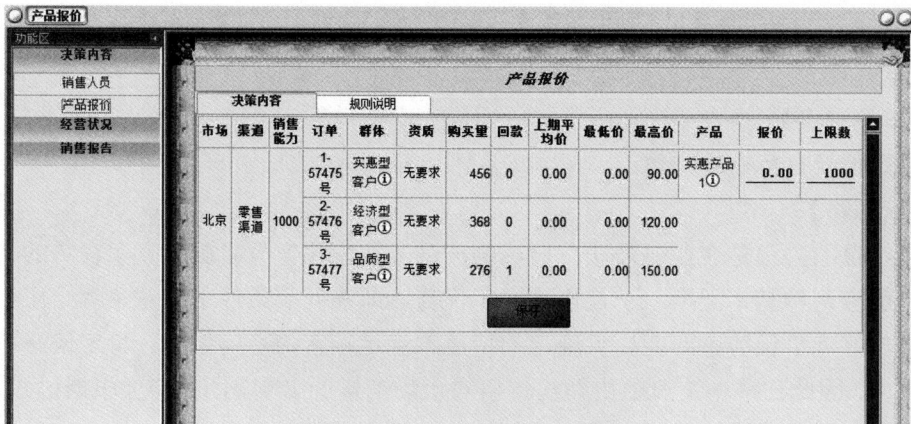

图7-14　"产品报价"界面

(五) 人力资源部决策任务

人力资源经理(CHO)负责人力资源部的日常运营管理工作。

【决策任务】

人力资源部最重要的工作就是根据企业战略规划与经营发展的需要制定相应的人力资源发展战略，对企业人力资源进行开发，招聘合适的人才，提高员工的整体素质。人力资源部每季度需要完成的决策任务及说明如表7-7所示。

表7-7　人力资源部每季度需要完成的决策任务及说明

决策任务	任务说明
人员招聘	在模拟企业中，管理团队由参加训练的学生组成，也是企业的创始人与股东。在企业中有两个部门需要招聘人员工作：销售部和生产部。所有的销售任务由销售人员来完成，所有的生产制造工作由生产工人来完成。人力资源部应根据企业业务发展的不同阶段招聘适合的人员数量，并针对员工开展技能培训，以提升员工的综合能力
签订合同	所有人员招聘进来以后，包括管理人员、销售人员、生产工人，均需要签订正式劳动合同，并为员工办理各类保险。没有签订合同、办理保险的员工，将会受到相关处罚
解除合同	如果企业因为经营规划调整或用人需求变化，可以向不需要的员工发出解聘通知，解除劳动合同。被解聘的员工从下一季度开始离职

【决策思路】

结合生产计划与销售计划，分析计算生产人员需求和销售人员的需求情况。

【操作流程】

(1) 人员招聘决策。需要招聘的企业员工包括销售人员和生产工人两类，两类人员均可以从人才市场中招聘。

进入主场景，单击"交易市场"，进入后，单击"人才市场"→"招聘销售人员"，在弹出的窗口中完成销售人员的招聘决策。"销售人员"和"生产工人"介绍界面如图 7-15 和图 7-16 所示。

图7-15 "销售人员"介绍界面

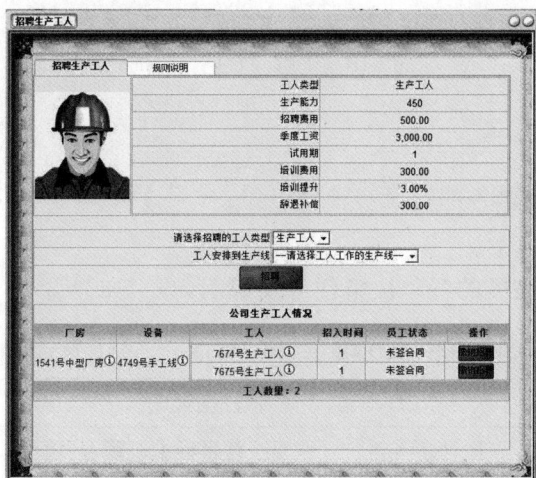

图7-16 "生产工人"介绍界面

(2) 签订合同。企业所有员工在正式入职后都要签订劳动合同，办理养老保险，包括管理团队成员、销售人员和生产人员。

进入企业内部场景，单击"人力资源部"，在弹出的窗口中选择"决策内容"→"签订合同",在"签订合同"界面(见图 7-17)与企业管理层人员和招聘的人员签订劳动合同。

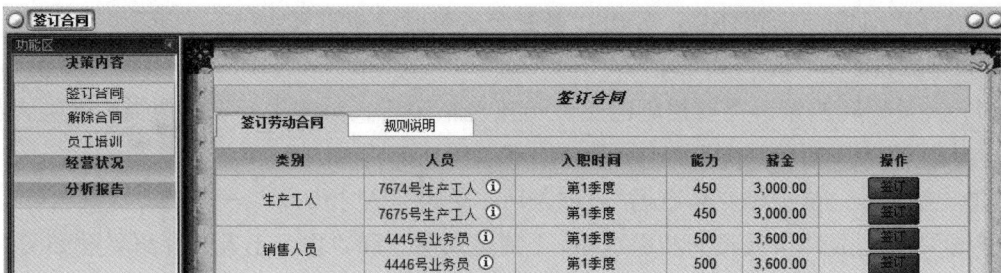

图7-17　"签订合同"界面

(3) 解除合同。如果要与不适用的员工解除劳动合同,首先需要由相关部门提供解聘申请,再在人力资源部完成劳动合同的解聘事项。

进入企业内部场景,单击"人力资源部",在弹出的窗口中选择"决策内容"→"解除合同","解除合同"界面(见图 7-18)显示相关部门已提交辞退的人员清单,人力资源部予以确认是否正式解除劳动合同并辞退。

图7-18　"解除合同"界面

(六) 财务部门决策任务

财务经理(CFO)负责财务部的日常管理工作。

【决策任务】

财务部每季度需要完成的各项决策任务及说明如表 7-8 所示。

表7-8　财务部每季度需要完成的各项决策任务及说明

决策任务	任务说明
现金预算	每季度初根据企业的整体规划与季度经营目标编制现金预算表。在现金预算的编制过程中应与其他部门充分沟通,在各部门工作方案制定的基础上完成现金预算,以满足各部门开展工作的需要
银行借款	根据企业经营计划确定资金使用计划,合理制订资金筹措计划,根据需要到银行办理所需的借款。所有借款都要求到期归还,因此在借款时要提前做好资金预算,以便在借款到期时准备好充足的现金

【决策关键点】

重视资金在人员招聘、产品研发、市场开发、广告宣传等方面的合理安排使用。注重现金预算及执行情况，对于与预算不符的事项要重点关注分析，确保预算的合理性。

【决策思路】

要有效控制资金的使用，首先要编制好现金预算表。要详细安排好各阶段每一笔现金的收入与支出。企业的现金收入主要有两种情况：①在正常经营过程中通过销售企业研发生产的产品带来收入；②在资金紧张的情况下，可以通过向银行借款来补充现金的不足，满足企业生产经营的需要。

财务部门要充分做好资金的运作管理，在追求利润最大化的同时，要充分考虑资金的安全情况，既要最大限度地提高资金利用效率，发挥资金的作用，达到资产保值、增值的目的；还要考虑到资金使用不当可能给企业带来的风险。

在充分利用自有资金及借款资金保障企业运营的前提下，财务部门还要做好财务数据的分析工作。人力资源管理的最终目标是提升企业经营绩效，而财务指标是经营绩效最直接的反映。在对企业每一阶段的财务报表进行分析的基础上，还可以进一步从企业的盈利能力、营运能力、偿债能力、发展能力等方面对企业进行综合分析评价，以全面分析企业经营得失，发现企业经营管理中存在的问题，并在后续经营中加以改进与完善。

【操作流程】

(1) 现金预算。进入企业内部场景，单击"财务部"，在弹出的窗口中选择"决策内容"→"财务预算"，根据企业本季度的整体规划及各部门的经营计划，制定企业本季度的财务现金预算表。

(2) 银行借款。进入主场景，选择"创业银行"→"信贷业务"，在"申请借款"界面(见图 7-19)完成借款决策任务。

图7-19　"申请借贷"界面

三、季度结算

进入下一季度系统所做的主要操作中，结算分两步，第一步是计算本季度末的数据，第二步是计算下季度初的数据。计算本季度末的相关数据，系统主要完成以下操作(按先后顺序排列)：①支付产品制造费用；②支付管理人员工资和五险；③更新设备搬迁；④更新设备升级；⑤更新厂房出售，设备出售；⑥更新生产工人培训；⑦扣除生产工人未签订合同罚金；⑧扣除销售人员未签订合同罚金；⑨扣除基本行政管理费用；⑩辞退生产工人；⑪辞退销售人员；⑫出售生产设备；⑬出售厂房或厂房退租；⑭检查并扣除管理人员未签订合同罚金；⑮检查并扣除未交货订单违约金；⑯银行还贷。

四、评分标准

实训的综合表现成绩计算方法：综合表现＝盈利表现＋财务表现＋市场表现＋投资表现＋成长表现。实训的基准分数为 100 分，其中，盈利表现占 30 分，财务表现占 30 分，市场表现占 20 分，投资表现占 10 分，成长表现占 10 分。各项表现分值计算公式如表 7-9 所示。

表7-9　各项表现分值计算公式

项目	计算公式	最低值	最高值
盈利表现	盈利表现＝所有者权益÷所有企业平均所有者权益×盈利表现权重	0	30
财务表现	财务表现＝本企业平均财务综合评价÷所有企业平均财务综合评价的平均数×财务表现权重	0	30
市场表现	市场表现＝本企业累计已交付的订货量÷所有企业平均累计交付的订货量×市场表现权重	0	20
投资表现	投资表现＝企业未来投资÷所有企业平均未来投资×投资表现权重 未来投资＝累计产品研发投入＋累计认证投入＋累计市场开发投入＋每个厂房设备的原址÷相应的购买季度数	0	10
成长表现	成长表现＝本企业累计销售收入÷所有企业平均累计销售收入×成长表现权重	0	10

第三节　ERP手工沙盘实训操作

与"创业之星"软件不同，ERP 手工沙盘是通过盘面推演的方式模拟企业经营。实训时，学生将会被分为 4～6 人一组，分别担任总经理、财务总监、采购总监、生产总监、营销总监等，更形象地感受企业的经营管理过程。

一、模拟企业简介

该企业是一个典型的离散制造型企业，一直专注于宝石产品的生产与经营。目前企业拥有自主厂房——新华厂房，并在其中安装了三条手工生产线和一条半自动生产线，运行状态良好。所有生产设备全部生产 Beryl 产品，创建三年来，该企业一直只在本地市场进行销售，有一定知名度，客户也较满意。

(一) 企业的财务状况

企业的财务状况由企业对外提供的主要财务报表——资产负债表(见表 7-10)来反映。通过资产负债表，可以了解企业所掌握的经济资源及其分布情况；了解企业的资本结构；分析、评价、预测企业的短期偿债能力和长期偿债能力；评估企业的经营业绩。

表7-10 资产负债表

单位：百万元

资产	期末数	负债和所有者权益	期末数
流动资产：		负债：	
现金	24	长期负债	
应收款	14	短期负债	20
原材料	2	应付账款	
成品	6	应缴税金	3
在制品	6	一年内到期的长期负债	
流动资产合计：	52	负债合计	23
固定资产：		所有者权益：	
土地和建筑	40	股东资本	70
机器与设备	12	以前年度利润	4
在建工程		年度净利	7
固定资产合计	52	所有者权益合计	61
资产总计	104	负债和所有者权益合计	104

(二) 企业的经营成果

企业在一定期间的经营成果表现为企业在该期间所取得的利润，它是企业经济效益的综合体现，由利润表(又称为损益表或收益表)来反映。

在本书中，根据课程设计中涉及的业务对利润表中的项目进行了适当的简化，形成如表 7-11 所示的简易结构。

表7-11 利润表

单位：百万元

项目	本期数	项目内容
一、销售收入	40	主营业务收入
成本	17	主营业务成本
二、毛利	23	主营业务利润
减：综合费用	8	营业费用、管理费用等见综合费用表结果
折旧	4	
财务净损益	1	财务费用、账款贴现费用
三、营业利润	10	营业利润
加：营业外净收益	0	营业外收入/支出
四、利润总额	10	利润总额
减：所得税	3	所得税
五、净利润	7	净利润

(三) 股东期望

从利润表中可知企业上一年盈利 700 万元，增长已经放缓，生产设备陈旧；产品、市场单一；企业管理层长期以来墨守成规地经营，导致企业已缺乏必要的活力，目前虽尚未衰败但也近乎停滞不前。鉴于此，董事会及全体股东决定将企业交给一批优秀的新人去发展，他们希望新的管理层能够把握时机，抓住机遇，投资新产品开发，使企业的市场地位得到进一步提升；在全球市场广泛开放之际，积极开发本地市场以外的其他市场，进一步拓展市场领域；扩大生产规模，采用现代生产手段，努力提高生产效率，全面带领企业进入快速发展阶段。

(四) 企业组织结构

企业创建之初，都需要建立合适的组织结构。本平台的组织结构中包括总经理、财务总监、采购总监、生产总监、营销总监，相应的职能定位如下。

1. 总经理

企业所有的重要决策均由总经理带领团队成员共同完成，如果大家意见不同，总经理具有最终决定权。

2. 财务总监

在企业中财务与会计的职能常常是分离的，他们有着不同的目标和工作内容。会计主要负责日常现金收支管理，定期核查企业的经营状况，核算企业的经营成果，制定预算并对成本数据进行分类和分析。在这里，我们将其职能归并到财务总监，其主要任务是管好现金流，按需求支付各项费用、核算成本，按时报送财务报表并做好财务分析；进行现金预算，采用经济有效的方式筹集资金，将资金成本控制到较低水平。

3. 采购总监

参与企业整体策划，负责企业产品研发的主要事项及原材料采购，决策内容主要包括：何时开始研发或生产何种产品，以及原材料的采购计划。

4. 生产总监

参与企业整体策划，负责企业的一切生产活动，既是生产计划的制订者和决策者，又是生产过程的操控者。主要职责包括：负责企业生产、安全、仓储、保卫及现场管理方面的工作，协调完成生产计划，维持生产低成本稳定运行；生产计划的制订落实及生产和资源的调度控制，保持生产正常运行，及时交货；组织新产品研发，扩充并改进生产设备，不断降低生产成本；做好生产车间的现场管理，保证安全生产；协调处理相关外部工作关系。

5. 营销总监

企业的利润是由销售收入带来的，销售实现是企业生存和发展的关键，营销总监所担负的责任是开拓市场和销售管理。

(1) 开拓市场。作为一个民营企业，最初大都在其所在地注册企业并开始运营，经过几年的经营，在本地市场上已站稳脚跟。在全球市场广泛开放之时，一方面要稳定企业现有市场，另一方面要积极拓展新市场，争取更大的市场空间，才能力求在销售量上实现增长。

(2) 销售管理。销售和收款是企业的主要经营业务之一，也是企业联系客户的门户。为此，营销总监应结合市场预测及客户需求制订销售计划，有选择地进行广告投放，取得与企业生产能力相匹配的客户订单，与生产部门做好沟通，保证按时交货给客户，监督货款的回收，进行客户关系管理。

营销总监还可以兼任商业间谍的角色，因为他最方便监控竞争对手的情况，如监控对手正在开拓哪些市场、未涉及哪些市场、在销售上取得了多大的成功、拥有哪类生产线、生产能力如何等。充分了解市场，明确竞争对手的动向有利于今后的竞争与合作。

组建团队企业后，企业能否顺利运营下去取决于团队企业的决策。每个团队成员应尽可能利用所学知识做好决策，不要匆忙行动而陷入混乱。

(五) 企业战略

1. 选择战略

在 ERP 手工沙盘模拟实训中，小组团队可通过市场预测(见附录)获得一定时期有关产品、价格、市场发展情况的预测资料，结合企业现有资源情况，进行战略选择，涉及的主要方面如下。

(1) 想成为什么样的企业？企业规模多大？生产哪些产品或产品组合？开拓哪些市场及市场定位是什么？为什么？

(2) 倾向于何种产品？何种市场？企业竞争的前提是资源有限，在很多情况下，放弃比不计代价的掠取更明智，因此需要企业团队成员做出相应的决定。

(3) 计划怎样拓展生产设施？有四种生产设施可供企业选择，每种生产设施的购置价格、生产能力、灵活性等属性各不相同。企业目前生产设施陈旧落后，若想提高生产能力，必须考虑更新设备。

(4) 计划采用怎样的融资策略？资金是企业运营的基础。企业融资方式很多，每种融资方式的特点及适用性都有所不同，企业在制定战略时应结合企业的发展规划，做好融资计划，以保证用最低的资金成本确保企业的正常运营。

2. 战略调整

企业战略不是一成不变的，实训中的每一年都需要根据企业内外部环境的变化和竞争对手的发展动态不断调整战略。每一年经营结束都要检验企业战略的实战性，结合自身情况和以后年度的市场趋势预测，灵活调整既定战略。

(六) 初始状态设定

为了让大家有一个公平的竞争环境，需要统一设定模拟企业的初始状态。图 7-20 为企业沙盘模拟图，包括实验的原料、资金、产品及原料的组合。

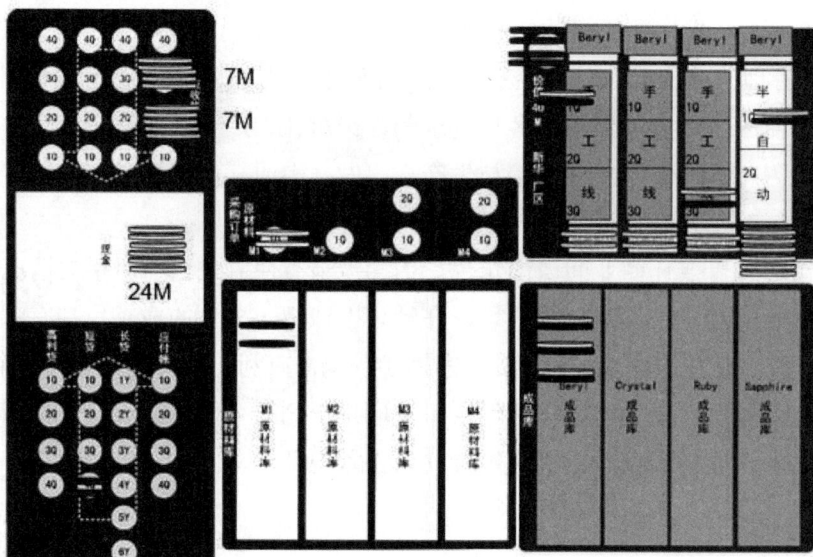

图7-20　企业沙盘模拟图

从资产负债表中可以看出，模拟企业总资产为 1.04 亿元(模拟货币单位，下同)，各组目前拥有 104 个单位为 1 百万(M，下同)的币值(灰币)。以下按资产负债表中各项目的排列将企业资源分布状况复原到沙盘上,复原的过程中请各团队成员的相关角色操作,实训从熟悉本岗工作开始。

1. 流动资产52M

流动资产包括现金、应收款、存货等,其中存货又分为在制品、成品和原材料。

(1) 现金24M。请财务总监拿取24M灰币放置于现金库位置(建议取空桶装置)。

(2) 应收款14M。为获得尽可能多的客户,企业一般采用赊销策略,即允许客户在一定期限内支付货款而不是当即付款。应收账款是分账期的,请财务总监拿两个空桶,分别装7M(共计14M)灰币,置于应收款2账期和3账期的位置。

注意:

账期的单位为季度。离现金库最近的为1账期,最远的为4账期。

(3) 在制品6M。在制品是处于加工过程中尚未完成入库的产品。新华厂房中有三条手工生产线和一条半自动生产线,手工生产线有三个生产周期,靠近原料库的为第一周期,第一条手工线上的在制品位于第一周期,第二条手工线上无在制品,第三条手工线上的在制品位于第三周期;半自动生产线有两个生产周期,Beryl在制品位于第一周期,如图7-20所示。

每个Beryl产品成本由两部分构成:原材料M1和1M人工费。即放置一个原料M1(蓝色彩币)和一个灰币M1(人工费)构成一个Beryl产品。生产总监与财务总监合作将3个Beryl在制品按图示摆放到生产线的相应位置。

(4) 成品6M。成品库中有3个Beryl产成品,每个产成品同样由其原材料M1和1M人工费构成。由生产总监、采购总监与财务总监配合制作三个Beryl产成品并摆放到Beryl成品库中。

(5) 原材料2M。原料库中有2个Beryl原材料,每个价值1M。由采购总监取2个M1原材料置于M1原料库中。

另外,企业已向供应商发出采购订单,预定M1原材料2个,请采购总监将2个黄色M1彩币摆放到M1原材料订单处。

2. 固定资产52M

固定资产包括土地和建筑,以及机器与设备等。

(1) 土地与建筑40M。企业拥有自主厂房(新华厂房)一个,价值40M。请财务总监将4个红色10M彩币用桶装好放置于大厂房价值处。

(2) 机器与设备12M。企业创办三年来,已购置了三条手工生产线和一条半自动生产线,扣除折旧,目前手工生产线账面价值分别为2M、2M、2M,半自动生产线账面价值为6M。请财务总监分别将2M、2M、2M、6M置放于相应生产线下方的"生产线净值"处。

3. 负债20M

负债包括短期负债、长期负债及应缴税金等。

(1) 短期负债 20M。企业有 20M 短期借款，位于短期借款第 4 季度。请财务总监将 2 个红色 10M 彩币放在短期负债 4Q 处。

提示：

①对长期借款来说，沙盘上的纵列代表年度，离现金库最近的为第1年，以此类推。对短期借款来说，沙盘上的纵列代表季度，离现金库最近的为第1季度。②如果以高利贷的方式融资，可用相应价值的红色彩币表示，于短期借款处放置。

(2) 应缴税金 3M。企业上一年税前利润 9M，按规定需缴纳 3M 税金。税金是下一年度初缴纳，此时没有对应操作，税率为利润的 1/3(取整)。

至此，企业初始状态设定完成。

二、模拟企业竞争规则

(一) 市场规则

企业的生存和发展离不开市场，谁赢得了市场，谁就赢得了竞争。市场是瞬息万变的，变化增加了竞争的对抗性和复杂性。

1. 市场划分与市场准入

市场是企业进行产品营销的场所，其规模反映了企业的销售潜力。目前企业仅拥有本地市场，区域市场、国内市场、亚洲市场、国际市场待开发。

企业待开发的市场状态及产品资格如图 7-21 所示。

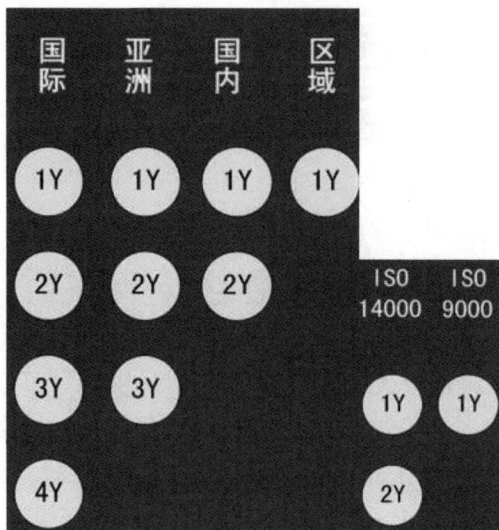

图7-21　企业待开发的市场状态及产品资格

(1) 市场开发。在进入某个市场之前，企业一般需要进行市场调研、选址办公、招聘人员、做好公共关系、策划市场活动等一系列工作。而这些工作均需要消耗资金及时间。由于各个市场地理位置及区域条件不同，开发不同市场所需时间和资金投入也不同，在市场开发完成之前，企业没有进入该市场销售的权利。本实训不同市场开发所需的时间和资金如表 7-12 所示。

表7-12 不同市场开发所需的时间和资金

市场	开发费用/M	开发时间/年	说明
区域	1	1	● 各市场开发可同时进行
国内	2	2	● 资金短缺时可随时中断或终止投入
亚洲	3	3	● 开发费用按开发时间平均支付，不允许加速投资
国际	4	4	● 市场开发完成后，领取相应的市场准入证后方可在该市场进行产品销售

(2) 市场准入。当企业完成对某一市场的开发并取得了相应市场准入证后，即该企业取得了在该市场上经营的资格，便可在该市场上进行广告宣传并争取客户订单。

对于所有已进入的市场来说，如果因为资金或其他方面的原因，企业某年不准备在该市场进行广告投放，那么必须投入 1M 的资金维持当地办事处的正常运转，否则就被视为放弃了该市场。再次进入该市场时需要重新开发。

2. 销售会议与订单争取

销售预测和客户订单是企业生产的依据。销售预测从市场预测(见附录)得到，它对所有企业是公开且透明的。客户订单通过每年年初的销售会议获取。

1) 销售会议

每年年初，各企业会派出优秀的营销人员参加客户订货会，投入大量的资金和人力进行营销策划、广告展览、公共关系、客户访问等，以使得本企业的产品能够深入人心，争取到最适合企业战略的订货信息。

2) 市场地位

市场地位是针对每个市场而言的。企业的市场地位根据上一年度各企业的销售额排列，销售额最高的企业称为该市场的"市场领导者"，俗称"市场老大"。

实训中，首先进行广告投放。广告费投放多的企业优先选单，投放相同广告费按市场排名(或上一年度企业销售额排名)选单。广告是分市场、分产品投放的，投入 1M 有一次选取订单的机会，以后每多投 2M 增加一次选单机会。例如，投入 7M 表示准备拿 4 张订单，但是否能有 4 次拿单的机会则取决于市场需求、竞争态势等；投入 2M 同样拿一张订单，只是比投入 1M 优先拿到订单。

在竞单表中按市场、产品登记广告费用。竞单表如表 7-13 所示，这是第三年 A 组广告投放情况。

表7-13　竞单表

第三年A组(本地)						第三年A组(区域)						第三年A组(国内)					
产品	广告	单额	数量	9K	14K	产品	广告	单额	数量	9K	14K	产品	广告	单额	数量	9K	14K
B	1					B						B					
C						C	2					C	3				
R						R						R					
S						S						S					

注意:

竞单表中设有9K(代表"ISO9000",下同)和14K(代表"ISO14000",下同)两栏。这两栏中的投入不是认证费用,而是取得认证之后的宣传费用,该投入对整个市场中的所有产品有效。

如果希望获得标有"ISO9000"或"ISO14000"的订单,就必须在相应的栏目中投入1M广告费。

3) 客户订单

市场需求用客户订单卡片的形式表示,卡片上标注了市场、产品、产品数量、单价、订单价值总额、账期、特殊要求等要素。

如果没有特别说明,则普通订单按期交货。如果由于产能不够或其他原因,本年不能交货,企业为此应受到以下处罚。

(1) 因不守信用市场地位下降一级。

(2) 下一年该订单必须最先交货。

(3) 交货时按违约期限,每期扣除该张订单总额的25%(取整)作为违约金。

卡片上标注有"加急!!!"字样的订单,必须在第一季度交货,延期罚款处置同上所述。因此,营销总监接单时要考虑企业的产能。当然,如果其他企业乐于合作,不排除委外加工的可能性。

注意:

如果上一年市场老大没有按期交货,市场地位下降,则本年该市场没有老大。

订单上的账期代表客户收货时货款的交付方式。若为0账期,则现金付款;若为3账期,则代表客户付给企业的是3个季度到期的应收账款。

如果订单上标注了"ISO9000"或"ISO14000",那么要求生产单位必须取得了相应认证并投放了认证的广告费,两个条件同时具备时才能得到这张订单。

4) 订单争取

在每年一度的销售会议上,将综合企业的市场地位、广告投入、市场需求及企业间的竞争态势等因素，按规定程序领取订单。客户订单是按照市场划分的，选单次序如下。

(1) 由上一年该市场领导者最先选择订单。

(2) 其他企业按每个市场单一产品广告投入量依次选择订单；如果单一产品广告投放相同，则比较该市场两者的广告总投入；如果该市场两者的广告总投入也相同，则根据上一年市场地位决定选单次序；若上一年两者的市场地位相同，则采用非公开招标方式，由双方提出具有竞争力的竞单条件，由客户选择。

(二) 企业运营规则

1. 厂房购买、出售与租赁

企业目前拥有自主厂房(新华厂房)一个，价值 40M；另有两家厂房可供选择。有关各厂房购买、租赁与出售的相关信息如表 7-14 所示。

表7-14　厂房购买、租赁与出售的相关信息

厂房	买价	租金	售价	容量
新华厂房	40M	6M/年	40M(2Q)	4 条生产线
上中厂房	30M	4M/年	30M(1Q)	3 条生产线
法华厂房	15M	2M/年	15M	1 条生产线

提示：

厂房可随时按购买价值出售；厂房不计提折旧。

2. 生产线购买、转产与维修、出售

企业目前有三条手工生产线和一条半自动生产线，另外，可供选择的生产线还有全自动生产线和柔性生产线。不同类型生产线的主要区别在于生产效率和灵活性不同。生产效率是指单位时间生产产品的数量；灵活性是指转产生产其他产品时设备调整的难易性。有关生产线购买、转产与维修、出售的相关信息如表 7-15 所示。

表7-15　生产线购买、转产与维修、出售的相关信息

生产线类型	购买价格	安装周期	生产周期	改造周期	改造费用	维修费
手工生产线	5M	无	3Q	无	无	1M/年
半自动生产线	10M	2Q	2Q	1Q	2M	1M/年
全自动生产线	15M	4Q	1Q	2Q	6M	1M/年
柔性生产线	25M	4Q	1Q	无	无	1M/年

提示：

①每种生产线都可以生产所有产品；投资新生产线时，按照安装周期平均支付投资，全部投资到位后的下一周期可以领取产品标识并开始生产，资金短缺时，随时可中断投资，

有资金时再继续投资。②生产线转产是指生产线转向生产其他产品，如半自动生产线原来生产Beryl产品，如果转产Crystal产品，需要改造生产线，因此需要停工一个周期，并支付2M改造费用。③当年投资的生产线的价值计入在建工程，当年不计提折旧，从下一年按年限均值法——设备价值的1/5(取整)计提折旧，直至提完。④当年已出售的生产线折旧正常计算，但不用支付维修费。

3. 产品生产

产品研发完成后，才可以接单生产。生产不同的产品需要的原材料不同，各种产品所用到的原材料及数量如图 7-22 所示。

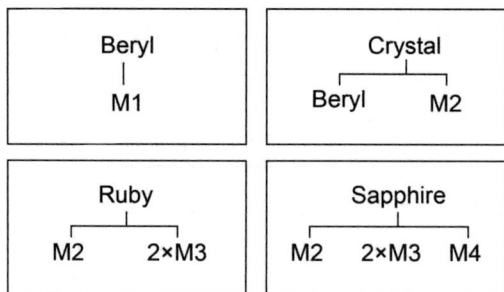

图7-22　各种产品所用到的原材料及数量

每条生产线同时只能有一个产品在线。产品上线时需要支付加工费，不同生产线的生产效率不同，加工费用也不同。产品计件加工费用规则如表 7-16 所示。

表7-16　产品计件加工费用规则

产品	手工线	半自动线	全自动线	柔性线
Beryl	1M	1M	1M	1M
Crystal	2M	1M	1M	1M
Ruby	3M	2M	1M	1M
Sapphire	4M	3M	2M	1M

4. 原材料采购

原材料采购涉及签订采购合同和按合同收料两个环节。签订采购合同时要注意采购提前期。M1、M2 原材料需要一个季度的采购提前期；M3、M4 原材料需要两个季度的采购提前期。货物到达企业时，必须照单全收，并按规定支付原材料款项或计入应付账款。

5. 产品研发与国际认证体系

企业目前可以生产并销售 Beryl 产品，根据预测，另有技术含量依次递增的 Crystal、Ruby 和 Sapphire 三种产品待开发。

1) 产品研发

不同技术含量的产品，需要投入的时间和研发费用不同，如表 7-17 所示。

表7-17 产品研发需要投入的时间及研发费用

产品	Crystal	Ruby	Sapphire	备注说明
研发时间	4Q	6Q	8Q	• 各产品可同步研发；按研发周期平均支付研发费用；资金不足时可随时中断或终止；全部投资完成的下一周期才可开始生产
研发费用	1M/Q	2M/Q	2M/Q	• 某产品研发投入完成后，可领取产品生产资格证

2) ISO 认证

随着中国加入 WTO，客户的质量意识及环境意识越来越清晰。经过一定时间的市场孕育，最终会反映在客户订单中，企业要进行 ISO 认证，需要经过一段时间并花费一定费用。国际认证需要投入的时间及认证费用如表 7-18 所示。

表7-18 国际认证需要投入的时间及认证费用

ISO认证体系	ISO9000	ISO14000	备注说明
持续时间	1 年	2 年	• 两项认证可以同时进行
认证费用	1M	2M	• 资金短缺的情况下，投资随时可以中断 • 论证完成后可以领取相应的 ISO 资格证

6. 融资贷款与贴现

在本实训中，企业尚未上市，因此其融资渠道只能是银行借款、高利贷和应收账款贴现。企业的各项融资手段及财务费用如表 7-19 所示。

表7-19 企业的各项融资手段及财务费用

融资方式	规定贷款时间	最高期限	财务费用	还款约定
长期贷款	每年年末	上年所有者权益×2-已贷长期贷款	10%	年底付息，到期还本
短期贷款	每季度初	上年所有者权益×2-已贷短期贷款	5%	到期一次还本付息
高利贷	任何时间	与银行协调	20%	到期一次还本付息

提示：

①无论长期贷款、短期贷款还是高利贷，均以20M为基本借贷单位，长期贷款最长期限为5年，短期借款及高利贷期限为一年，不足一年的按一年计息，贷款到期后返还。②贴现，即将应收账款转为现金，年底交付货物之后进行，且需支付相应的费用，具体规则如表7-20所示。例如，拿4Q的6M贴现，贴现费用是1M交给银行，收回5M放入现金库。

表7-20　应收账款贴现规则

应收账款账期	1Q	2Q	3Q	4Q
贴现比率	1/12	1/10	1/8	1/6

三、ERP竞争模拟实战

【决策任务】

根据市场及企业经营规则，在稳定经营的基础上，完成企业的各项经营决策。

【决策关键点】

企业的生存和持续发展。

【决策思路】

企业管理的目标可概括为生存、发展、盈利。

1. 企业生存

企业在市场上生存下来的基本条件：一是以收抵支，二是到期还债。这也意味着，如果企业出现资不抵债或现金断流的情况，将宣告破产。资不抵债是指企业所取得的收入不足以弥补其支出，导致所有者权益为负时，企业破产；现金断流是指企业的负债到期时无力偿还，企业就会破产。

实训中一旦破产条件成立，就需指导教师裁夺。一般有三种处理方式：①若盘面能让股东/债权人看到一线希望，股东可增资，债权人可债转股；②企业联合或兼并；③企业破产。

2. 企业发展

企业发展可以通过扩大市场占有率来实现，企业可通过分析自身产品优劣势、市场需求及需求走势，精准进行市场定位，扩大市场占有率，保证营销资金的有效利用。

3. 企业盈利

企业盈利的主要途径是扩大销售(开源)和控制成本(节流)。

(1) 扩大销售。利润主要来自销售收入，而销售收入由销售数量和产品单价两个因素决定，提高销售数量的方式有：①扩大现有市场，开拓新市场；②研发新产品；③扩建或改造生产设施，提高产能；④合理加大广告投放力度，进行品牌宣传。提高产品单价受很多因素制约，但企业可以选择单价较高的产品进行生产。

(2) 控制成本。控制成本的方式有：①降低直接成本。直接成本主要包括构成产品的原材料费和人工费。在本实训中，原材料费由产品的 BOM 结构决定，在不考虑替代材料的情况下没有降低的空间；用不同生产线生产同一产品的加工费是不同的，因此实训中，产品的直接成本可以通过升级生产线来降低。②降低间接成本。从节约成本的角度，本实训把间接成本分为投资性支出和费用性支出两类。投资性支出包括购买厂房、投资新的生产线等产生的支出，这些投资是为了扩大企业的生产能力而必须发生的；费用性支出包括营销广告、贷款利息等，通过有效筹划可以节约一部分。

【操作流程】

(一) 起始年

新管理层接手企业，需要有适应阶段，在这个阶段，需要与原有管理层交接工作，熟悉企业的工作流程，因此，本实训中设计了起始年。

1. 起始年的作用

企业选定接班人以后，原有管理层总要"扶上马，送一程"。因此在起始年里，新管理层仍受制于老领导，企业的决策由老领导定夺，新管理层只能执行。起始年的主要作用是磨合团队，使团队进一步熟悉规则，明晰企业的运营过程。

由于起始年的决策仍然由原有管理层决定，因此，继续保守经营，不投资新产品研发，不购置固定资产，不尝试新的融资，只是维持原有的生产规模。在季度初投入 1M 的广告费用，获得一张订单，所获订单如图 7-23 所示。该订单表示在起始年度，得到 Beryl 本地订单一

```
Beryl (Y0,本地)
6×6M=36M
账期:1Q     交货:Q3
```

图 7-23　起始年获得的订单

张，产品 6 个，单价为 6M，第三季度交货，交货后货款为应收账款 1 个季度。另第一、二季度各订购 2 个 M1 原料，第三季度订购 1 个 M1 原料。

2. 任务清单

任务清单代表了企业简化的工作流程，也是企业竞争模拟中各项工作需要遵守的执行顺序。任务清单分为年初 4 项工作、按季度执行的 12 项工作和年末 6 项工作。执行任务清单时由总经理主持，团队成员各司其职，每执行完一项任务，总经理在方格中打钩以示"完成"。

为了清晰记录现金的流入或流出，在任务清单中设置了现金收支明细登记，团队每执行一项任务时，如果涉及现金收付，财务总监在收付现金的同时要相应地在方格内登记现金收支情况。

提示：

执行任务清单时，必须按照自上而下、自左而右的顺序严格执行。

3. 年初 4 项工作

(1) 新年度规划会议。新年开始之际，团队企业要制定或调整企业战略，包括经营规划、设备投资规划、营销策划方案等。具体来讲，需要进行销售预算和可接单量的计算。销售预算是编制财务预算的关键和起点，主要是对本年度要达成的销售目标的预测，销售预算的内容是销售数量、单价和销售收入等。在参加订货会之前，需计算企业的可接单量，企业可接单量主要取决于现有库存和生产能力，因此产能计算的准确性直接影响销售交付。

(2) 参加订货会/登记销售订单。每年年初各企业派营销总监参加订货会，按照市场地位、广告投放、竞争态势、市场需求等条件分配客户订单。

提示：

①争取客户订单时，应以企业的产能、设备投资计划等为依据，避免接单不足，设备闲置或盲目接单，无法按时交货会导致企业信誉降低。②登记销售订单。客户订单相当于企业签订的订货合同，需要营销总监领取订单后进行登记管理，将订单登记在"订单登记表"中，详细记录每张订单的订单号、所属市场、所订产品、产品数量、订单销售额、应收账期，并将广告费放置在沙盘上的"广告费"位置。财务总监记录支出的广告费。

(3) 制订新年度计划。在明确本年的销售任务后，企业需要以销售为龙头，结合企业对未来的预期，编制生产计划、采购计划、设备投资计划并进行相应的资金预算。将企业的供产销活动有机结合起来，使企业各部门的工作形成一个有机整体。

(4) 支付应付税。依法纳税是每个企业及公民的义务。请财务总监按照上一年度利润表的"所得税"一项的数值，取出相应的现金放置于沙盘上的"税金"处，并做好现金收支记录。税率是营业利润的1/3。

(二) 每季度12项工作

(1) 季初现金盘点。财务总监盘点目前现金库中的现金，并记录现金余额。

(2) 更新短期贷款/还本付息/申请短期贷款/更新短期贷款。如果企业有短期贷款，请财务总监将2个红色10M彩币向现金库方向移动一格。移至现金库时，表示短期贷款到期。①还本付息：短期贷款的还款规则是利随本清。短期贷款到期时，需要支付20M×5%＝1M的利息，因此，本金与利息共计21M。财务总监从现金库中取现金，其中20M还给银行(指导老师处)，1M放置于沙盘上的"利息"处并做好现金收支记录。②申请短期贷款：短期贷款只有在这一时点上可以申请。可以申请的最高额度为：上年所有者权益×2-(已贷短期贷款＋一年内到期的长期负债)。

提示：

企业随时可以向银行申请高利贷，高利贷贷款额度视企业当时的具体情况而定。如果借了高利贷，可以用倒置的空桶表示，并与短期借款同样管理。

(3) 更新应付款/归还应付款。请财务总监将应付款向现金库方向推进一格。到达现金库时，从现金库中取现金付清应付款并做好现金收支记录。

(4) 原材料入库/更新原料订单。供应商发出的订货已运抵企业时，企业必须无条件接收货物并支付料款。采购总监将原料订单区中的订单向原材料库方向推进一格，到达原材料库时，向财务总监申请原材料款，支付给供应商，换取相应的原材料。如果现金支付，财务总监要做好现金收支记录。如果启用应付账款，在沙盘上做相应标记。

(5) 下原材料订单。采购总监根据年初制订的采购计划，决定采购的原材料的品种及数量,每个黄色彩币代表一个原料,由采购总监将相应数量的黄色彩币放置于对应品种的原材料订单处。

(6) 更新生产/完工入库。由生产总监将各生产线上的在制品向前推一格,如遇产品下线表示产品完工,需将产品放置于相应的产成品库中。

(7) 投资新生产线/变卖生产线/生产线转产。①投资新生产线。投资新设备时,生产总监向指导老师申领新生产线标识,将其背面朝上放置于某厂房相应的位置,每个季度向财务总监申请建设资金,额度=设备总购买价值÷安装周期,财务总监做好现金收支记录。在全部投资完成后的下一季度,将生产线标识翻转过来,并领取产品标识,方可开始投入使用。②变卖生产线。当生产线上的在制品完工后,可以变卖生产线。生产线按残值出售,若当年下半年变卖,则需计算当年的折旧,交纳当年的维护费用。③生产线转产。生产线转产是指某生产线转产生产其他产品。不同生产线类型转产所需的调整时间及资金投入是不同的,请参阅"生产线购买、调整与维修、出售的相关信息"。如果需要转产且该生产线需要一定的转产周期及转产费用,请生产总监翻转生产线标识(标识牌背面朝上),按季度向财务总监申请并支付转产费用,停工满足转产周期要求并支付全部的转产费用后,再次翻转生产线标识(标识牌正面朝上),领取新的产品标识,开始新的生产。财务总监做好现金收支记录。

提示:

全自动线和柔性线一旦建设完成,在各厂房间移动需要一个季度的搬迁周期,手工线和半自动线无搬迁周期。

(8) 开始下一批生产。当更新生产/完工入库后,某些生产线的在制品已经完工,可以考虑开始新一轮的生产。由生产总监按照产品结构从原材料库中取出原材料,并向财务总监申请产品加工费,将上线产品摆放到离原料库最近的生产周期。

(9) 更新应收款/应收款收现。财务总监将应收款向现金库方向推进一格,到达现金库时即成为现金,做好现金收支记录。在资金出现缺口且不具备银行贷款的情况下,可以考虑应收账款贴现。

(10) 产品研发投资。按照年初制订的产品研发计划,生产总监向财务总监申请研发资金,将其置于相应产品生产资格位置,财务总监做好现金收支记录。

(11) 按订单交货。营销总监检查各成品库中的成品数量是否满足客户订单要求,满足则按照客户订单交付约定数量的产品给客户,并在订单登记表中登记该批产品的成本。客户按订单收货,并按订单上列明的条件支付货款,若为现金(0账期)付款,营销总监直接将现金置于现金库中,财务总监做好现金收支记录;若为应收账款,营销总监将现金置于应收账款相应账期处。

提示:

必须按订单整单交货;产品研发投资完成,领取相应产品的生产资格证。

(12) 支付行政管理费。管理费用是企业为了维持运营发放的管理人员工资、必要的差旅费、执行费等。财务总监取出 1M 摆放在"管理费用"处，并做好现金收支记录。

1～3 季度及年末，财务总监清点现金余额并做好登记。

以上 12 项工作每个季度都要执行。

(三) 年末6项工作

(1) 支付利息/更新长期贷款/申请长期贷款。①支付利息。长期贷款的还款规则是每年付息，到期还本。如果当年未到期，每桶需要支付 $20M \times 10\% = 2M$ 的利息，财务总监从现金库中取出长期借款利息置于沙盘上的"利息"处，并做好现金收支记录。长期贷款到期时，财务总监从现金库中取出现金归还本金及当年的利息，并做好现金收支记录。②更新长期贷款。如果企业有长期贷款，则请财务总监将红色彩币向现金库方向移动一格，当移至现金库时，表示长期贷款到期。③申请长期贷款。长期贷款只有在年末可以申请。可以申请的额度为：上年所有者权益×2－已贷长期贷款。

(2) 支付设备维修费。在用的每条生产线支付 1M 的维护费。财务总监取相应现金置于沙盘上的"维修费"处，并做好现金收支记录。

(3) 支付租金/购买厂房。新华厂房为自主厂房，如果本年在其他厂房中安装了生产线，此时要决定该厂房是购买还是租用。如果购买，财务总监取出与厂房价值相等的现金置于沙盘上的"厂房价值"处；如果租赁，财务总监取出与厂房租金相等的现金置于沙盘上的"租金"处。无论购买还是租赁，财务总监应做好相应现金收支记录。

(4) 计提折旧。厂房不计提折旧，设备按平均年限法计提折旧，在建工程及当年新建设备不计提折旧。折旧＝原有设备价值÷5(向下取整)。财务总监从设备价值中取折旧费放置于沙盘上的"折旧"处。

提示：

计提折旧时只可能涉及生产线净值和其他费用两个项目，与现金流无关。因此，在任务清单中标注了"()"以示区别，计算现金收/支合计时不应考虑该项目。

(5) 新市场开拓/ISO 资格认证投资。①新市场开拓。财务总监取出现金放置在要开拓的市场区域，并做好现金收支记录。市场开发完成，从指导教师处领取相应的市场准入证。②ISO资格认证投资。财务总监取出相应现金放置在要认证的区域，并做好现金支出记录。认证完成，从指导老师处领取 ISO 资格证。

(6) 结账。一年的经营完成后，年终要做一次"盘点"，编制损益表和资产负债表。结账样图如图 7-24 所示。

当报表做好之后，指导教师将会取走沙盘上企业已支出的各项成本，为下一年做好准备。

损益表

单位：百万元

		上年	本年
销售收入	+	40	36
直接成本	-	17	12
毛利	=	23	24
综合费用	-	8	9
折旧前利润	=	15	15
折旧	-	4	5
支付利息前利润	=	11	10
财务收入/支出	+/-	-1	-1
额外收入/支出	+/-		
税前利润	=	10	9
所得税	-	3	3
净利润	=	7	6

资产负债表

单位：百万元

资产	年初数	期末数	负债及所有者权益	年初数	期末数
流动资产：			负债：		
现金	24	31	短期负债	20	0
应付账款	14	0	应付账款	0	0
原材料	2	0	应交税金	3	3
产成品	6	6	长期负债	0	0
在制品	6	6			
流动资产合计	52	43	负债合计	23	3
固定资产			所有者权益：		
土地建筑净值	40	40	股东资本	70	70
机器设备净值	12	7	以前年度利润	4	11
在建工程	0	0	当年净利润	7	6
固定资产合计	52	47	所有者权益合计	81	87
资产合计	104	90	负债及权益总计	104	90

图7-24 结账样图

第四节 实训案例分析与总结

本节以手工沙盘模拟操作为例，综合描述实训操作过程，并就实验所展示的财务数据探讨将企业经营管理的理论与实际结合的过程。

一、实训案例分析

各期案例分析如表 7-21 所示。

表7-21 各期案例分析

第一期	第二期	第三期	第四期	第五期	第六期
1. 筹资					
从银行借入长期借款 60M，用于当年生产线投资	从银行借入长期借款 40M，用于产品和生产线投资	将上一期销售收入贴现	将上一期销售收入贴现	将上一期销售收入贴现	将上一期销售收入贴现
2. 投资					
当年投资两条生产线，一条全自动线，一条柔性线	当年投资一条柔性线	更新最后一条半自动生产线，换成全自动线		租入法华厂房，用以安装新的生产线	

（续表）

第一期	第二期	第三期	第四期	第五期	第六期
3. 生产、研发					
满负荷生产产品Beryl，第二季度投入生产线建设，全自动线年底完成安装，柔性线下一期完成。研发Crystal产品	用上期建好的柔性生产线生产已研发完成的新产品Crystal，同时研发新产品Ruby。(据分析，未来Ruby产品的市场需求及市场定价都比较高，所以企业准备选择以Ruby产品作为主打产品)	将Ruby产品作为主打产品，稳定生产，将原有的Beryl产品作为Crystal产品的辅助材料，目前以Crystal产品的销售收入作为主要收入来源，由于成本较高，尽量减少存货	不再研发新的产品和材料	满负荷生产	
4. 营销					
①市场开发。本年度开发区域市场与国内市场，年末完成区域市场开发，国内市场开发到第二期结束完成。②广告投放。由于产品单一，投放2M广告费，稳定原有市场份额即可	①市场开发。本年度继续开发国内市场，同时开发亚洲市场。②广告投放。针对新产品Crystal，加大广告投放力度，在区域市场上占据Crystal产品大部分市场份额。投放5M广告费	①市场开发。本年度继续开发亚洲市场。提高产品的销售能力。②广告投放。针对Ruby产品，增加广告投入，稳定Ruby的市场份额	①市场开发。本年度继续开发国际市场。②广告投放。稳定Crystal与Ruby产品的市场份额，可适当增加在国际市场上的广告投入	①市场开发。基本市场开发已经全部完成。②广告投放。持续投放Ruby与Crystal产品广告，稳定市场份额	
净利润：-19M	净利润：-23M	净利润：-15M	净利润：40M	净利润：62M	净利润：107M
5. 实训策略思考					
稳定更新是这一期的核心词。由于原有的设备生产线老旧及产品单一，更新生产线、发展新产品尤为重要，因此，我们选择将资金大幅度投入生产线更新中，以获得更新之后产能的大幅度提升，同时对新产品进行研发，实现产品的多元化	变更原有的核心产品是这一期的主要事项。通过对生产线不断地更新以获取最高的生产效率，同时通过产品投资，使得产品在销售的过程中有更多的选择空间，增加销售	到今年为止，基本完成企业重要内容的更新。生产线全部更新完成，以Ruby为主导，以Crystal为辅助的产品生产方向也已经确定。后续稳定铺开市场，就可以有稳定的销售	稳定市场，开发新市场是目前的经营重点。增加广告费用的投入，稳定市场份额	由于市场开发得较多，生产力还明显达不到市场的要求，于是在当年安装新的生产线，提高生产能力	由于前期有效提高了生产能力，本期的稳定销售给企业带来了丰厚的利润

二、实训案例总结

(1) 合理高效地利用资金很重要。在前期由于考虑到财务费用及财务风险等因素,借款利用率不高。企业留存现金利用效率不高,虽然降低了企业的财务风险,但是增加了财务费用,也容易在发展中影响企业的发展机会。

(2) 认真考虑企业的战略发展方向与规划。要在市场上抢占先机,不仅要增强自己的市场竞争力,还需要了解竞争对手,找到自己的市场定位。在实训早期,需认真分析产品的市场需求和价格优势,结合自己的企业实际,规划企业的主要发展方向;了解竞争对手的发展方向,避免恶意竞争,达到广告收益最大化。

(3) 生产规模要与市场需求相适应。在实例中,生产与市场需求稳定时,企业基本已经进入了稳定生产阶段,可是市场的需求仍然是比较大的,这就要求企业能及时地改变自己的经营策略,在条件允许的情况下扩大生产。

(4) 团队合作,各司其职。在整个企业经营过程中,团队成员都要参与决策,这就要求每个学生都要明确自己的职责,同时加强团队协作,共同促进企业经营与发展。

【本章小结】

本章分别对"创业之星"与ERP手工沙盘企业综合实践实训平台进行了介绍。学员通过单独在"创业之星"平台上完成企业8个季度的经营操作,培养和提高了企业经营管理的全局观,学会制定各项经营决策,防范经营过程中可能出现的各种风险。在ERP手工沙盘企业经营实践实训中,小组成员互相配合,完成了企业经营中的组织结构构建、经营规划、筹资业务、投资业务、营运管理、利润分配、经营分析及与决策相关的其他事项,综合运用专业知识,对实训企业各项业务进行分析,促进团队完成企业运营、对运营结果进行分析,反映企业经营的价值。

【关键词】

企业战略 生产预算 经营规划 营运管理

【思考题】

1. 结合"创业之星"的实训内容,讨论企业的主要经营目标规划应该包含哪几个方面。
2. 结合"创业之星"的借贷决策,讨论如何合理控制企业财务风险。
3. 结合ERP手工沙盘实训,思考财务预算对企业经营规划的影响。

参考文献

[1] 张士元. 企业法[M]. 北京：法律出版社，2015.

[2] 陈春花. 经营的本质[M]. 北京：机械工业出版社，2013.

[3] 刘秋华. 企业管理[M]. 大连：东北财经大学出版社，2015.

[4] 秦勇，陈爽，庞仙君. 现代企业管理[M]. 北京：清华大学出版社，北京交通大学出版社，2017.

[5] 任浩. 企业组织设计[M]. 上海：学林出版社，2005.

[6] 楼园，韩福荣. 企业组织结构进化研究[M]. 北京：科学出版社，2011.

[7] 周建华，陈晓钢. 企业经营决策[M]. 广州：广东高等教育出版社，2003.

[8] 高飞. 现代企业管理学[M]. 北京：中国社会出版社，2010.

[9] 曾代富. 企业经营管理学[M]. 北京：北京师范大学出版集团，2010.

[10] 袁蔚，方青云，杨青. 现代企业经营管理概论[M]. 上海：复旦大学出版社，2015.

[11] 谭力文，李燕萍. 管理学[M]. 武汉：武汉大学出版社，2010.

[12] 刘志远. 企业财务战略[M]. 大连：东北财经大学出版社，1997.

[13] 罗华伟，王运陈，唐曼萍，等. 企业财务宏观问题研究[M]. 北京：经济管理出版社，2017.

[14] 韦德洪. 财务决策学[M]. 北京：国防工业出版社，2009.

[15] 曹旭东、赵恒勤、管雪松. 企业财务决策[M]. 济南：山东大学出版社，2006.

[16] 王其文. 企业经营模拟[M]. 北京：中国人民大学出版社，2011.

[17] 张燕. 创新创业经营决策模拟教程[M]. 南京：东南大学出版社，2016.

[18] 任冲昊，王巍，周小路，等. 大目标[M]. 北京：光明日报出版社，2012.

[19] 水木然. 工业4.0大革命[M]. 北京：电子工业出版社，2015.

[20] 王其文. 决策模拟[M]. 北京：北京大学出版社，2012.

[21] 赵合喜. 企业经营决策沙盘模拟实训[M]. 北京：高等教育出版社，2016.

[22] 梅拉妮·米歇尔. 复杂[M]. 唐璐，译. 长沙：湖南科学技术出版社，2017.

[23] 苗东升. 复杂性科学研究[M]. 北京：中国书籍出版社，2015.

[24] 埃德加·莫兰. 复杂性思想导论[M]. 上海：华东师范大学出版社，2015.

[25] 石友蓉，黄寿昌. 财务战略管理[M]. 武汉：武汉理工大学出版社，2006.

[26] 赵自强，等. 战略管理与风险控制案例教程[M]. 北京：北京大学出版社，2018.

[27] 蓝海林. 企业战略管理[M]. 北京：科学出版社，2018.

[28] 李崇超. 企业战略管理[M]. 北京：科学出版社，2017.

[29] 菲利普·科物勒. 营销管理[M]. 上海：上海人民出版社，1996.

[30] 吴丰. 市场营销管理[M]. 成都：四川大学出版社，2004.

[31] 吴涛. 市场营销管理[M]. 北京：中国发展出版社，2005.

[32] 吴长顺. 营销管理[M]. 广州：广东人民出版社，2003.

[33] 张永军，赵凯. 市场营销管理[M]. 北京：经济管理出版社，2004.

[34] 张理，高学争. 市场营销管理[M]. 北京：清华大学出版社，北京交通大学出版社，2012.

[35] 吴晓云. 市场营销管理[M]. 北京：高等教育出版社，2009.

[36] 杨伟文. 市场营销管理教程[M]. 长沙：湖南人民出版社，2006.

[37] 崔平. 现代生产管理[M]. 北京：机械工业出版社，2006.

[38] 张群. 生产管理[M]. 北京：高等教育出版社，2006.

[39] 宋娟. 财务报表分析[M]. 北京：机械工业出版社，2016.

[40] 竺素娥. 财务管理[M]. 杭州. 浙江人民出版社，2007.

[41] 赵章文. 财务管理学[M]. 北京：科学出版社，2011.

[42] 吴立范. 公司财务管理[M]. 北京：机械工业出版社，2010.

[43] 严春容，朱盛萍，刘小飞. 财务管理[M]. 长沙：湖南大学出版社，2011.

[44] 李永梅，张艳红，韦德洪. 财务预测学[M]. 北京：国防工业出版社，2009.

[45] 严碧容，方明. 财务管理学[M]. 杭州：浙江大学出版社，2016.

[46] 李永梅，张艳红，汪军. 财务预测理论与实务[M]. 上海：立信会计出版社，2005.

[47] 李晓红. 税务管理方法与实务[M]. 北京：机械工业出版社，2009.

[48] 计金标. 税务筹划[M]. 北京：中国人民大学出版社，2016.

[49] 王彦. 税务筹划方法与实务[M]. 北京：机械工业出版社，2009.

[50] 陈冰. 企业经营决策沙盘实战教程[M]. 北京：高等教育出版社，2012.

[51] 刘平. 企业经营管理综合实训[M]. 北京：清华大学出版社，2015.

[52] 魏明. 企业全面预算管理从入门到精通[M]. 北京：机械工业出版社，2012.

[53] 黄旭，王钊. 对高校 ERP 实践教学的思考[J]. 中国教育信息化，2008(23)：59-60.

[54] 桑士俊. 财务决策实务教程[M]. 北京：清华大学出版社，2017.

[55] 汪婷婷，郭文茂，林颖. EVC 企业价值创造实务教程[M]. 厦门：厦门大学出版社，2019.

[56] 黄娇丹. 金蝶 ERP 沙盘模拟经营实验教程[M]. 2 版. 北京：清华大学出版社，2018.

附　录

市场预测

　　新的管理层上任之后，对市场未来的发展趋势应当有所了解，因为这将影响企业未来的战略规划和运作管理。

　　以下是关于市场发展的一些预测。这些预测来自一家业内公认的市场调研咨询公司，它针对市场发展前景的预测有着较高的可信度，但是要注意，这毕竟是预测，有可能不准确。

　　企业介绍：

　　该企业是一个典型的本地企业，经营状况良好。它目前的主打产品 Beryl 含有较新的技术，市场发展前景不错。不过，原来的管理层在企业发展上的决策比较保守，特别是市场开发及新产品研发方面，使得企业一直处于小规模经营的状况。在未来的几年内，市场的竞争将越来越激烈，如果继续采用目前的经营模式，很可能会被市场淘汰。因此，董事会决定引入新的管理层，对企业的经营模式进行变革，使企业发展成为更有潜力的实体。

　　产品发展：

　　Beryl 产品目前在市场上的销路还不错，但是可以预见，在不久的将来竞争便会加剧，一方面是来自国内同行的纷纷效仿，另一方面是 WTO 开放之后，外国竞争者所构成的重大威胁。这些外国竞争者拥有更先进的研发技术和生产技术，如果企业不在产品上进行创新，就很容易落伍。

　　Crystal 产品是 Beryl 产品的技术改进版，它继承了 Beryl 产品的很多优良特性，在一段时间内可以为企业的发展带来可观利润。

　　Ruby 产品是一个完全重新设计的产品，采用了最新技术，在技术创新及环保方面取得了显著进展。但目前很难评估客户对这种新技术的态度。

　　Sapphire 产品被视为一个未来技术的产品，大家对此充满期待，然而其市场何时才能形成是一个完全未知的因素。

　　市场分析：

　　本地市场对 Beryl 产品的需求开始减弱，而且利润空间也开始下滑。不过在未来几年中，还是有不少 Beryl 的需求。Crystal 产品的需求开始慢慢多起来。

　　在市场预测中可以看到，区域市场在未来几年，Beryl 产品有一定销量，而 Crystal 产品销量较多。不过，相比本地市场和国内市场而言，区域市场的容量还是要低一些。

亚洲市场的开拓需要三年时间。因此针对其需求量的预测不能特别确定。该市场可能会有较高的容量，对于高技术含量的产品有较多的倾向性。

国际市场的开拓需要四年的时间。对于那些研发技术和设备相对落后的企业来说，该市场应该是一个比较理想的发展空间，对于 Beryl 产品的需求较多，而且利润空间较大。

参与竞争的企业在未来的发展中，将主要参考以下的市场预测。

各产品市场容量发展趋势如图 1 所示。

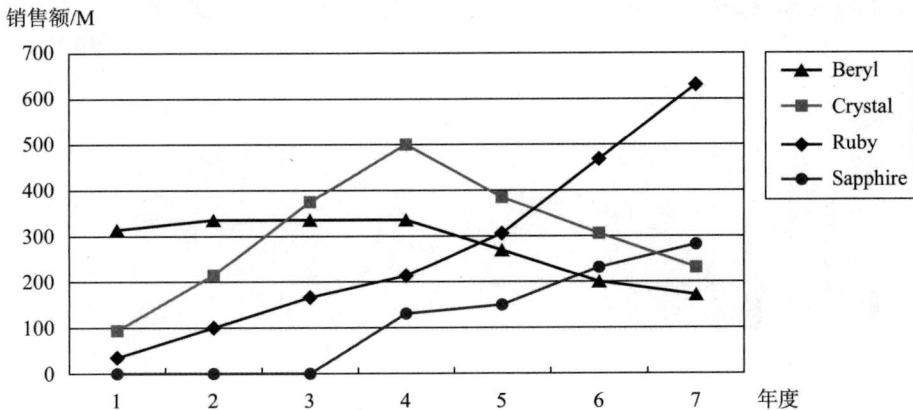

图 1　各产品市场容量发展趋势图

总体来看，根据企业的实际情况可以比较准确地预计第 1～3 年的销售情况，但由于市场存在很大的不确定性，第 4～7 年的预计只能作为一个参考，可能蕴含很大的变化性。各市场销售情况及单价预测如表 1 所示。

表1　各市场销售情况及单价预测

市场	销售情况预测	单价预测
本地	Beryl 是一个成熟的产品，未来 3 年内在本地市场上需求较大，但随着时间的推移，需求可能迅速下降。 Crystal 在本地市场的需求呈上升趋势。 Ruby 和 Sapphire 的需求量不明确。 不管哪种产品，未来可能会要求企业具有 ISO 认证资格。	Beryl 的单价逐年下滑，利润空间越来越小。 Ruby 和 Sapphire 随着产品的完善，价格会逐步提高
区域	区域市场的需求量相对本地市场来讲，容量不大，而且对客户的资质要求相对较严格，供应商可能只有具备 ISO 资格认证(包括 ISO9000 和 ISO14000)才可以允许接单	由于对供应商的资格要求较严，竞争的激烈性相对较低，价格普遍比本地市场高
国内	Beryl、Crystal 的需求逐年上升，第 4 年达到顶峰，之后开始下滑。Ruby、Sapphire 需求预计呈上升趋势。同时供应商也可能要求得到 ISO9000 认证	与销售量相类似，Beryl、Crystal 的价格逐年上升，第 4 年达到顶峰，之后开始下滑。Ruby、Sapphire 单价逐年稳步上升
亚洲	所有产品几乎都供不应求	Beryl 在亚洲市场的价格相对于本地市场来说，没有竞争力
国际	Beryl 的需求量非常大，其他产品需求不甚明朗	受各种因素影响，价格变动风险大

各市场销量及单价预测如图2所示。

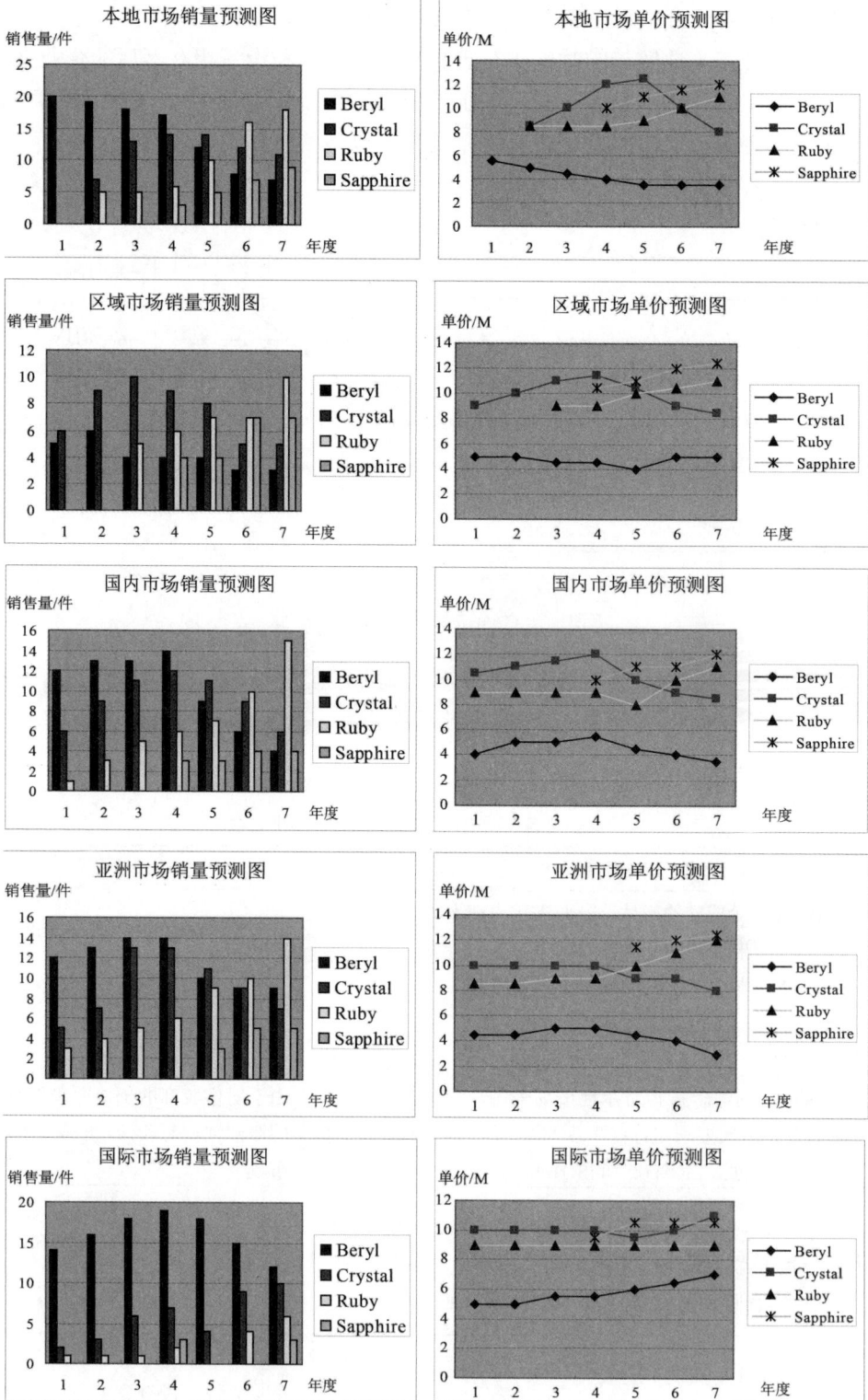

图2　各市场销量及单价预测